法大诉讼法学博士文库

总主编　卞建林

刑事庭前会议制度研究

陈子楠　著

中国人民公安大学出版社

·北　京·

图书在版编目（CIP）数据

刑事庭前会议制度研究/陈子楠著．—北京：中国人民公安大学出版社，2020.6

（法大诉讼法学博士文库/卞建林主编）

ISBN 978-7-5653-3862-5

Ⅰ.①刑… Ⅱ.①陈… Ⅲ.①刑事诉讼—审判—诉讼程序—研究—中国 Ⅳ.①D925.218.24

中国版本图书馆 CIP 数据核字（2019）第 285044 号

刑事庭前会议制度研究

陈子楠　著

出版发行：中国人民公安大学出版社
地　　址：北京市西城区木樨地南里
邮政编码：100038
经　　销：新华书店
印　　刷：天津嘉恒印务有限公司

版　　次：2020 年 6 月第 1 版
印　　次：2020 年 6 月第 1 次
印　　张：8.625
开　　本：880 毫米×1230 毫米　1/32
字　　数：236 千字

书　　号：ISBN 978-7-5653-3862-5
定　　价：40.00 元

网　　址：www.cppsup.com.cn　www.porclub.com.cn
电子邮箱：zbs@cppsup.com　zbs@cppsu.edu.cn

营销中心电话：010-83903254
读者服务部电话（门市）：010-83903257
警官读者俱乐部电话（网购、邮购）：010-83903253
法律图书分社电话：010-83905745

总 序

21 世纪的中国诉讼法学将向何处去？这是每一位诉讼法学者都应当关心的重要问题。历史是昭示未来的一面镜子。我们不妨先从历史的角度来考察一下我国诉讼法学发展的轨迹和趋势。

我国近代诉讼法学肇始于一百多年前的清末修律。1906 年，清政府创办了京师法律学堂，由沈家本亲自制定的法律学堂章程将刑事诉讼法与民事诉讼法均列为主要课程，这标志着诉讼法学作为一门新兴的学科开始独立存在。之后，夏勤、陈瑾昆、蔡枢衡、熊元襄、石志泉、邵勋、邵锋等学者在翻译和介绍日本、德国等国诉讼法律与诉讼理论方面都作出了杰出贡献，并在此基础上对诉讼法学基本原理进行了可贵的探索。至 20 世纪 40 年代，旧中国的诉讼法学理论体系得以初步形成。

新中国成立以后，随着旧中国的“六法全书”被废除，原有的诉讼法学理论体系和研究成果也被抛弃。受当时的政治环境影响，中国的法学理论工作者开始将目光转向苏联。在 20 世纪 50 年代，伴随着苏联法学教授来华授课，一批苏联的诉讼法学著作被翻译推介到我国。我国学者开始在学习苏联诉讼法律制度与法学理论的同时，结合中国无产阶级专政的实际经验与需要，尝试创建我国的诉讼法学理论体系。然而，不久后的“反右”运动和“文化大革命”动乱，法律虚无主义甚嚣尘上，诉讼法学研究长期陷入停滞。这种状况一直持续到 20 世纪 70 年代末期。

1978 年改革开放以来，我国诉讼法学得以恢复并迅速发展。

随着1979年中国第一部刑事诉讼法的颁布实施，我国诉讼法学开始全面“复苏”。在“解放思想、实事求是”方针的指引下，诉讼法学的学术研究变得活跃起来，关于刑事诉讼、民事诉讼、证据理论、司法制度方面的多本专著先后问世。特别是20世纪80年代初、中期，国家统一组织编写刑事诉讼法学、民事诉讼法学、证据法学教材。这些统编教材，发行量大，适用面广，读者群众，影响力巨，基本确立了诉讼法学与证据学的理论框架与教学体系。诚然，此时的诉讼法学仍不够成熟，大多停留在注释法学的阶段，教学和研究的目的主要是解释法律、宣讲法律，先进的诉讼理念尚未确立。至20世纪90年代，此种状况得到很大改善。“刑事诉讼法学的研究登上了一个新的台阶……在理论方面，对刑事诉讼基础理论的研究开始起步并初有成就。”① 其标志性成果是一系列有关诉讼目的、诉讼构造、起诉制度、审判原理等基本理论问题的学术专著陆续出版。随着我国政治、经济、社会、文化等各个方面日新月异的发展与进步，随着“依法治国，建立社会主义法治国家”基本治国方略的确立与实施，我国社会主义民主与法治建设取得巨大成就。在此大背景下诉讼立法进程加快，诉讼制度日臻完善，诉讼法学理论研究也在不断深入。“程序正义”、“人权保障”等先进的诉讼价值观念得到大力弘扬和广泛传播，公平、正义、人权、自由、秩序、效率等价值观不仅是诉讼理论界热衷探讨的命题，并逐步得到立法和司法实务部门的理解和认同，甚至成为普通百姓耳熟能详的大众话语。进入21世纪以来，诉讼法学研究方面最显著的进展莫过于研究方法的转型。不仅实证研究方法受到重视，多元化、跨学科的研究方法也得到了提倡，哲学、社会学、逻辑学、经济学等多学科的研究方法被广泛地应用于诉讼法学和证据法学研究。甚至文理汇聚、社会科学与自然科学交融的现象也已出现，国

① 陈光中、卞建林：《刑事诉讼法学研究现状与发展趋势》，载《法学家》1996年第2期。

家自然科学实验基地中国政法大学证据科学研究院的成立就是明证。通过研究方法上跨学科、多学科的融通交汇，我国诉讼法学研究的广度和深度得到进一步拓展。

不同于单纯的理论法学研究，诉讼法学研究还具有时代性和实践性的鲜明特点，在研究基础理论的同时，应当及时反映司法现实、回应社会关切。随着“全面建成小康社会、全面深化改革、全面依法治国、全面从严治党”战略布局的提出与落实，政治、经济、社会、文化、军事等各个领域的全面改革成为我国现代化进程中的主旋律。司法体制改革是全面深化改革的重要一环，是全面推进依法治国的主要抓手。一系列司法改革重大举措的制定并落地，推进中国特色社会主义诉讼制度和司法体系日趋成熟完善。在此背景下，我国诉讼法学研究也愈加关注司法体制改革与社会现实问题，探求司法规律，彰显中国特色，研究成果更加务实、更加中肯、更具实际参考和应用转化价值。

回顾历史，笔者在为我国诉讼法学发展历程的艰难曲折而感叹的同时，也为当前诉讼法学研究所取得的巨大成就感到欢欣鼓舞。然而，值得注意的是，从历史上看，我国诉讼法学的成长始终伴随着对外来法律文化的学习：从萌芽与初创阶段对日、德等国诉讼理论的借鉴，到重建与停滞阶段对苏联诉讼理论的模仿，再到恢复与提升阶段对美、英等国诉讼理论的引入。达马斯卡曾经告诫我们：“与私法领域相比，程序法的意义和效果更加依赖于外部环境——尤其是直接依赖于所在国家司法制度运行的制度背景。”[①] 诉讼法对其制度背景的依赖使得这门学科较之其他学科具有更强的地域性特征。所以，我们需要思考的一个问题是：我们仿效外国经验而建构起来的理论，我们从西方国家那里所引入的理念以及我们参考国外做法而采用的研究方法，是否真的适合于我国？即使这些理论、

① ［美］米尔吉安·R. 达马斯卡著：《比较法视野中的证据制度》，吴宏耀等译，中国人民公安大学出版社2006年版，第231~232页。

理念和方法能够适合于我国，中国学者对人类法治文明的独特贡献又何在？

笔者认为，21 世纪的中国诉讼法学应当以创建中国特色、中国风格的诉讼法学理论体系为努力方向。回首过去的一个多世纪，中国诉讼法学在对国外诉讼理论持续不断的“效仿”过程中渐渐迷失了自我，始终未能确立起自身的独立品格。因此，我国学者应当从中国实际出发，在了解和借鉴他国诉讼理论的同时，着力构建具有中国特色、中国风格的诉讼法学理论。这是一项艰巨而长期的历史任务。其艰巨性在于，曾经在世界法制发展史上占有一席之地的中华法系早已风光不再，一百多年来我国所进行的各项法制改革大多是跟在西方国家后面亦步亦趋，我国法学理论缺乏自主发展的传统。其长期性在于，我国民众存在着根深蒂固的“重实体、轻程序”观念，而观念的转变绝非一朝一夕可以实现的。昂格尔就曾经针对我国古代法律评论道，与其他非欧洲的法相比较，中国法是离“法治”（rule of law）理念最为遥远的一极。① 当然，伴随着我国全面推进依法治国和大力深化司法体制改革，我国诉讼法学研究已经开始摆脱西方话语体系、西方逻辑的研究“窠臼”，逐步走向自醒自觉，探索建立符合中国国情和司法规律二元目标的社会主义诉讼法学理论体系已经起步。同时也要认识到，建成体现中国特色、中国风格的具有独立思维和独立话语体系的社会主义诉讼法学理论体系非一时之功，可能需要几代学人的共同努力。

历史的经验告诉我们，对于任何事业来讲，人才都是关键。从我国京师法律学堂的创办与诉讼法学的诞生可以看出，诉讼法学学科的发展与诉讼法学人才的培养是分不开的。因此，针对我国诉讼法学研究任务的艰巨性和长期性，我们应当进一步加大对青年诉讼法学高级人才，尤其是对诉讼法学博士生的培养力度。法学博士生

① ［日］滋贺秀三：《中国法文化的考察——以诉讼的形态为素材》，载《明清时期的民事审判与民间契约》，王亚新等编译，法律出版社 1998 年版，第 3 页。

群体是一支重要的科研力量。博士生们大多风华正茂，正处于人生创造力最为旺盛的时期，有可能提出富有原创性的学术观点；博士生们思维活跃，较少受到成见的束缚，有利于发掘新思维、新视角，不断推陈出新；博士生们拥有最有利的学习环境和条件，有足够的时间和精力就某些专门问题深入钻研。也正是基于这些原因，有人认为，博士学位论文常常能够代表学者一生的最高学术成就。

中国政法大学是全国最早获得诉讼法学博士学位授予资格的高等学府，由于师资队伍、培养模式、图书资料、学术交流等诸多方面的优势，法大培养的诉讼法学博士人数众多，质量上乘，为我国诉讼法学的学科发展作出过重要贡献。早在20世纪80年代末期，中国政法大学前校长、诉讼法学学科带头人陈光中先生就呼吁学界进一步加强对刑事诉讼法学基本理论的研究和创新，并引进自然科学和其他社会科学中的相关学科的成果，开拓刑事诉讼法学研究的新领域。[①] 在法大导师们的指引下，一批优秀的法大诉讼法学博士生开始对诉讼法学基础理论进行了大胆探索，取得了很多填补空白的开拓性研究成果。我国诉讼法学界在20世纪90年代出版的具有代表性的基础理论著作大多是在他们的博士学位论文基础上完成的。曾经取得的辉煌成就使中国政法大学的诉讼法学学科在全国享有盛誉。1999年，中国政法大学诉讼法学研究中心（2006年更名为中国政法大学诉讼法学研究院）成立，这是诉讼法学专业唯一入选全国普通高等学校人文社会科学百所重点研究基地的研究实体。2013年，由中国政法大学牵头，以中国政法大学诉讼法学研究院和证据科学研究院为科研依托平台，联合吉林大学理论法学研究中心（教育部人文社会科学重点研究基地）和武汉大学环境法研究所（教育部人文社会科学重点研究基地）申报的司法文明协同创新中心顺利通过教育部和财政部的认定，成为全国首批14家“2011计划”协同创新中心之一。自此，中国政法大学在诉讼法学

① 陈光中：《中国刑事诉讼法学四十年（下）》，载《政法论坛》1989年第5期。

学科建设和人才培养方面掀开了新的一页。

“法大诉讼法学博士文库”是中国政法大学诉讼法学研究院主持编选并组织出版中国政法大学诉讼法学专业（含刑事诉讼法学、民事诉讼法学、行政诉讼法学、证据法学）博士学位论文的系列丛书。这套丛书旨在搭建学术平台，推出诉讼法学新人新作，营造百家争鸣的学术氛围。此外，由于博士学位论文不仅能够反映博士生个人的勤奋和智慧，还常常凝聚了博士生导师们的辛劳和心血。因此，这套丛书的出版也是对法大诉讼法学教学成果的集中展示。我们希望能够通过丛书的出版，进一步培养和造就高素质的诉讼法学博士生，推动诉讼法学年轻学者之间的互动和交流，促进我国诉讼法学的繁荣和发展。

中国政法大学诉讼法学研究院院长　卞建林

2016 年 11 月 16 日于北京

序

2013 年 1 月施行的《中华人民共和国刑事诉讼法》第 182 条第 2 款新增庭前会议相关内容，规定审判人员可在刑事案件正式开庭审理前，对可能影响案件审判公正和诉讼程序效率的有关问题召集控辩双方听取意见，了解情况。这对于法官明确案件主要争点，合理安排庭审过程均有裨益，是刑事立法根据司法现实需求，遵循司法客观规律所做的重要修改。

当时，庭前会议制度对于我国刑事审判实务和刑事诉讼理论研究而言都是新生事物。《刑事诉讼法》实施后的一段时期内，各地司法机关在实践中摸索和总结出很多好的经验与做法，也伴生诸多新的问题和困惑，如庭前会议制度定位、程序设置、法律效力等。特别是庭前会议与非法证据排除的协调问题，各地做法不一，观点分歧较大。如何在司法实践中更好地落实和推广庭前会议制度，引起了诉讼法学界的广泛关注。学界对庭前会议的研究大致经历了从法律文本分析到司法实践运行状态考察的发展过程。回归实务，为理论问题寻找解答并发现新养料，以促进我国刑事诉讼立法进步和庭前会议制度完善将成为一种趋势。但刑事司法领域的实证研究是存在一定困难的。实证的困难不仅在于样本的大规模收集和整理，还在于所提新理论、新设想之合理性的证明或者验证。研究的难点在于能不能跳出对庭前会议效力、与相关程序关系等局部问题研究的窠臼，实现在庭前会议制度总体理论框架搭建上的突破。

在此背景下，陈子楠选择以《刑事庭前会议制度》为题撰写了博士学位论文，具有一定的理论创新性和实践探索性，同时也面临较大的挑战。过程实为不易，结果值得欣喜。从总体上看，本书秉持了以问题为导向，理论联系实际，外国经验与本国国情相结合的基本路径，主要特点有三个方面：

第一，庭前会议制度属于“舶来品”，在一些国家和地区的刑事诉讼中得到良好运作，但对庭前会议相关制度的比较法研究不仅国内尚存一定空白，国外体系性的研究成果也较为少见。本书系统性地梳理和分析了美国、英国、日本等国，以及我国台湾地区刑事诉讼中与庭前会议相关或相似制度的法律文本和司法实践，厘清相关程序设置的背景、主要功能、相互关系，进而总结和归纳出庭前会议制度的一般共性与主要区别等规律性知识。这种基础性资料研究看似不经意，实则耗时耗力，无论是对解决我国刑事诉讼庭前会议所面临的立法和司法困惑，还是该制度长远发展都是必不可少和颇有助益的。

第二，踏实的实证研究是本书的一大特色。实践出新知，实践出真知，司法实践中产生的问题更需要回到实务工作中探寻解决之道。子楠在攻读博士期间，数次跟随我前往河南南阳、陕西西安、江苏无锡和盐城等检察机关考察庭前会议实施情况，与省、市、县三级法检机关深入座谈。此后，他又作为中国政法大学诉讼法学研究院庭前会议实证课题组成员，参加在北京东城区、江苏无锡和盐城三地同时开展的庭前会议试点研究项目。在一年的试点过程中，他亲身参与试点方案编制、贴近观察程序运转成效、广泛收集实证案例样本，勤于行、敏于思，发表数篇调研报告和学术论文，为完成本书打下坚实基础。

第三，理论源于实践，也必然要归于实践。本书在借鉴和吸收国内外最新研究成果，结合实证考察有益经验的基础上，围绕以审判为中心的理念，提出了构建和完善我国刑事诉讼庭前会议制度的一整套方案，详细分析了庭前会议与回避、证据展示、非法证据排除、刑事案件速裁程序、简易程序、认罪认罚从宽、法律援助等相关配套制度之间的关系。此后又从程序启动、参与人、范围、方式、结果及效力等实践中反映较多的具体问题着眼，针对我国庭前会议制度的现状，提出完善我国相关制度的可能进路，填补了我国刑事诉讼庭前会议制度研究中的诸多空白。这些制度设想经过试点项目验证，具备一定的可操作性，解决了一些司法实务中的问题，实为不易。

通篇观之，深为子楠在读博期间勤奋向学并取得优秀成绩感到欣慰，衷心祝贺该书问世。研究之路道阻且长，仍需上下求索，期望子楠能够在新的领域继续取得新的成果。

杨宇冠

中国政法大学教授

2019 年 7 月 15 日

目 录

第一章 刑事诉讼庭前会议制度的一般理论

庭前会议制度是2012年修改《中华人民共和国刑事诉讼法》（以下简称《刑事诉讼法》）后在一审准备程序中新增加的一项程序设置，目前刑事诉讼法学界对其定义还缺乏权威的表述。本书将从庭前会议的概念和法律渊源两个方面介绍国外对于庭前会议的相关概念解释，总结我国刑事立法中有关庭前会议的诸多条文。

第一节 刑事诉讼庭前会议的概念

一、我国刑事诉讼庭前会议的概念

《刑事诉讼法》新增第182条第2款相关内容之初，并没有对新设庭前准备程序的名称作出明确的规范。有立法者将其称为“庭前准备程序”①；有的学者认为“其类似于庭前会议”②；有的学者认为其与域外立法例中的“庭前预备会议”“处理庭”抑或“审前讨论会”等具有相似功能，因而可以姑且称为“庭前会议”制度。③ 也有的学者认为，“这一准备活动的名称值得研究”因为

① 黄太云：《刑事诉讼法修改释义》，载《人民检察》2012年第8期。

② 陈光中主编：《刑事诉讼法》，北京大学出版社2012年版，第316页。

③ 参见卞建林、褚宁：《刑事诉讼法修改背景下一审程序的完善》，载《法律适用》2012年第9期；叶青：《得与失：刑事诉讼法再修改若干议题述评》，载《社会科学家》2012年第8期。

该程序“不是一个一般的行政会议”[1] 或者“实际上是一次庭前预备会议”[2] 等。由此可见，“庭前会议”这一名称来源于学者对于域外相关制度的类比，刑事诉讼法学界和实务界就“庭前会议”这一制度名称达成共识是在《刑事诉讼法》修改一段时间之后。目前，国内还缺乏对这一概念的权威性解释，对其的阐释多是引用《刑事诉讼法》第182条的规定，或是在此基础之上对其目的或性质的分析和理解。

二、英美法中庭前会议的概念

在英美法系国家中，庭前会议或者相类似的制度广泛存在于民事诉讼和刑事诉讼中。以英语国家为例，其民事诉讼程序中存在“pretrial meeting”制度，按照词典中的解释，可以翻译为“审前会议”，原本指在美国法庭审理之前，法官传唤双方当事人（实际为双方当事人的律师）以便顺利进行法庭审理而整理争点的会议。早在《美国联邦民事诉讼规则》规定审前会议之前，1926年密歇根州地方法院就已开始适用这一程序，即在诉答程序（pleading）结束后，法院传唤当事人试行和解。后来，联邦民事诉讼规则咨询委员会将这种做法规定在《美国民事诉讼规则》第16条之中。[3] 也有法律辞典进一步指出：“审前会议是由法官召集的为案件开庭作准备的会议。审前会议要在审判前较短时间里举行，是否召集这种会议取决于法官的自由裁量。会议的参加者包括法官和当事人各方的律师。会议旨在消除或缩小需要审理的问题以及分歧。会议的期望是至少在一些事实问题上达成某些一致。在这类事实问题上所达成的一致被称为‘约定’。如果几个问题都能够一致约定，那么审判所需要的只是那些遗留下来的争议问题。在审前会议中出现的

---

① 樊崇义：《我国刑事诉讼制度的进步与发展——2012年〈刑事诉讼法修正案（草案）〉评介》，载《法学杂志》2012年第1期。

② 樊崇义主编：《刑事诉讼法学》，中国政法大学出版社2013年版，第493页。

③ 参见夏登峻主编：《英汉法律词典》，法律出版社2012年版，第851页。

一致点和分歧点被载入一项约束后续程序的命令中。因此，审前会议通过使审理阶段集中于尽可能少和窄的事项上而促进案件的解决。"①

而在美国的刑事案件中，存在"pretrial conference"这一制度，而pretrial conference也即"审前预备会议"，指由法官召集的为案件开庭作准备的会议，常略为pretrial，也称为pretrial hearing。② 其英文的解释是"An informal meeting at which opposing attorneys confer，usu. With the judge，to work toward the disposition of the case by discussing matters of evidence and narrowing the issues that will be tried."③ 意指"在大陪审团或检察官起诉后，法院可以召开一次或多次审前会议，为公正、高效的审判作准备。会议结束时，法院将会议内容记入备忘录。除经被告人和辩护律师签名认可的以外，被告人或其辩护律师在会议上所作的认罪不得作为不利于被告人的证据"。④

第二节　刑事诉讼庭前会议的立法背景

党的十八届四中全会提出"推进以审判为中心的诉讼制度改革"，"完善证人、鉴定人出庭制度，保证庭审在查明事实、认定证据、保护诉权、公正裁判中发挥决定性作用"。⑤ 推进以审判为中心的诉讼制度改革"要贯彻集中审理原则，强调庭审的连续性、

---

① ［美］伦斯特洛姆：《美国法律辞典》，贺卫方等译，中国政法大学出版社 1998 年版，第 261 页。

② 宋雷主编：《英汉法律用语大辞典》，法律出版社 2005 年版，第 903 页。

③ Bryan A. Garner（ed.），*Black's Law Dictionary*，*Fourth Pocket Edition*，Minnesota：West，p. 592.

④ 薛波主编、潘汉典总审订：《元照英美法词典》，法律出版社 2003 年版，第 1086 页。

⑤ 《中国共产党第十八届中央委员会第四次全体会议文件汇编》，人民出版社 2014 年版，第 45 页。

持续性，使得庭审能够像外科手术一样集中进行，从而实现法官的内心确信主要形成于庭审”。这就对法庭开庭前的准备程序提出了更高的要求，需要实现法庭审判与案件繁简分流、非法证据排除、证人鉴定人出庭、法律援助等一系列诉讼制度的充分协调。但是，根据我国1996年《刑事诉讼法》第165条和第158条[①]等的规定，法庭在审判中可能因回避、证据调查、新证人出庭等问题而休庭或延期审理。这样的规定虽然有利于实现打击犯罪的刑事法律价值，但是在无形之中也对法院集中和高效地审理案件构成了制度障碍。因此，我国庭前会议制度正是建立在司法体制改革的迫切需求和既往审判实践活动反思的基础之上的。

一、非法证据排除降低审判效率

2010年最高人民法院、最高人民检察院、公安部、国家安全部和司法部联合制定了《关于办理死刑案件审查判断证据若干问题的规定》和《关于办理刑事案件排除非法证据若干问题的规定》(以下简称“两个《规定》”）第一次规定了我国的非法证据排除程序，对非法证据排除的内容、程序、证明责任等作出了初步的规定。这对于保障被告人合法权利具有十分重要的意义。在“两个《规定》”中，无论被告人是在庭前还是在庭审中提出非法证据排除的申请，法庭都必须在宣读起诉书之后先行当庭调查，如果公诉人当庭提供的证据不能对证据取得之合法性予以充分证明，则需要申请延期审理，以便准备相关的证明材料。

当时的《刑事诉讼法》中庭前准备制度和程序并不完善，除

---

① 1996年《刑事诉讼法》第165条规定：“在法庭审判过程中，遇有下列情形之一，影响审判进行的，可以延期审理：（一）需要通知新的证人到庭，调取新的物证，重新鉴定或者勘验的；（二）检察人员发现提起公诉的案件需要补充侦查，提出建议的；（三）由于当事人申请回避而不能进行审判的。”第158条规定：“法庭审理过程中，合议庭对证据有疑问的，可以宣布休庭，对证据进行调查核实。人民法院调查核实证据，可以进行勘验、检查、扣押、鉴定和查询、冻结。”

非被告人在侦查阶段或审查起诉阶段就提出非法证据排除申请，否则公诉人很难了解非法取证的线索和证据材料，无法在庭审开始前做好证明材料收集和庭审预案的准备工作。特别是司法实践中很多被告人的辩护律师会在庭审中突然提出非法证据排除问题，要求法庭进行调查，有时甚至可能在庭审中反复提出同样的问题。在这种情况下，辩护律师的出发点往往并不是保障当事人的合法权利，而是打乱庭审和公诉的节奏或者向被告人展示其辩护工作的不遗余力。这就一方面使得非法证据排除程序偏离了保障被追诉者人权和司法纯洁性的初衷，另一方面也使得庭审不得不数度中断，造成司法资源的空耗和庭审效率的降低。

司法实践中出现的这种问题就使得构建控、辩、审三方在开庭审理前对非法证据排除问题进行充分协商和沟通的机制变得十分迫切与必要。公诉人希望在庭审前了解被告人及其辩护人对证据合法性的意见，以便能够及时进行说明或者在开庭前做好充分的准备工作。法庭愿意在庭审前听取控辩双方对非法证据排除问题的说明，对部分情节简单或者双方能够达成一致意见的证据合法性问题在审判前就能作出适当处理，对一些争议较大的问题也可以把握争议焦点，以便合理安排好庭审计划。辩护人如果能够在审判前说服法庭排除非法获得的定罪量刑关键证据，公诉机关就可能会作出撤销案件或不起诉的决定，及早使被告人免除诉累。因此，设置庭审前的准备程序对于将非法证据排除规则拉回正确的价值轨道，避免庭审因证据合法性问题导致不必要的拖延，以实现集中和高效的审判有非常重要的促进作用。

二、庭审控辩突袭导致审判中断

“所谓‘庭审突袭’包括‘证据突袭’和‘主张突袭’两种情况”，[①] 分别指控辩一方在法庭上出示或提出对方事先不了解或

① 莫湘益：《庭前会议：从法理到实证的考察》，载《法学研究》2014年第3期。

未准备的证据和主张，导致对方无法当庭举证质证，降低庭审中控辩对抗实质性的行为。无论是证据突袭还是主张突袭对庭审实质化和审判效率均具有十分不利的影响，不利于法庭合理地组织案件审判活动并通过控辩双方在法庭上的辩论发现和查明案件事实真相。而庭审突袭的根源即来自控辩双方缺乏庭前证据交换的制度或程序。

我国1996年《刑事诉讼法》的修改吸收了大量对抗制诉讼模式的特征，为了增强刑事审判的对抗性，避免法官在庭审前对案件产生预断，规定公诉机关在起诉时只需移送起诉书、证据目录、证人名单和主要证据复印件或者照片。由于庭前准备程序中缺乏有关证据开示的规定，因此辩护律师的阅卷权受到很大限制，无法在起诉前查阅控方的全部案卷材料；同样，由于辩方不负有向控方开示证据的责任，公诉机关也无法全面了解辩方的辩护意见。根据当时《刑事诉讼法》的规定，如果庭审中出现“需要通知新的证人到庭，调取新的物证，重新鉴定或者勘验”等情况，审判可能就需要延期进行。这就导致了庭审极有可能因控辩双方之间证据突袭的行为而中断的情况。

同样，法庭在开庭之前需要了解控辩双方对于案件事实和法律争议的焦点问题，这种对于案件争议焦点的整理程序有利于帮助法官明确庭审重点，日本的刑事诉讼中也存在类似的争议焦点整理程序。通过正式开庭审判前整理案件事实、证据及法律适用的争议焦点，列明无争议问题，使法庭在庭审中能够聚焦于案件的实质争议焦点，重点调查和质证有异议的证据，对无异议的证据，直接列出证据名及待证事实，便于排除庭审因争议焦点不明导致的审理秩序混乱，充分提高庭审效率。

所以为了避免庭审中的控辩突袭，需要在庭审前设置相关程序和制度为证据开示提供有利的环境，能够帮助控辩双方实现信息对称，有助于案件客观真实的发现，促进诉讼公正与效率的实现。

三、程序分流不畅消耗司法资源

自1996年《刑事诉讼法》设立简易程序以来，该制度在刑事案件的审判中得到了广泛运用。据笔者与多地司法机关座谈时了解到，基层法院超过半数的刑事案件均会适用简易程序进行审理。2012年《刑事诉讼法》修改后将原属于普通程序简化审理的案也纳入简易程序中来，拓宽了简易程序的适用范围。同时，根据《刑事诉讼法》第211条[①]的规定，在适用简易程序之前审判人员对被告人负有告知和确认的义务，以保证被告人对适用简易程序的明智性和自愿性，保障被告人的程序选择权利。但是，这一权利的行使缺乏诉讼程序或制度的保障，实践中多是法院的书记员到看守所送达起诉书时简单询问被告人的意见。由于不少被告人文化素养不高或法律知识淡薄，在缺乏辩护律师帮助和羁押状态之下，很难作出明智和理智的选择。同样，如果被告人在开庭时不认罪或不同意适用简易程序，或者法庭发现存在《刑事诉讼法》第215条规定的情形时，案件就需要转为普通程序重新审理，这就造成了诉讼效率的降低和司法资源的浪费。

此外，根据司法体制改革的需要，全国人大常委会2016年授权最高人民法院、最高人民检察院在部分地区开展刑事案件速裁程序和被告人认罪认罚从宽制度试点。这些针对事实清楚、证据确实充分、被告人认罪等特定轻罪案件的审理程序与简易程序的适用存在很大的相似之处，都需要在法庭正式审判前通过适当的案件分流程序或制度对被告人适用程序的正当性、合法性、自愿性等进行初步的审查，一方面是为被告人的合法权利提供制度保障，另一方面也是为了避免出现程序倒流，诉讼效率反而降低的情况出现。从制

① 《刑事诉讼法》第211条规定："适用简易程序审理案件，审判人员应当询问被告人对指控的犯罪事实的意见，告知被告人适用简易程序审理的法律规定，确认被告人是否同意适用简易程序审理。"

度试点结果来看，取得了良好效果。根据最高人民法院的数据，截至2017年11月底，18个开展刑事案件认罪认罚从宽制度试点工作的地区共确定试点法院、检察院各281个，适用认罪认罚从宽制度审结刑事案件91121件103496人，占试点法院同期审结刑事案件的45%。①

四、法律援助改革需要配套程序

根据1996年《刑事诉讼法》的规定，法院在决定开庭审判之后才会为符合条件的被告人指定法律援助，为其提供辩护服务。这样在司法实践中就会出现两个方面的困难：一方面，法院提供指定辩护可能需要对被告人经济困难的现实情况或者没有委托辩护人的原因进行详细了解，听取被告人对辩护工作的需求和意见；另一方面，由于我国法律援助客观条件的限制，很多法律援助律师在开庭前阅读卷宗和会见当事人的机会很少，甚至有些被告人直到开庭时才能见到自己的辩护律师。这样就可能会因被告人与辩护律师之间的不了解或不信任而导致被告人对指定辩护工作满意度较低。若在开庭之后，被告人不满意指定辩护律师为其提供辩护而当庭向人民法院提出另行委托或指定辩护律师的申请时，根据1998年《最高人民法院关于执行〈中华人民共和国刑事诉讼法〉若干问题的解

① 《建立刑事缺席审判制度，与监察法衔接，认罪认罚从宽》，载 http://www.npc.gov.cn/zgrdw/npc/cwhhy/13jcwh/2018-04/26/content_2053695.htm。

释》第165条①的规定，法院可能就需要宣布延期审理，从而导致庭审陷入中断。如果被告人在庭审之初就提出更换法律援助的申请，法庭就不得不面对刚开庭就宣布延期审理的尴尬局面，再次安排庭审日期必然会造成大量司法资源的浪费。如果被告人是在庭审中提出的相关申请，那么已经进行的审判程序是否需要推倒重来？如果在新辩护律师接手之后继续原来的审判程序，又是否会对被告人辩护权的保障造成损害？

无论在哪种情况下，庭审过程中提出更换指定辩护律师的申请都可能会导致庭审过程的中断和司法资源的浪费，以及对审判程序正当性的疑问，不利于审判集中的实现和审判效率的提高。因此，有必要在庭审开始之前，通过审前准备程序实现法庭、法律援助律师、辩护人之间的充分沟通。这种沟通一是法庭能够充分了解被告人是否符合提供法律援助的标准，以及被告人对法律援助工作的现实期待和需求，以期尽可能提供符合被告人要求的法律援助律师；二是法律援助律师能够有机会和时间充分了解案件与委托人的详细情况，以期能够针对案件事实和证据材料为被告人提供更为有效的辩护；三是被告人可以通过庭前辩护活动加深对法律援助律师的了解和信任，如果需要更换法律援助律师或者自行委托辩护人，尽可能在开庭之前提出相关申请，以避免庭审不必要的中断。

2018年8月，全国人大常委会审议刑事诉讼法修正草案二审稿。二审稿对值班律师的职责作了调整，将值班律师提供“辩护”

---

① 1998年《最高人民法院关于执行〈中华人民共和国刑事诉讼法〉若干问题的解释》第165条规定：“被告人当庭拒绝辩护人为其辩护，要求另行委托辩护人的，应当同意，并宣布延期审理。被告人要求人民法院另行指定辩护律师，合议庭同意的，应当宣布延期审理。重新开庭后，被告人再次当庭拒绝重新委托的辩护人或者人民法院指定的辩护律师为其辩护的，合议庭应当分别情形作出处理：（一）被告人是成年人的，可以准许。但被告人不得再另行委托辩护人，人民法院也不再另行指定辩护律师，被告人可以自行辩护；（二）被告人具有本解释第三十六条规定情形之一的，不予准许。依照本解释第一百六十四条、本条第一、二款规定另行委托、指定辩护人或者辩护律师的，自案件宣布延期审理之日起至第十日止，准备辩护时间不计入审限。”

修改为提供“法律帮助”并删去“代理申诉、控告”的内容。全国人大宪法和法律委员会相关负责人在作关于刑诉法修正草案修改情况的汇报时介绍，对一审稿中关于值班律师职责的规定，一些常委委员、地方、部门和社会公众提出，值班律师的职责与辩护人不同，主要应是为没有辩护人的犯罪嫌疑人、被告人提供法律帮助，这样定位符合认罪认罚从宽制度改革试点方案以及有关部门关于开展值班律师工作的意见要求，试点情况表明也较为可行。据此，草案二审稿规定，法律援助机构可以在人民法院、人民检察院、看守所派驻值班律师。犯罪嫌疑人、被告人没有委托辩护人，法律援助机构没有指派律师为其提供辩护的，由值班律师为犯罪嫌疑人、被告人提供法律咨询、程序选择建议、申请变更强制措施、对案件处理提出意见等法律帮助。[①] 这是我国法律援助制度取得的较大进步。

第三节　刑事诉讼庭前会议的立法评析

2012 年 3 月 14 日，第十一届全国人民代表大会第五次会议通过《关于修改〈中华人民共和国刑事诉讼法〉的决定》，在第 182 条新增加了庭前会议制度，其后最高人民法院、最高人民检察院等部门相继出台了一系列关于庭前会议制度的司法解释和规范性文件。这些都构成了我国刑事诉讼庭前会议制度的法律渊源。

一、《刑事诉讼法》中相关规定的分析

刑事庭前会议制度是《刑事诉讼法》在总结我国审判经验和吸收国外经验的基础之上增加的一项新的诉讼制度。根据《刑事

① 中国人大网：“刑诉法修正草案二审，调整值班律师职责”，http://www.npc.gov.cn/zgrdw/npc/lfzt/rlyw/2018-08/28/content_2059488.htm。

诉讼法》第182条第2款①的规定，在法庭审判前对可能影响公正审判的问题听取意见，了解情况，有助于法官确定庭审重点，提高庭审效率，保障庭审质量。

二、最高法《解释》中相关规定的分析

2013年实施的《最高人民法院关于适用〈中华人民共和国刑事诉讼法〉的解释》（以下简称最高法《解释》）对《刑事诉讼法》第182条的相关内容进一步作出了解释，在立法的基础之上，明确了庭前会议的适用范围、内容和相关程序问题。

（一）庭前会议的适用范围

庭前会议的适用范围也即人民法院在哪些情况下可以召开庭前会议。根据最高法《解释》第183条的规定②，该范围包括以下几个方面：

首先，根据第182条之规定，庭前会议制度设置的重要内容就是非法证据排除问题。针对非法证据排除问题，根据《刑事诉讼法》第54条的规定③，如果控辩双方，特别是被告人及其辩护律师、诉讼代理人在检察机关起诉之后，法庭开庭审理之前提出公诉机关据以定罪量刑的证据取得手段不合法，申请加以排除的，法庭

① 《刑事诉讼法》第182条第2款规定："在开庭以前，审判人员可以召集公诉人、当事人和辩护人、诉讼代理人，对回避、出庭证人名单、非法证据排除等与审判相关的问题，了解情况，听取意见。"

② 最高法《解释》第183条第1款规定："案件具有下列情形之一的，审判人员可以召开庭前会议：（一）当事人及其辩护人、诉讼代理人申请排除非法证据的；（二）证据材料较多、案情重大复杂的；（三）社会影响重大的；（四）需要召开庭前会议的其他情形。"

③ 《刑事诉讼法》第54条规定："采用刑讯逼供等非法方法收集的犯罪嫌疑人、被告人供述和采用暴力、威胁等非法方法收集的证人证言、被害人陈述，应当予以排除。收集物证、书证不符合法定程序，可能严重影响司法公正的，应当予以补正或者作出合理解释；不能补正或者作出合理解释的，对该证据应当予以排除。在侦查、审查起诉、审判时发现有应当排除的证据的，应当依法予以排除，不得作为起诉意见、起诉决定和判决的依据。"

可以召开庭前会议。

其次，证据材料较多、案情重大复杂，或者社会影响重大的问题，如单位犯罪案件、集团犯罪案件等共同被告人、证据材料可能较多的案件，或者在某一地区范围内具有较大社会影响的案件或引发媒体高度关注的案件，存在群体性、敏感性等因素对社会稳定有较大影响的案件等，法院可以在正式庭审前召集控辩双方就起诉的案件事实和证据问题听取双方意见，明确庭审中调查和辩论的重点，以期提高诉讼效率，保障庭审质量。

最后，需要召开庭前会议的其他情形，如《刑事诉讼法》中提到的被告人及其辩护律师申请审判人员和公诉人员回避的问题，了解控辩双方在庭审中是否需要证人出庭作证，以便法院提前发出传票，做好庭审安排等。

该条在最后还规定，“召开庭前会议，根据案件情况，可以通知被告人参加。”可见，按照最高法《解释》的规定，被告人参加庭前会议由法院按照具体情况酌情决定，被告人并非必须出席庭前会议。

（二）庭前会议的内容

最高法《解释》第184条[①]还对庭前会议的内容作出了规定，对该条司法解释，笔者认为需要注意以下四点：

首先，“管辖权异议，是指当事人认为受诉法院对案件无管辖权而向法院提出的不服管辖的意见或主张。”[②] 我国《刑事诉讼法》第19条至第27条对人民法院的审判管辖作出了明确的规定，包括

---

① 最高法《解释》第184条第1款规定：“召开庭前会议，审判人员可以就下列问题向控辩双方了解情况，听取意见：（一）是否对案件管辖有异议；（二）是否申请有关人员回避；（三）是否申请调取在侦查、审查起诉期间公安机关、人民检察院收集但未随案移送的证明被告人无罪或者罪轻的证据材料；（四）是否提供新的证据；（五）是否对出庭证人、鉴定人、有专门知识的人的名单有异议；（六）是否申请排除非法证据；（七）是否申请不公开审理；（八）与审判相关的其他问题。”

② 陈光中主编：《刑事诉讼法》，北京大学出版社2012年版，第121页。

级别管辖、地区管辖、指定管辖、专门管辖等几个方面的内容。当事人及其辩护人、诉讼代理人等在审判开始前对受诉法院的管辖权存在异议的，可以在庭前会议中向法庭提出，由法院审查相关异议的理由并据此作出裁决。

其次，根据《刑事诉讼法》第 28 条和第 29 条[①]关于回避问题的规定，当审判人员、检察人员、侦查人员出现法定情形时，当事人及其法定代理人有权要求他们回避。此时，被告人及其辩护律师可以在庭前会议中提出回避的申请，由法庭按照相关诉讼法律规定作出决定或裁定。

再次，根据《刑事诉讼法》第 39 条[②]和最高法《解释》第 49 条[③]关于辩护人申请证据调取的规定，在庭前会议中，辩护人认为存在证明被告人无罪或者罪轻的证据而侦查机关和公诉机关没有随案移送的，可以书面的方式向法庭提出申请并附上相关线索或材料。法庭可以在庭前会议中向人民检察院要求调取相关证据材料，并听取公诉机关的意见。

最后，根据《刑事诉讼法》第 183 条[④]的规定，我国刑事诉讼

① 《刑事诉讼法》第 28 条规定“（一）是本案的当事人或者是当事人的近亲属的；（二）本人或者他的近亲属和本案有利害关系的；（三）担任过本案的证人、鉴定人、辩护人、诉讼代理人的；（四）与本案当事人有其他关系，可能影响公正处理案件的”。第 29 条规定：“审判人员、检察人员、侦查人员不得接受当事人及其委托的人的请客送礼，不得违反规定会见当事人及其委托的人。审判人员、检察人员、侦查人员违反前款规定的，应当依法追究法律责任。当事人及其法定代理人有权要求他们回避。”

② 《刑事诉讼法》第 39 条规定：“辩护人认为在侦查、审查起诉期间公安机关、人民检察院收集的证明犯罪嫌疑人、被告人无罪或者罪轻的证据材料未提交的，有权申请人民检察院、人民法院调取。”

③ 最高法《解释》第 49 条规定：“辩护人认为在侦查、审查起诉期间公安机关、人民检察院收集的证明被告人无罪或者罪轻的证据材料未随案移送，申请人民法院调取的，应当以书面形式提出，并提供相关线索或者材料。人民法院接受申请后，应当向人民检察院调取。人民检察院移送相关证据材料后，人民法院应当及时通知辩护人。”

④ 《刑事诉讼法》第 183 条第 1 款规定：“人民法院审判第一审案件应当公开进行。但是有关国家秘密或者个人隐私的案件，不公开审理；涉及商业秘密的案件，当事人申请不公开审理的，可以不公开审理。”

中的不公开审理包括法定不公开和依申请不公开两类。对于涉及商业秘密的案件，当事人及其辩护律师可以在庭前会议中向法庭提出不公开审理的申请，由法庭根据相关情况作出决定。特别是，根据最高法《解释》第 68 条①的规定，在应当公开审理的案件中，如果控辩双方认为与案件定罪量刑有关证据可能涉及国家秘密、商业秘密或者个人隐私，可以在庭前会议中提前作出相关说明，由法庭根据案件的具体情况依法作出不同的决定，提前做好庭审的活动安排。

此外，该条还规定“审判人员可以询问控辩双方对证据材料有无异议，对有异议的证据，应当在庭审时重点调查；无异议的，庭审时举证、质证可以简化。”与《人民检察院刑事诉讼规则（试行）》第 431 条仅规定庭前会议可以解决程序问题，不同的是，本条将附带民事诉讼的调解也纳入庭前会议的内容中，规定“被害人或者其法定代理人、近亲属提起附带民事诉讼的，可以调解”。这表明最高法《解释》并不排斥该制度中解决实体性问题。

该条司法解释还对庭前会议成果的形式作出了简略的规定，要求“庭前会议情况应当制作笔录。”但是并没有提及控辩双方是否都必须在笔录上签字确认，也没有明确该笔录的法律效力。

（三）庭前会议与非法证据排除

对于庭前会议中非法证据排除的问题，从最高法《解释》第 99 条②规定的内容出发，笔者认为可以明确以下几点内容：

---

① 最高法《解释》第 68 条规定：“公开审理案件时，公诉人、诉讼参与人提出涉及国家秘密、商业秘密或者个人隐私的证据的，法庭应当制止。有关证据确与本案有关的，可以根据具体情况，决定将案件转为不公开审理，或者对相关证据的法庭调查不公开进行。”

② 最高法《解释》第 99 条规定：“开庭审理前，当事人及其辩护人、诉讼代理人申请排除非法证据，人民法院经审查，对证据收集的合法性有疑问的，应当依照刑事诉讼法第一百八十二条第二款的规定召开庭前会议，就非法证据排除等问题了解情况，听取意见。人民检察院可以通过出示有关证据材料等方式，对证据收集的合法性加以说明。”

首先，两者发生交集的前提是相关非法证据排除申请是在开庭审理前提出的。也就是说，在侦查阶段、审查起诉阶段被告人及其辩护律师已经提出了排除非法证据的申请，或者法庭在开庭之前了解到相关的情况。

其次，并非当事人及其辩护律师等在庭审开始前提出非法证据排除申请，法庭都必须启动非法证据排除的调查程序。人民法院首先要对相关申请进行审查，只有在证据收集的合法性确实存在疑问的情况下，才需要召开庭前会议。

再次，一旦庭审前法庭对证据收集的合法性产生疑问，司法解释规定的是“应当”依法召开庭前会议。也就是说，在这种情况下，庭前会议是法定程序，必须在开庭之前通过庭前会议听取和了解控辩双方在非法证据排除问题上的意见。

最后，在庭前会议中，公诉机关在可能的情况下，可以进行证据材料的出示，以证明侦查机关取证活动的合法性，反驳当事人提出的非法证据排除申请。

三、最高检《规则》中相关规定的分析

2012 年修订的《人民检察院刑事诉讼规则（试行）》（以下简称最高检《规则》）也对检察机关参与庭前会议的相关规则进行了明确，其内容主要包括第 430 条、第 431 条，以及第 432 条的相关规定。

首先，最高检《规则》第 430 条[①]的规定明确了在接到人民法院召开庭前会议的通知之后，检察机关需要派员参加庭前会议。在这里司法解释没有采用“可以派员”等表述，笔者认为，此意指检察机关在是否参与庭前会议的问题上没有自由裁量的余地，只要接到通知，就应当参与庭前会议。同时，该条还对检察机关参与庭

---

① 最高检《规则》第 430 条规定：“人民法院通知人民检察院派员参加庭前会议的，由出席法庭的公诉人参加，必要时配备书记员担任记录。”

前会议的人员作出了限定，一是出席会议参与讨论的本案承办人，二是在必要时担任记录工作的书记员。

其次，针对新《刑事诉讼法》“等与审判相关的问题”的表述太过宽泛的问题，最高检《规则》第 431 条[①]进一步详细列举了庭前会议的内容，增加了适用简易程序等程序分流的功能，实际上扩张了庭前会议的适用范围。同时，该条第三款提出检察机关参加庭前会议的目的是“通过参加庭前会议，了解案件事实、证据和法律适用的争议和不同意见，解决有关程序问题，为参加法庭审理做好准备。”较之《刑事诉讼法》中“了解情况，听取意见”的功能定位，最高检《规则》第一次提出可以在庭前会议中可以解决一些问题，尽管这些问题还局限在程序方面，但已经“由此，将我国庭前会议制度向前推进了一大步。”[②] 但同时需要指出的是，最高检《规则》对《刑事诉讼法》的“突破”也仅限于赋予庭前会议解决程序问题的功能，对于庭前会议中涉及的非法证据排除或案件事实问题是否可以作出处理仍未置可否。

最后，最高检《规则》第 432 条[③]呼应了最高法《解释》第 99 条关于庭前会议中非法证据排除申请处理的相关程序性规定，同时又增加了对于需要通过调查核实的内容，人民检察院应当在开庭审理之前进行的期间限制。实际上是要求在实践中，检察机关通过庭前会议了解到辩方有关非法证据排除的相关证据材料之后，要在开庭之前对证据材料和线索加以核实，对于确属非法证据的，应

---

① 最高检《规则》第 431 条规定：“在庭前会议中，公诉人可以对案件管辖、回避、出庭证人、鉴定人、有专门知识的人的名单、辩护人提供的无罪证据、非法证据排除、不公开审理、延期审理、适用简易程序、庭审方案等与审判相关的问题提出和交换意见，了解辩护人收集的证据等情况。对辩护人收集的证据有异议的，应当提出。”

② 陈卫东主编：《〈人民检察院刑事诉讼规则（试行）〉析评》，中国民主法制出版社 2013 年版，第 272 页。

③ 最高检《规则》第 432 条规定：“当事人、辩护人、诉讼代理人在庭前会议中提出证据系非法取得，人民法院认为可能存在以非法方法收集证据情形的，人民检察院可以对证据收集的合法性进行证明。需要调查核实的，在开庭审理前进行。”

当自行加以排除；对于取证手段合法，但是没有能够在庭前会议中说明的，需要做好庭审中应对的充分准备和预案，以保证庭审的效率。

四、其他规范性文件中相关规定的分析

除《刑事诉讼法》及司法解释之外，最高法、最高检等部门在一些相关的规定和意见中也有涉及庭前会议的内容。此外，地方各级司法机关和司法行政机关也根据当地司法实践的实际情况，出台了一些刑事庭前会议的实施细则。这些规范性文件也是刑事庭前会议制度法律渊源的重要组成部分。

（一）《关于依法保障律师执业权利的规定》中之相关内容

2015 年 9 月 16 日，《最高人民法院、最高人民检察院、公安部、国家安全部、司法部印发〈关于依法保障律师执业权利的规定〉的通知》[①] 对律师在庭前会议和审判中的相关权利进一步作出了规定。其中，第 23 条[②]同样对最高法《解释》和最高检《规则》关于人民法院在开庭前收到辩护律师排除非法证据申请的处理方式进行了呼应，再一次肯定了庭前会议是处理审判前非法证据排除申请的必经程序。

《关于依法保障律师执业权利的规定》第 24 条[③]包含了三层含义：首先，肯定了辩护律师在开庭以前提出召开庭前会议的权利；其次，并非一经辩护律师申请，法院就必须召开庭前会议，而是赋予人民法院对申请进行审查并决定的权力，也即庭前会议召开的决

① 下文相关规定均参见《最高人民法院、最高人民检察院、公安部、国家安全部、司法部印发〈关于依法保障律师执业权利的规定〉的通知》，载《中华人民共和国最高人民检察院公报》2015 年第 6 期。

② 《关于依法保障律师执业权利的规定》第 23 条第 2 款规定：“辩护律师在开庭以前申请排除非法证据，人民法院对证据收集合法性有疑问的，应当依照刑事诉讼法第一百八十二条第二款的规定召开庭前会议，就非法证据排除问题了解情况，听取意见。”

③ 《关于依法保障律师执业权利的规定》第 24 条规定：“辩护律师在开庭以前提出召开庭前会议等申请的，人民法院应当及时审查作出处理决定，并告知辩护律师。”

定权在人民法院；最后，赋予辩护律师以结果的知情权，也即无论是否召开庭前会议，法院都必须通过适当的方式将处理结果告知辩护律师。因此，该条规定实际上规定了三项权利或权力和一项义务：辩护律师的申请权、法院的审查权和决定权，以及法院的告知义务。这对于明确庭前会议启动权的分配有着十分重要的指导意义。

此外，该《规定》第 31 条[①]还明确规定，该条实际上从一个侧面将“相关问题已在庭前会议达成一致”作为庭审过程中法官可以打断或者制止律师发言的前提之一，在某种程度上肯定了庭前会议中双方达成的一致意见的效力，要求控辩双方在庭审之中遵守庭前会议中形成的决议。这对于梳理庭前会议的司法权威性，促进庭前会议在司法实践中的运用与推广都具有十分重要的意义。

（二）《最高人民法院关于完善人民法院司法责任制的若干意见》中之相关内容

2015 年 9 月 21 日，最高人民法院下发了《关于完善人民法院司法责任制的若干意见》[②]，其中第 15 条和第 16 条[③]分别对在法官独任审理案件和合议庭审理案件的情况下，庭前会议的主持工作作出了明确的规定。笔者认为，这包含两方面的内容：首先，庭前会议的主持者是人民法院，这不仅是法官的权力，也是法官应当履行

---

① 《关于依法保障律师执业权利的规定》第 31 条第 2 款规定：“法庭审理过程中，法官可以对律师的发问、辩论进行引导，除发言过于重复、相关问题已在庭前会议达成一致、与案件无关或者侮辱、诽谤、威胁他人，故意扰乱法庭秩序的情况外，法官不得随意打断或者制止律师按程序进行的发言。”

② 下文相关规定均参见《司法人员职责和权限》，载《人民司法》2015 年第 19 期。

③ 《最高人民法院关于完善人民法院司法责任制的若干意见》第 15 条规定：“法官独任审理案件时，应当履行以下审判职责：（1）主持或者指导法官助理做好庭前会议、庭前调解、证据交换等庭前准备工作及其他审判辅助工作……”第 16 条规定：“合议庭审理案件时，承办法官应当履行以下审判职责：（1）主持或者指导法官助理做好庭前会议、庭前调解、证据交换等庭前准备工作及其他审判辅助工作……”

的审判职责。其次，虽然不同案件中审判组织可能存在差异，但无论是独任制还是合议制，都是由案件的承办法官来进行相关程序的组织活动，而不是与本案无关的其他法官，也不是合议庭中的其他成员。最后，具体召开庭前会议时的主持人不仅可以是本案的承办法官，还可以是其指导下的法官助理。

由此，该条规定在庭前会议制度发展中的重要作用体现在，一方面结合当前司法体制改革的具体内容，丰富了庭前会议主持者的范围，赋予法官助理处理庭前会议工作的权力。这既可以在一定程度上减轻案件承办法官的工作压力，又可以充分释放庭前会议提高诉讼效率的制度功能与活力。另一方面该规定实际上排除了西方部分国家刑事诉讼中审前程序法官与审判法官相分离的制度模式，根据中国的具体国情，选择案件承办法官一并主持庭前活动的程序安排，让法官熟悉和了解案件的争议与矛盾焦点，在一定程度上也符合我国庭前会议制度的功能定位。

（三）《关于依法切实保障律师诉讼权利的规定》中之相关内容

2015年12月29日，《最高人民法院印发〈关于依法切实保障律师诉讼权利的规定〉[①] 的通知》中第5条[②]规定与上文《关于依法保障律师执业权利的规定》第23条的最大不同在于两个方面：第一，第23条仅规定通过庭前会议的方式来了解相关争议，也即在法定条件下，召开庭前会议具有强制性；而第5条则又增加了法庭调查的选项，赋予了法官在处理非法证据排除申请问题上的程序选择权，实际上认为庭前会议并非非法证据排除的必经程序。第

① 下文相关规定均参见《最高人民法院关于依法切实保障律师诉讼权利的规定》，载《人民法院报》2016年1月13日第3版。

② 《关于依法切实保障律师诉讼权利的规定》第5条规定："律师申请排除非法证据并提供相关线索或者材料，法官经审查对证据收集合法性有疑问的，应当召开庭前会议或者进行法庭调查。经审查确认存在法律规定的以非法方法收集证据情形的，对有关证据应当予以排除"。

二，第5条第一次明文赋予了法官在庭前会议中对已认定的非法证据加以排除的权力，这相较于第23条中“了解情况，听取意见”的规定又是相当进步的。这“一退一进”之间一方面是对实践中庭前会议适用比率低的反映，很多情况下即使有关当事人等在审前提出了非法证据排除申请，法院也未必会召集；另一方面也是对增强庭前会议制度法律效力呼声的一种回应，首次通过规范性文件的方法肯定了庭前会议制度在处理程序性问题上的强制力。

（四）地方各级公安司法机关庭前会议实施细则

根据笔者通过网络搜索引擎对目前全国地方各级公安司法机关制定的刑事庭前会议实施细则或试行规则等文件的检索，共收集到各地制定的规范性文件34份①，通过对比可以发现如下较为直观的特征：第一，从制定主体的层级来看，现有规则多为市、县（区）两级司法机关，只有宁夏回族自治区高级人民法院制定的实施细则属于省一级，因此相关文件的效力层级较低，适用范围较为狭窄。第二，从制定主体的分类来看，笔者收集到的规则样本多数为当地法院和检察院通过协商联合制定的，有的地区作为律师行政主管部门的司法局也参与制定相关文件，公安机关参与的情况较少。这说明当前司法实践中庭前会议实施细则的制定工作主要还是由法院和检察院两家主导，律师作为庭前会议一方对于规则制定的话语权不足，规则制定难免存在重打击犯罪，轻权利保障的隐忧。第三，从实施细则的内容上看，大部分都对庭前会议的定义、基本原则、适用范围、程序、效力、法律监督与权利保障等内容进行了进一步的规定，突出庭前会议帮助控辩双方及时解决有争议的程序性问题，明确争议焦点，防止证据突袭的作用。

① 参见本书附录二：各地区庭前会议实施细则制定情况统计。

第四节　我国刑事诉讼庭前会议的理论研究

目前我国刑事诉讼理论学界和司法实务部门对庭前会议制度的研究集中于该制度的某一个侧面，或与其他诉讼程序相协调的问题。对该制度理论与实践问题全面和深入的专门研究还很少见，相关理论研究仍处于起步阶段。据笔者整理，现有庭前会议的相关论文主要集中于两方面问题的讨论，一是针对庭前会议制度的实证研究，即对某一地区庭前会议司法实践的调研；二是探讨庭前会议与非法证据排除程序两者之间的关系问题。以下，主要针对这两项问题的研究现状进行总结。

一、对庭前会议司法实践情况的研究

根据陈光中教授的调研，庭前会议与非法证据排除的关系在实践中有以下几个问题需要加以探讨和解决：第一，庭前会议是否可以解决非法证据排除问题；第二，非法证据排除的申请是否必须在庭前会议上提出；第三，关于被告人是否需要参与庭前会议的问题；第四，关于庭前会议是否应当公开的问题。针对这些问题，陈光中教授认为，庭前会议主要解决的是程序性问题，不能要求必须在庭前会议中解决非法证据排除问题，也不能限制辩护方在庭审中提出非法证据排除问题的权利。同时，如果在庭前会议中讨论非法证据排除问题，应保障被告人在场的权利。①

针对河北省庭前会议的实施情况，樊崇义教授指出仅就刑事诉讼法及司法解释而言，庭前会议制度规定极为粗疏，造成司法实践中适用时无所适从，主要问题包括：第一，庭前会议的参与主体不明确；第二，庭前会议的召集方式不明确；第三，庭前会议的法律

① 参见陈光中、郭志媛：《非法证据排除规则实施若干问题研究——以实证调查为视角》，载《法学杂志》2014 年第 9 期。

效力不明确。①

卞建林教授在对浙江省司法机关庭前会议实施情况进行调研后提出，目前有些上诉案件，特别是职务犯罪案件辩护律师进行无罪辩护的，出庭时大部分证据和质证意见还是依托一审阶段的原有材料，影响了二审庭审的效率和针对性。因此检察人员提出，在充分考虑案件证据数量、案情重大与否、难易程度、社会影响等问题的同时，二审检察机关与辩护律师参与二审法院组织的庭前会议，检察机关承办人、辩护律师及上诉人就非法证据排除等与庭审相关的问题提出和交换意见，能为正式庭审时法院决定是否启动非法证据排除程序提供方向，及时、集中地解决可能导致庭审中断、影响庭审顺利进行、制约庭审效率的程序性事项，可以更为有效地确保庭审的质量和效率。②

杨宇冠教授及其调研团队对S省检察机关自《刑事诉讼法》实施以来，庭前会议司法实践中的经验和问题进行了总结。其中就庭前会议的效力问题提出，法律应该赋予作为庭前会议主持人的法官对会议中涉及的相关程序性问题和证据问题作出具有法律效力的决定或者裁定的权力，这才符合庭前会议节约司法资源，提高审判效率的定位，才能保障庭审活动的顺利进行。此外，针对庭前会议是否公开及召开地点问题，杨宇冠教授还提出庭前会议在法庭中进行更为适宜，一方面，法庭能够充分地体现出法律的庄严和权威；另一方面，也便于及时解决审判活动中可能遇到的程序问题。刑事诉讼法应当进一步完善庭前会议的相关规定，宜明确要求在法庭上召开庭前会议，并允许被告方、控诉方、被告人的家属参加。③

---

① 樊崇义等：《河北检察机关新刑诉法实施调研报告》，载《国家检察官学院学报》2014年第3期。

② 卞建林等：《浙江检察机关新刑诉法实施调研报告》，载《国家检察官学院学报》2014年第3期。

③ 杨宇冠等：《非法证据排除与庭前会议实践调研》，载《国家检察官学院学报》2014年第3期。

左卫民教授通过对S省三级样本法院2013年受理的刑事案件召开庭前会议情况的实证调研和分析发现，庭前会议的整体适用率较低，召开庭前会议的表面理由与法律规定趋于一致，而庭前会议的议题超出了法律规定的范围。从效果层面观察，庭前会议立法所预设的目的并未完全实现，这突出表现为庭审效率提高有限、被告人的权利保障形式化及庭审对抗性增效甚微。左卫民教授认为，当前庭前会议的运行实践效果不尽如人意，“一方面表明，立法对庭前会议所预设的功能目标与其在司法实践中实际发挥的效用存在一定的断裂，另一方面也显示了中国的庭前会议与域外对抗式诉讼模式下的庭前会议在制度构设与实践运行方面的差异”。进而，左卫民教授提出“中国刑事诉讼制度与实践中根深蒂固的职权主义理念及其背后权力行使的制度逻辑紧密相关，造成了作为对抗式刑事诉讼模式下的庭前会议与中国固有的职权式刑事诉讼体制之间的某种不协调，以及实践中法官对庭前会议某种程度上的‘扭曲性运用’”。对于庭前会议的发展，左卫民教授认为，“庭前会议未来的改革与完善应该围绕法官在庭前会议中的权威性和实质性，辩护方通过庭前会议促进庭审的对抗化、平等化与集中化两个方面进行。另外，充分发挥庭前会议实质还必须与推进以审判为中心的刑事诉讼制度改革，突出庭审在刑事诉讼中的中心地位相结合。”①

闵春雷教授对东北三省庭前会议的实施情况进行了调研，认为东北三省司法机关庭前会议的适用存在少而乱的现象，在一些具体适用问题上也存在认识偏差。出现这些问题主要有三个方面的原因：一是司法工作人员对庭前会议的性质功能等基本问题的认识不足，对庭前会议究竟为何物的认识较为模糊；二是司法工作人员仍抱有某些较为陈旧的观念，怠于尝试一些新的制度，对被追诉方权益的重视度不够；三是现有的关于庭前会议适用的规定较为概括，

① 参见左卫民：《未完成的变革——刑事庭前会议实证研究》，载《中外法学》2015年第2期。

适用规则不够明晰。[①]

二、对庭前会议中非法证据排除方式的不同观点

对非法证据排除规则与庭前会议制度相协调的问题，也即非法证据是否或者能否在庭前会议中排除是当前刑事诉讼法学界的热点话题，不同观点主要有“庭审中排除说”“庭审前排除说”和“庭审前有限排除说”三种。[②]

（一）“庭审中排除说”

持该观点的学者认为“庭前会议作为庭前准备程序，其目的只有一个，就是为正式庭审做准备”，“即使涉及非法证据排除问题，也只是为庭审中非法证据的调查审理做好相关准备，而不是在此程序中决定非法证据的排除”。[③]“庭审中排除说”认为，庭前会议主要是人民法院了解当事人及其辩护人、诉讼代理人是否申请排除非法证据，并与公诉人交换意见，以方便法庭对于庭审中证据合法性的调查活动进行合理安排，并非致力于在庭前会议中就对非法证据排除问题作出处理。该观点认为，我国审判阶段非法证据排除的程序比较适合借鉴德国的做法，也即“在对案件实体问题作出裁判时一并对非法证据排除问题作出裁断”，认为该模式“符合我国当前的司法体制及实际情况”[④]。对《刑事诉讼法》第56条、第57条中“法庭审理过程中”“在对证据收集的合法性进行法庭调查的过程中”和“人民法院可以通知有关侦查人员或者其他人员

---

① 参见闵春雷等：《东北三省检察机关新刑诉法实施调研报告》，载《国家检察官学院学报》2014年第3期。

② 对于三种学说的总结和分析来源于读博期间作者对相关问题的总结与思考，已在相关期刊发表。参见陈子楠、杨宇冠：《非法证据在庭前会议中的排除方式研究》，载《南京社会科学》2015年第3期。

③ 顾永忠：《我国司法体制下非法证据排除规则的本土化研究》，载《政治与法律》2013年第2期。

④ 顾永忠：《我国司法体制下非法证据排除规则的本土化研究》，载《政治与法律》2013年第2期。

出庭说明情况”等相关条文的理解也被认为是对该观点最好的佐证。

就该观点而言，笔者在调研中确实发现很多基层检察院与法院的协议中限定控辩双方仅就非法证据排除的问题提出申请。例如，Y市B区《刑事公诉案件庭前会议实施意见（试行）》中规定：“当事人、辩护人认为存在刑讯逼供等非法手段收集证据，应当在庭前会议中提出，公诉人应当在会议中启动非法证据排除程序，并在开庭前将相关材料移送区法院。审判人员根据控辩双方对非法证据排除的意见，决定是否在庭审中启动非法证据排除程序。”

实际上，最高法《解释》第99条中关于人民检察院可通过出示证据材料对证据收集合法性加以说明及第184条中对证据材料“有异议”和“无异议”的两种不同处理已经突破了第一种观点对庭前会议中非法证据排除仅限于“了解情况，听取意见”的樊篱，可以认为一定程度上是认可了庭前会议应对非法证据排除作出不同处理的功能。若仅仅限于“是否申请”和“对庭审作出适当安排”的范围，则被告人及其辩护律师的书面意见也可满足，那么庭前会议中召集控辩双方对非法证据的“了解情况，听取意见”岂非真是多此一举？

（二）“庭审前排除说”

不少学者认为，应当借鉴英美法系非法证据排除规则的有益经验，将非法证据排除问题放在庭审开始之前加以解决，一方面避免庭审因控辩双方对证据取得合法性问题的纠缠而出现延期审理的情况，提高法庭审判的效率；另一方面将证据合法性调查的程序与案件实体问题的审判隔离开，保证审判的公平和正义。该观点的核心是“程序争议解决前置，实体审判后置”原则①，也即程序问题应

① 陈瑞华：《刑事诉讼法修改对检察工作的影响》，载《国家检察官学院学报》2012年第4期。

当先于实体问题解决①。同时，有学者还进一步提出“排除”的实质是证据对证明案件事实不起作用，因此不仅非法证据排除规则的操作程序最好与法庭审理程序分开，而且主持非法证据排除规则程序的法官也不宜再参与后续的法庭审判。② 在具体操作层面，持该观点的学者提出没有正当理由在开庭审理前没有提出非法证据排除申请的，法庭应原则上不启动非法证据排除程序；对于庭前会议已经决定不予排除的证据，没有新的事实和证据，不得在庭审中再次提出排除申请。③

1996 年《刑事诉讼法》中没有庭前准备程序，有关回避、非法证据排除等问题要在开庭审理后才能逐渐显现出来，往往造成庭审程序的拖延。同时，我国公安司法机关还必须面对刑事案件不断增多④、司法资源日益紧张的现实情况。例如，笔者在江苏调研期间了解到，有的市辖区刑事法官仅有 5 名，而全年刑事案件超过 700 件。每名法官一年至少要承办案件 170 件，最多的达到 200 余件。所以，应当通过必要的程序性措施避免当事人及其辩护人、诉讼代理人虚构或夸大刑讯逼供等相关事实，滥用非法证据排除申请等程序性权利，增加公诉机关和审判机关的工作负担。因此，将程序问题先于实体问题在庭前会议中加以解决，具有一定的理论和现实意义。

---

① 杨宇冠、兰卫东：《论我国〈刑事诉讼法〉修改与人权保障的进步》，载《河南社会科学》2013 年第 3 期。

② 参见杨宇冠著：《国际人权法对我国刑事司法改革的影响》，中国法制出版社 2008 年版，第 236 页。

③ 参见朱孝清：《侦查监督、公诉工作如何实施修改后刑诉法》，载《人民检察》2012 年第 13 期。

④ 2015 年“最高人民法院受理案件 15985 件，审结 14135 件，比 2014 年分别上升 42.6%和 43%；地方各级人民法院受理案件 1951.1 万件，审结、执结 1671.4 万件，结案标的额 4 万亿元，同比分别上升 24.7%、21.1%和 54.5%。”参见《周强作最高人民法院工作报告（全文实录）》，载 http://www.court.gov.cn/zixun-xiangqing-17712.html，2016 年 3 月 18 日访问。

（三）“庭审前有限排除说”

也有学者持“有限排除”的折中主义的路线①，认为没有争议的应在庭前会议中排除，“如果在庭前会议中发现证据的合法性存在较大争议，特别是出现了修改后的《刑事诉讼法》第57条规定的需要侦查人员出庭的情形，应当在庭前会议中完成对争议的收集和整理工作，留待审判中进行裁判。”② 还有学者从审判中心主义的角度出发，认为“‘以审判为中心’的内涵是指在审判中，庭审（开庭审理）成为决定性环节。为此，应当防止在庭前会议上提前研究与被告人定罪量刑有关的实质性问题，以及强行解决非法证据排除问题，导致庭审功能前置”。③

综上所述，第二种观点与第三种观点之间并没有本质上的冲突，都认可程序问题优先原则的重要意义，期望通过庭前会议程序在庭审前对非法证据排除问题加以妥善地解决，在维护和兼顾实体和程序两种正义的基础上实现诉讼效率的切实提高。不同的是第三种观点更加着眼于当前我国刑事司法的实际，那就是非法证据排除和庭前会议两种制度对中国的刑事诉讼理论和实践而言都是新事物。相比较而言，非法证据排除可借鉴的国外经验还要多于庭前会议。在庭前会议制度目前近似于“摸着石头过河”的情况下，通过成熟的法庭调查程序对涉及案件定罪量刑，而控辩双方争议又集中的非法证据排除问题进行审理，从保障刑事被追诉者的合法权利的角度而言可能更为稳妥和实际。因此，笔者更加赞同“庭审前有限排除说”。

从理论上说，被非法取证手段“污染”的证据应当在法庭审理案件之前即予以排除，这样既有利于削弱非法证据对实体审判的

---

① 参见陈卫东、杜磊：《庭前会议制度的规范建构与制度适用——兼评〈刑事诉讼法〉第一百八十二条第二款之规定》，载《浙江社会科学》2012年第11期。

② 汪建成：《刑事审判程序的重大变革及其展开》，载《法学家》2012年第3期。

③ 陈光中、樊崇义、卞建林、陈国庆等：《以审判为中心与检察工作》，载《国家检察官学院学报》2016年第1期。

影响，防止事实裁判者对案件事实和法律的判断受到被“污染”证据的影响，也有利于贯彻集中审判的原则。从我国《刑事诉讼法》修改的情况来看，构建科学、完善的庭前准备程序是我国刑事诉讼法发展的大势所趋。但是，从当前我国诉讼法治发展的具体情况着眼，在庭前会议制度方兴未艾，相关机制还不完备的情况下，在庭审中解决复杂的非法证据排除规则仍有现实的必要性。因此，在具体操作层面，笔者认为对于当事人及其辩护人、诉讼代理人提出非法证据排除申请后，公诉人经审查确实存在侦查人员非法取证的情况，同意对相关言词证据予以排除的，则控辩双方完全可以在庭前会议中就这一问题达成一致。但是，如果控辩双方对是否存在非法取证行为分歧明显的，法庭可以在庭前会议中对控辩双方的争议焦点进行梳理，及时发现和妥善解决可能妨碍法庭审判的程序问题，公诉机关也可以根据庭前会议中了解到的线索或证据材料，在开庭之前对相关证据进行核实、巩固，为庭审中非法证据排除问题的说明做好充分的准备和预案。

第二章　刑事诉讼庭前会议制度比较法考察

“他山之石，可以攻玉。”① 许多国家和地区的刑事诉讼中也存在庭前会议或者相类似的制度。这些国家关于庭前会议制度的立法模式和实践经验对我国相关制度的完善颇具参考价值。例如，加拿大《刑事法典》第625.1条规定，根据起诉人或被告人的申请或者自己的提议，主审法庭或者主审法官、主审省法院法官或主审治安法官经征得起诉人和被告人的同意，可以命令于诉讼前在起诉人与被告人或辩护律师之间举行会议，由主审法庭或法官、省法院法官或治安法官主持，以考虑将促进审判公正和效率的有关事项。同时，在陪审团审判的情况下，审判法院的法官应当在庭审前命令，遵照法院规则在起诉人和被告人及其辩护律师之间举行会议，由审判法院的法官主持，以考虑将促进审判公正和效率的有关事项。②

此外，美国和英国的刑事诉讼制度采当事人主义，日本的刑事诉讼法则尽量兼顾查明真相和正当程序两个方面③，笔者以美国、英国、日本，以及我国台湾地区刑事诉讼中庭前会议相关制度为样本，对其目的、内容及具体形式等方面进行叙述和分析，并在总体上比较异同点，以期能为我国刑事诉讼庭前会议制度的改进与完善提供经验参考。

① 《诗经·小雅·鹤鸣》。

② 《加拿大刑事法典》，卞建林等译，中国政法大学出版社1999年版，第394页。

③ ［日］松尾浩也：《日本刑事诉讼法》（上卷），中国人民大学出版社2005年版，第14页。

第一节　美国刑事诉讼庭前会议制度

美国的诉讼程序法较为发达，其诉讼程序立法中也存在相类似的庭前会议。下文将从美国相关制度的内涵和目的出发，详细分析审前动议、证据开示、辩诉交易和权利保障等内容，以为下文的分析提供理论准备。

一、美国刑事诉讼中庭前会议的内涵

美国第一次庭前会议是于 1929 年在密歇根召开的。① 在之后的十多年里，由于法庭变得更加繁忙，庭前会议的重要性也就越发显现。根据美国《联邦刑事诉讼规则》（*Federal Rules of Criminal Procedure*）第 17.1 条的规定：法庭可以决定或者依据一方的申请召开一次或者多次的庭前会议（Pretrial Conference），以实现司法公正和诉讼效率。在庭前会议终结时，法庭需要向控辩双方提供本次会议的备忘录，详细记载双方形成的一致意见。政府不能使用被告人及其辩护律师在庭前会议中作出的任何陈述，除非该陈述为书面形式并经被告人及其辩护律师签名。② 此外，美国的庭前会议制度还因司法辖区的不同而存在差异。例如，在一些司法辖区，法院会将庭前会议分为案件整理会议（dispositional conferences）和审判管理会议（trial management conferences）来分别履行不同的职能。

庭前会议通过确定庭审焦点和解决审前事项的方式为法官与陪

---

① *G. Heileman Brewing Co. v. Joseph Oat Corp.*, 871 F. 2d 648 [7th Cir. 1989].

② "On its own, or on a party's motion, the court may hold one or more pretrial conferences to promote a fair and expeditious trial. When a conference ends, the court must prepare and file a memorandum of any matters agreed to during the conference. The government may not use any statement made during the conference by the defendant or the defendant's attorney unless it is in writing and is signed by the defendant and the defendant's attorney." *See* Fed R. Crim. P. 17. 1.

审员节省了宝贵的时间。通过促进证据开示和减少庭审突击的情况，该制度也帮助法庭更好地实践了平等和不偏倚的司法公正。庭前会议是如此重要，以至于在诉讼中法庭会命令律师必须出席庭前会议，并对没有出席的律师施加罚款。①

二、美国刑事诉讼中庭前会议的目的

在美国的刑事诉讼中，庭前会议通常是在大陪审团或检察官起诉之后，正式审判之前举行，会议由承审法官（trial judge）或地方执法官（magistrate）主持，控辩双方均需要参与其中。庭前会议既可以根据控辩双方的申请召开，也可以依据法官的指令召开。通常来讲，美国刑事诉讼中庭前会议召开的目的主要包括：(1）提高案件的处理效率；（2）帮助法官更好地掌握案件情况；(3）减少控辩双方不必要的审前活动；（4）帮助控辩双方积极为庭审做准备，以提高案件审理质量；（5）帮助和督促案件在审判前获得解决。

三、美国刑事诉讼中庭前会议的内容

在刑事诉讼中，庭前会议一般对涉及被告人罪与非罪调查以外的事项作出处理。根据《联邦刑事诉讼程序》第 17.1 条的规定，庭前会议可以为促进审判公正和效率为目的。② 在实践中，联邦和州的法院通常利用庭前会议来决定诸如哪些证据应当被排除在庭审之外，哪些证人应当被允许出庭作证之类的审前事项。

总体上讲，刑事诉讼庭前会议的内容和民事诉讼庭前会议的内容是一样的。在美国的诉讼程序中，承审法官或地方执法官在双方律师的帮助下可以（1）整理和简化案件中的问题；（2）去除轻率的主张或辩护；（3）采纳事实或文件以避免不必要的证明；（4）确定

① *G. Heileman Brewing Co. v. Joseph Oat Corp.*, 871 F. 2d 648 [7th Cir. 1989].

② *See* Fed R. Crim. P. 17.1.

证人和文件；（5）为审前诉状和动议的提交制定日程表；（6）对会议之前提交的动议作出裁决；（7）为之后的会议设定日期；（8）讨论庭外和解的可能性；（9）讨论复杂和大型案件的合并及管理。在庭前会议之后，承审法官或地方执法官签署反映庭前会议结果的裁决。该项裁决对于本案之后的诉讼程序具有法律约束力。

（一）审前动议

警察若以非法方式取得自白或其他证据，不得作为证据。大多数的州都要求若被告要作此主张，必须于审判前请求排除证据（motion to suppress evidence），否则于审判程序中始提出，审判程序会中断，且审判时间会不当延滞过久。[①] 这些动议通常包括：质疑控诉方的规则（the institution of the prosecution）（如针对大陪审团起诉程序）；质疑起诉材料的充分性；质疑控诉的范围、地点和期限，主张合并控诉和当事方不合理、案件管辖不合理（如案件在错误的司法管辖区被起诉），或者侵犯了迅速审判的权利；控辩双方对证据开示存在争议时，申请法庭开示证据；申请排除通过违宪的方式获得的证据。其中，有些审前动议仅适用于那些要求接受审判的被告人，其他动议则对最终认罪的被告人也适用。[②]

原则上，刑事诉讼中的动议可以在任何阶段提出，接受动议的可以是预审法官、初审法官和上诉法官。[③] 在大多数案件中，动议是在审判前提出，用以实现对证据可采性或者与案件审理程序相关问题的合理处置。同时，审前动议一般以书面的方式提出，尽管在法院诉讼期间也可以通过口头的形式提出。提出动议的律师需要起草一份辩护状，说明申请的理由并引用相关的判例法和适用的法律对案件作简短的法律分析，对方律师也有机会通过辩护状对此作出

---

① 王兆鹏：《美国刑事诉讼法》，北京大学出版社 2014 年版，第 10 页。

② Wayne R. LaFave, Jerold H. Israel, Nancy J. King, Orin S. Kerr, *Criminal Procedure*, *Fifth Edition*, Minnesota: West, p. 14.

③ 参见［美］彼得·G. 伦斯特洛姆：《美国法律辞典》，中国政法大学出版社 1998 年版，第 257 页。

回应。“在一些案件中，法官可能会通过阅读辩护状作出裁定，但在另一些案件中，尤其是裁决对案件具有重要意义且法律问题不清时，法官也会指令召开庭前会议进行口头辩论。提出动议的一方承担使法官确信其请求符合法律和公正的举证责任。”① 在庭前会议中，承案法官或地方执法官可以对动议作出裁决，排除重复的证据，以及为审判安排日程。如果有审前的问题在庭前会议之后提出，控辩一方可以向法庭申请召开特别庭前听证（a special pretrial hearing）来解决该问题。抑或控辩双方可以在陪审团缺席的情况下，于审判的第一日在法庭上解决相关问题。

审前动议涉及最多的还是证据的可采性问题，尤其是排除规则的适用问题。对于控诉方向辩护方开示的用于指控被告人有罪的证据，辩方如果认为它们被非法的搜查、扣押、讯问等行为所“污染”，就可以要求法官禁止其出现在法庭上，尤其是防止其出现在陪审团面前。② 美国法院要求被告人在提出排除证据的动议时，必须详细说明要求排除哪些证据及排除这些证据的理由。这意味着被告人必须说明排除证据的事实依据，这些事实不仅应该是真实的，而且还应该可以支持排除证据的要求。上述证明材料可以宣誓陈述书的形式提交。在提出排除证据动议时提交的所有证明材料必须是确实的而非经推测产生的，这样法官才能决定是否听取该项动议。③ 法官在受理证据排除的动议之后，会召开“证据禁止之听证”（suppression hearing）听取控辩双方对证据取得合法性的口头辩论，并最终决定是否排除相关证据。

（二）证据开示

审前证据开示（pretrial discovery），是指“案件审理前，当事

① ［美］爱伦·豪切斯泰勒·斯黛丽、南希·弗兰克：《美国刑事法院诉讼程序》，陈卫东、徐美君译，何家弘校，中国人民大学出版社 2002 年版，第 369 页。

② 陈瑞华：《比较刑事诉讼法》，中国人民大学出版社 2009 年版，第 117 页。

③ 杨宇冠等著：《非法证据排除规则在中国的实施问题研究》，中国检察出版社 2015 年版，第 8 页。

人依法了解对方所掌握的证据及其他材料以便为审判做准备的程序，包括书面证词（depositions）、书面询问（interrogatories）、要求承认的事实（requestes for admission of act）等”。[①] 根据《联邦刑事诉讼规则》第16条的规定，被告人可以通过开示程序获得其所作的书面或被记录下来的陈述或有罪供认、检查与测试的结果、在大陪审团面前所作的证词、控诉方的专家证人的证词，并有权查阅控方的文件、照片、证物等。[②] 在审判前，检控方还必须告知辩方可能会在法庭上使用的证据，诸如通过搜查和逮捕、窃听，或者其他电子监控设备获得的证据；从被告人的坦白、认罪或陈述中获得的证据；以及涉及被告人辨认、一对一辨认、图片、声音识别的证据。[③]

证据开示问题是美国刑事诉讼庭前会议中一个经常涉及的问题，其目的不仅在于避免“审判中的证据突袭”（trial by surprise），而且还在于促进案件通过认罪协商的方式达成审前结案。[④] 虽然“在刑事案件中不存在证据开示的一般宪法权利”[⑤]，但是第五修正案和第十四修正案的正当程序条款确实给被告人提供了获得政府方掌握的特定证据的权利。[⑥] 在民事案件中，证据开示指控辩双方均享有的获得对方证据的权利；但是在刑事案件中，证据开示则通常是指辩护律师要求为准备辩护而获得必要信息的权利。因此，虽然证据开示的要求因所在州的不同而异，但控方开示的证据通常在实质上多于辩方。

---

① 薛波主编，潘汉典总审订：《元照英美法词典》，法律出版社2003年版，第1086页。

② *See* Fed R. Crim. P. 16（a）（1）.

③ Uniform Rules of Criminal Procedure 422（a）（1）.

④ Wayne R. LaFave, Jerold H. Israel, Nancy J. King, Orin S. Kerr, *Criminal Procedure*, *Fifth Edition*, Minnesota: West, p. 15.

⑤ *Weatherford v. Bursey*, 429 U. S. 545, 559（1977）.

⑥ ［美］约书亚·德雷斯勒、艾伦·C. 迈克尔斯：《美国刑事诉讼法精解（第四版）（第二卷·刑事审判）》，魏晓娜译，北京大学出版社2009年版，第139页。

在庭前会议中，法庭既可以对已经签发的证据开示裁决的执行情况进行审查，也可以在本次庭前会议之后签署新的裁决。特别是，美国联邦最高法院在布伦迪诉马里兰案（*Brady v. Maryland*）中判决道："无论控方是出于善意还是恶意，封锁有利于被告人的证据都违反了正当程序条款，如果该证据对于定罪或处刑都具有实质意义的话。"[①] 也即根据布伦迪规则，"在庭前会议中法官对控方证据开示裁决的依据包括三个要素：第一，必须从有利于被告人的角度提出证据争点；第二，证据必须已经被政府'封锁'；第三，证据必须是实质性的，这意味着被告人必须已经在这种封锁中受到不利影响"。[②]

（三）辩诉交易

辩诉交易指"在刑事诉讼中，检察官与被告人进行谈判，说服被告人作有罪答辩，以换取检察官在指控或法院判决上的让步。通常做法是如果被告人承认犯有某一较轻的罪行，或者承认控方多项指控中的一项罪行，检察官可以对被告人降格指控，或者撤回对其他罪项的指控，或者建议法庭对被告人减轻处罚"。[③] 被告人主要可以作出无罪（not guilty）、不争辩（nolo contendere）或者有罪（guilty）三种答辩。[④]

根据美国《联邦刑事诉讼规则》的规定，法官是不允许参与答辩协议讨论的。该规则第 11 条规定政府的代理律师和被告人的

---

① *Brady v. Maryland*, 373 U. S. 87 (1963). 转引自［美］约书亚·德雷斯勒、艾伦·C. 迈克尔斯：《美国刑事诉讼法精解（第四版）（第二卷·刑事审判）》，魏晓娜译，北京大学出版社 2009 年版，第 139 页。

② *See Banks v. Dretke*, 540 U. S. 668, 691 (2004) [quoting *Strickler v. Greene*, 527 U. S. 263, 281-82 (1999)]. 转引自［美］约书亚·德雷斯勒、艾伦·C. 迈克尔斯：《美国刑事诉讼法精解（第四版）（第二卷·刑事审判）》，魏晓娜译，北京大学出版社 2009 年版，第 140 页。

③ 薛波主编，潘汉典总审订：《元照英美法词典》，法律出版社 2003 年版，第 1057 页。

④ *See* Fed R. Crim. P. 11 (a) (1).

律师，或者被告人，在诉讼过程中可以讨论并达成认罪协议。法庭不允许参与到这些讨论当中。[①] 但从历史上看，在州诉讼中法官参与辩诉交易并不罕见。[②] 一项20世纪后期的研究发现，大约三分之一的刑事初审法官参与了答辩讨论，通常还充当积极的角色。[③] 20世纪70年代对十个城市的考察报告指出，其中九个城市中法官参与是常见的。[④] 更为晚近的一些考察说明，在一些司法辖区，法官对辩诉交易的参与是广泛的。[⑤]

法官参与辩诉交易可能有不同的方式、不同的程度和不同的时机，而利用庭前会议就是其中重要的一种。法官可以利用庭前会议询问辩护律师需要检察官怎么做才可以说服他的当事人认罪，然后其再试图说服检察官接受条件或者提出新的条件。法官也可以通过在庭前会议中回答一些关于被告人在庭审中将会面对的量刑原则，充当信息的提供者参与其中。以明尼苏达州的圣保罗（St. Paul, Minnesota）为例，地方法院会召开审判管理会议来讨论案件行政方面的问题，如日程安排。法庭也会召集案件整理会议（dispositional conferences），控辩双方可以讨论认罪协商或和解的可能性。若直到开庭之前控辩双方也未能在案件整理会议中达成任何协议，案件就将进入法庭审判程序，法官也不会在审判之前安排任何会议。当然，控辩双方还可以继续自由协商，他们也可以在庭前会议至开庭

---

① "An attorney for the government and the defendant's attorney, or the defendant when proceeding pro se, may discuss and reach a plea agreement. The court must not participate in these discussions." *See* Fed R. Crim. P. 11 (c) (1).

② *See generally* Albert W. Alschuler, "The Trial Judge's Role in Plea Bargaining (pt. 1)", 76 *Colum. L. Rev.* 1059 (1976); George Fisher, "Plea Bargaining's Triumph", 109 *Yale L. J.* 857 (2000).

③ John P. Ryan & James J. Alfini, "Trial Judges' Participation in Plea Bargaining: An Empirical Perspective", 13 *Law & Soc'y Rev.* 479, 487 (1979).

④ Albert W. Alschuler, "The Trial Judge's Role in Plea Bargaining (pt. 1)", 76 *Colum. L. Rev.* 1061-1062 (1976).

⑤ Allen F. Anderson, "Judicial Participation in the Plea Negotiation Process: Some Frequencies and Disposing Factors", 10 *Hamline J. pub. L. & Pol'y* 39 (1989).

前就某一问题申请召开特别庭前听证。

（四）权利保障

相较于民事被告而言，刑事被告人享有更多程序法上的保护，承案法官或地方执法官必须谨慎地为这些权利提供保护。庭前会议中对被告人的权利保护包括两个方面：一是通常情况下，要求律师提供辩护的刑事被告人在参加庭前会议时必须要有律师在场。二是如上文中提到的，除被告人在庭前会议中提交书面的供述，且该供述经被告人及其辩护人共同签署的情况外，刑事被告人或者其辩护律师在庭前会议中所作的任何供述都不能在正式庭审中作为对辩方不利的证据。这种权利的保护在实践中有时也存在疑惑，“例如，如果在辩护律师不在场的情况下，检察官与被告人不适当地会面并与其达成有罪答辩，但是被告人随后的有罪答辩是根据辩护律师知晓并在提交有罪答辩前与其商议过的交易提交的，这该如何处理?”① 联邦最高法院在这个议题上的判决并不明确。②

指定审理案件的法官或地方执法官有权选择召开庭前会议，但是对控辩双方召开庭前会议申请的否决可能会导致对宪法赋予当事人的正当法律程序权利的损害。例如，在刑事案件中，当辩方主张控方违反了认罪协议的规定时，正当法律程序赋予其要求召开庭前会议的权利。③

第二节　英国刑事诉讼审前听证制度

英国刑事法院的审前听证制度经历了一段时期的发展和变化，包含了指令听证、案件管理听证、审判准备听证等具体发展阶段。

---

① Wayne R. LaFave, Jerold H. Israel, Nancy J. King, Orin S. Kerr, *Criminal Procedure*, *Fifth Edition*, Minnesota: West, p. 983.

② ［美］罗纳尔多·V. 戴尔卡门:《美国刑事诉讼：法律和实践》（第6版），张鸿巍等译，莫洪宪审校，武汉大学出版社2006年版，第53页。

③ *United States v. Ataya*, 864 F. 2d 1324 [7th Cir. 1988].

此外，在庭审开始之前，法庭根据需要还可以召开预备听证。了解和分析英国审前听证制度的发展历程和各阶段的特点，可以为完善我国庭前会议相关制度提供一个历史的动态视角。

一、英国审前听证制度的内涵与外延

英国《1996 年刑事程序和侦查法》（Criminal Procedure and Investigations Act 1996）第 39 条规定了审前听证（pre-trial hearing）制度。根据该法的规定，被告人被提起公诉之后至正式审判之前所举行的听证都属于审前听证。① 在审前听证中，主持听证的法官有权依诉讼一方申请或自身的动议对任何有关证据可采性和与本案相关的法律问题作出裁决。② 此种裁决一经作出，除经法官撤销或改变，在陪审团作出裁决或检察官决定不再进行诉讼之前均具有法律约束力。③

根据笔者对英国相关资料的整理，从保障庭审顺利进行的角度出发，在英国刑事诉讼中审前听证程序包括 1995 年颁布的《实践指示：刑事法院答辩和指令听证》（*Practice Direction*：*Crown Court Plea and Direction Hearings*）中新增的答辩和指令听证（Plea and Directions Hearings，PHDs）、《2013 年刑事诉讼规则》（*The Criminal Procedure Rules* 2013）中规定的答辩和案件管理听证（Plea and Case Management Hearing）、答辩和审判准备听证（Plea and Trial Preparation Hearing），以及《1996 年刑事程序和侦查法》第 28 条规定的预备听证（preparatory hearings）四个相关的程序。

从整体上看，英国刑事诉讼中为刑事法院审理严重和复杂的刑事案件设置了诸多的审前听证程序，为法官掌握案件进度提供了有利的条件，保证了案件审判的顺利进行和庭审效率的提高。四种审

---

① *See* Section 39 of the Criminal Procedure and Investigations Act 1996.

② *See* Section 40 of the Criminal Procedure and Investigations Act 1996.

③ 高洁：《程序性争议的庭前听证程序》，载《国家检察官学院学报》2012 年第 5 期。

前听证程序分别由不同的法律所规定，但是各程序之间还是存在某种内在联系，体现出英国司法部门在实践中不断完善和丰富审前听证程序的基本路径。根据程序设立的先后顺序，首先出现的应当是答辩和指令听证程序，该程序的适用范围不包括严重诈骗等刑事案件①；之后，英国司法机关设立了答辩和案件管理听证，将审前听证的制度扩大到了刑事法院管辖的所有案件中②，同时法官可以任命法庭官员来具体负责联络和处理相关事务③；针对先前审前听证程序在司法实践中遇到的问题，英国又通过答辩和审判准备听证程序对先前的制度进行了进一步的完善，将案件管理程序独立出来，法官可以依据案件具体情况选择召开。④ 最后，预备听证与之前三种程序的最大不同在于，其实际上已属于审判的一个部分，由刑事法院的法官在正式庭审之前主持进行。此外，控辩双方还可以就预备听证的裁决向英国上诉法院和上议院上诉。⑤ 下文将对四种程序的相关内容分别进行阐述。

二、答辩和指令听证程序

1995 年，为保证移送到刑事法院审判的案件已初步做好准备，《实践指示：刑事法院答辩和指令听证》引入了一项被称为答辩和指令听证程序的新程序。该程序的目的是保证为准备审判采取所有必要的步骤，为审判日期的安排提供充足的信息。

答辩和指令听证程序的召开有严格的时限规定。举行答辩和指令听证程序的通知应当至少提前 14 日发出。在被告人保释的情况

---

① ［英］约翰·斯普莱克：《英国刑事诉讼程序》，徐美君、杨立涛译，中国人民大学出版社 2006 年版，第 332 页。

② *See* Section 3. 8 (3) of the Criminal Procedure Rules 2013.

③ *See* Section 3. 4 (2) of the Criminal Procedure Rules 2013.

④ 参见英国司法部网站：PTPH - INTRODUCTION AND GUIDANCE. PLEA AND TRIAL PREPARATION HEARINGS.，来源：www. justice. gov. uk/courts/procedure - rules/criminal/docs/2015/ptph-introduction-guidance. doc，2016 年 3 月 4 日访问。

⑤ *See* Section 35 of the *Criminal Procedure and Investigations Act* 1996.

下，该程序应当在六周之内召开，而在被告人羁押的情况下应在四周内召开。如果辩方准备对所有或者部分指控作出有罪答辩，则必须立即通知缓刑机构、检控机关和法院。辩方必须向法庭和控方提供其要求出席审判的控方证人的全部名单。该名单必须在答辩和指令听证召开前至少 14 日或者在接到听证通知的三个工作日内提供。

对所有一级犯罪，复杂和冗长的案件，控方需要准备案件摘要，以帮助法官在答辩和指令听证中了解案件情况，聚焦事实或法律的可能问题。控方需要对所有二级案件进行细致审查，以确保摘要是合适的。

答辩和指令听证的举行与指令的作出通常应当在公开的法庭中进行，所有的被告人都应当在场。答辩和指令听证程序一般由审判法官（the trial judge）或者首席法官（the presiding judge）和常驻法官（the resident judge）任命的其他法官主持。但是在一级、二级、针对儿童的严重性犯罪中，答辩和指令听证程序应当由高等法院法官（a High Court judge）或者巡回法官（a circuit judge）或者其他由首席法官授权的法官主持。在实践中，法庭通常希望参与庭审的律师都能够出现在答辩和指令听证中。

在该程序中，通常会进行传讯。如果被告人答辩有罪，法官会在合适的地点进入量刑程序。如果被告人答辩无罪，控辩双方需要告知法官法律中规定的诸多事项，其中包括案件中存在的问题、所有被告人和证人的精神与医疗状况问题、案件中证人和证据的具体情况、任何不在犯罪现场的证据、通过直播电视连线或事先录制影像展示儿童证据的申请、需要用屏幕遮蔽以保护证人身份的情形、所需的技术设备、听证预计的长度，以及任何其他可能影响审判的事项。法官之后可以就此作出必要的指令，控辩双方都需要在开庭前 14 日内以书面的形式确认指令得到完全的遵守。[①]

三、答辩和案件管理听证

根据英国《2013 年刑事诉讼规则》第 3.1 条和第 3.2 条的规定，英国的治安法院和刑事法院都需要对每一个案件进行管理。法庭必须通过对案件积极管理的方式实现审判的首要目标。这些积极的方式包括对真正的问题进行初步确定、初步明确证人的需要、初步确定案件处理时间表、监督案件的进程和指令的执行、确保所有证据都以简短和清晰的方式呈现、在同一场合尽可能地处理案件多方面的问题避免不必要的听证、鼓励诉讼参与方在案件审判过程中进行合作，以及充分利用各种技术。特别是刑事法院在为案件做准备的过程中，法庭在有必要的情况下可以召开答辩和案件管理听证。在该听证中，辩方需要尽早以书面或者口头的形式，向法庭提交其审判中的辩护主张，至迟不能晚于答辩和案件管理听证当天。[②]

在案件管理中，法官需要根据案件需要尽早作出合适的指令。[③] 该指令可依控辩双方的申请作出，也可依法庭职权作出。同时，规则对指令作出的场合并没有进行限制，可以是在公开或不公开的听证中作出，也可以不经听证直接作出。[④]

同样，在案件管理程序中控辩双方需要积极地配合法庭完成相关任务，执行相关指令，如有需要向法庭申请指令以实现审判的首要目标。[⑤] 根据相关立法，包括本法第 33 章、第 34 章和第 35 章的

---

① 参见 LAW REPORT: New rules on Crown Court pre-trial hearings, http://www.independent.co.uk/news/people/law-report-new-rules-on-crown-court-pre-trial-hearings-1601692.html，2016 年 3 月 3 日访问。

② *See* Section 3.8 (3) of the Criminal Procedure Rules 2013.

③ *See* Section 3.1 and Section 3.2 of the Criminal Procedure Rules 2013.

④ *See* Section 3.5 of the Criminal Procedure Rules 2013.

⑤ *See* Section 3.3 of the Criminal Procedure Rules 2013.

内容，如果诉讼一方没有遵守规则或指令，那么在某些情况下，法庭将拒绝该方当事人提交证据，已经提交的证据可能不会被采纳，法庭也可能会从其之后提交的问题或证据中得出不利推论。

四、答辩和审判准备听证

有一种普遍的观点认为，案件中的预审听证（Preliminary Hearings）召开时间在诉讼程序中过于靠前，被告人经常在预审听证中作出无罪的答辩，导致法庭作出的裁决往往也只能是敷衍了事；另外，答辩和案件管理听证程序既不具有必要性，同时召开的时间也不利于对案件进行积极和有效的管理。同时，英国各地的司法实践和法律条款存在差异，各地对法庭裁决的记录方式也存在不同。这样的结果就是实践中控辩双方对法庭作出的裁决不能够很好地理解，并使得裁决不能得到执行。因此，英国新设立的答辩和审判准备听证及相关程序建立在治安法院改造即决裁判倡议（the Transforming Summary Justice initiative）的基础之上，其将为刑事法院提供全国统一的制度。

在具体的案件中，答辩和审判准备听证程序召开的时间稍晚于预审听证，除非常驻法官有其他的指令。该程序发生在控方向法庭提供案件有效信息及获得控方证人出庭可能性的详细信息之后。在许多案件中，该程序足以保证法庭在审判前有效地对案件进行管理，而不需要再召开进一步的案件管理听证（Further Case Management Hearing，FCMH）。控辩双方将在答辩和审判准备听证程序之前和程序结束之后进行相互交流。

在有效的答辩和审判准备听证中，法官将提审被告人，询问其是否将对案件作出有罪答辩；为审判设定日期；就当前诉讼阶段所掌握的信息，明确审判中的争议；为必要的审前准备事项提供时间表，并为审判更加有效率而发出适当的指令；为依据审判实践需要召开的案件管理程序制定规则，以实现效率的最大化。除非法庭被告知被告人作出了有罪答辩，或者有必要作出新的指令以保障审判有效性等情况，在答辩和审判准备听证之后，法庭将不会再召开上文中提及的案件管理听证。[①]

五、预备听证

英国《1987年刑事司法法》（Criminal Justice Act 1987）第7条至第11条中规定在严重诈骗案件中采用特殊的预备听证，该制度是之后法律中关于预备听证制度的基础。[②] 根据《1996年刑事程序和侦查法》第29条的规定，如果英国刑事法院（the Crown Court）的法官根据起诉书认为一个案件具有复杂性、严重性，或者审判期限较长，那么该法官就可以在陪审团宣誓前的任何时间，依控辩双方的申请或者依职权召开预备听证。同时，在有被告人涉嫌恐怖主义犯罪或最高刑为十年以上的监禁时，法官必须指令召集预备听审。[③] 设置该程序的目的主要包括明确对审判中的决定和裁决具有实质意义的问题；在陪审团审判的情形中帮助其理解上述问题，并加快审判进程；帮助法官管理该案审判；考虑有关起诉合并或分离审判的问题等。[④]

在预备听证中，法官享有主持听证的权利，包括对任何证据可采性相关问题、与案件相关的法律问题，以及分离和合并起诉的问题作出裁决。法官可以要求控方向法庭和被告人提供书面陈述，这些检控证据或任何说明材料需要以有助于法官和陪审团理解的形式提供。同时，法官还可以要求控方提供一份书面通知，包含真实性应当被认可的文件和应被接受的其他问题。此外，如果法官认为辩

① 参见英国司法部网站：PTPH - INTRODUCTION AND GUIDANCE. PLEA AND TRIAL PREPARATION HEARINGS，来源：www. justice. gov. uk/courts/procedure - rules/criminal/docs/2015/ptph-introduction-guidance. doc，2016年3月4日访问。

② ［英］约翰·斯普莱克：《英国刑事诉讼程序》，徐美君、杨立涛译，中国人民大学出版社2006年版，第336页。

③ *See* Section 29（1）（1A）（1B）（1C）of the Criminal Procedure and Investigations Act 1996.

④ *See* Section 29（2）of the Criminal Procedure and Investigations Act 1996.

方对案件陈述的反对恰当，可以要求控方对提供的书面陈述进行必要的修改。①

如果控方按照法官的要求提供了案件陈述，在预备听证中，法官就可以要求辩方向法庭和控方提供包含其对案件陈述内容所有反对意见的书面通知。该书面通知中需要包含辩方在多大程度上同意控方先前书面通知中记载的文件和问题，以及反对的理由。如果法官认为辩方提交的理由不充分，他可以要求辩方提供进一步或更好的理由。②

最后，在预备听证的效力方面，法官根据《1996 年刑事程序和侦查法》第 29 条所作裁决的效力贯穿整个审判阶段，除非根据控辩双方的申请，法官认为司法公正之利益需要其修改或者撤销该裁决。③

第三节　日本刑事诉讼审前整理程序

在日本的刑事诉讼中，检察官提起公诉之后即进入公审阶段，为了保障案件审理的顺利进行，日本法院会进行一系列的准备活动。日本刑事诉讼法和规则中含有“准备”一词的用语有三种，容易混淆。“开庭前准备”主要是指检察官与辩护人在第一次开庭审理以前的准备活动；第一次开庭后，整理案件争点和证据的程序称为“准备程序”,④ 其中为了第二次开庭审理而进行的准备程序叫作“审理期间的准备程序”⑤。

---

① *See* Section 29（3）4)（5）of the Criminal Procedure and Investigations Act 1996.

② *See* Section 29（6）（7）of the Criminal Procedure and Investigations Act 1996.

③ *See* Section 29（11）of the Criminal Procedure and Investigations Act 1996.

④ ［日］松尾浩也：《日本刑事诉讼法》（上卷），中国人民大学出版社 2005 年版，第 322 页。

⑤ ［日］田口守一：《刑事诉讼法》，张凌、于秀峰译，中国政法大学出版社 2010 年版，第 207 页。

根据日本《刑事诉讼规则》第178条之七和第178条之十的规定，在第一次公审期日前，控辩审三方的开庭前准备可以分为两种类型：一是检察官与辩护人在第一次公审期日前，为明确起诉书记载的诉因、罚条，或者案件争点而进行的相互沟通，该程序主要是以当事人的准备活动为中心；二是法庭在必要时，特别是重大复杂的案件中，可以召集检察官和辩护人到庭，就指定公审期日和其他有关诉讼进行的必要事项进行协商，但不得涉及可能对案件产生预断的事项。① 但是，控辩审三方在公审期日前的协商不能涉及未审理案件的事实部分或者证据的具体内容，其目的主要在于为审判进行相关事项的安排和计划。

针对需要对案件争点和证据进行整理的重大复杂案件，日本法院则会按照“审前整理程序”进行，由于该程序与我国庭前会议制度在形式和内容上较为相近，具有较大的比较和借鉴意义，因此本节将主要对该程序的概念、内容、方式、效力等进行讨论。

一、审前整理程序的内涵

日本刑事诉讼中的审前整理程序是指，第一次审理前，在受诉法院的主持下，通过让当事人明示在庭审上所要主张的预定实施、请求证据调查、彻底开示证据等方式，充分对审理进行计划，在审判准备的程度上与通常准备程序相比更加严密。② 审前整理程序的理念基础是“核心司法”，即“以当事人主张的事实为中心来考虑如何查明事实，并在这个限度内与辩论主义相结合”。③ 根据日本《刑事诉讼法》第316条之二的规定，法院认为必须持续、有计

---

① 参见宋英辉译：《日本刑事诉讼法》，中国政法大学出版社2000年版，第169页。

② ［日］田口守一：《刑事诉讼法》，张凌、于秀峰译，中国政法大学出版社2010年版，第212页。

③ ［日］田口守一：《刑事诉讼的目的》，张凌、于秀峰译，中国政法大学出版社2011年版，第318页。

划、迅速地进行审理，在听取检察官和被告人及其辩护人意见的基础上，为了整理案件争点和证据，可以决定在第一次审理前适用审前整理程序。同时，根据日本《裁判员法》第49条的规定，在裁判员进行裁判的情况下，必须使用审前整理程序。① 除此以外，案情复杂，争议较多的案件；证据关系复杂，证据数量大的案件；证据开示存在问题的案件等，有时也需要进行审前整理程序。

二、审前整理程序的内容

日本的审前整理程序由受诉法院主持进行，检察官和辩护人必须出席，刑事被告人也能够参与审前的整理活动，但需要事先告知其沉默权等相关程序性权利。在审前整理程序中，法官可以要求当事人及其辩护人、诉讼代理人等出庭口头陈述或者提供书面证词。法庭将通过审前整理程序笔录的形式记载相关内容。该程序结束以后，当事人追加或者变更主张时，可以再次进行审前整理程序。

根据日本《刑事诉讼法》第316条之五的规定，审前整理程序的主要内容包括争点整理、证据整理、证据开示，以及审理计划四个方面的内容。首先，关于争点整理的事项有明确诉因或处罚条款，允许追加、撤回或者变更诉因或处罚条款，明确将在庭审时提出的主张而整理案件的争点。其次，关于证据整理的事项有当事人请求证据调查，明确已经请求调查之证据的证明方向和询问事项，确认有关证据调查请求的意见，作出调查证据决定或者驳回证据调查请求，确定调查证据的顺序和方法，对有关证据调查的异议请求作出决定。再次，法院关于证据开示的事项主要是指作出证据开示的裁定，这种裁定包括三种类型：一是有关证据开示的时间、方法或者条件的裁定；二是证据开示命令；三是命令提交作出上述裁定所需要的证据和证据目录，在这种情况下，只根据目录还不能判定

① ［日］田口守一：《刑事诉讼的目的》，张凌、于秀峰译，中国政法大学出版社2011年版，第309页。

是否应当开示证据时，可以要求检察官对证据内容进行说明，经解释仍不能判断的，可以作出提交证据的命令以确认证据内容。最后，关于审理计划的事项主要是指确定或变更审理日期，决定审理程序进行中的其他必要事项等。①

三、审前整理程序的结果

审前整理程序结束以后，法庭需要与检察官和当事人及其辩护人、诉讼代理人等确认庭前会议中取得的相关成果，包括案件争点和证据整理等内容。根据日本《刑事诉讼法》第316条之三十的规定，被告人、辩护人在审前整理程序中设定争点时，必须在后面的审判程序中进行最初陈述。对于裁判员参加审理的开头程序中，被告人及其辩护人必须根据审前整理程序上整理的争点和证据，具体地表明已设定的争点与证据之间的关系。②

日本《刑事诉讼法》第316条之三十一规定对于适用审前整理程序的案件，法院在审判的最初阶段必须将审前整理程序得出的结果公布出来，其中也包括争点整理和证据整理结果形成的过程。公布的方法是朗读审前整理程序笔录或者告知该笔录的要点。但是，在裁判员参加审判的情况下，对于与裁判员判断的事项没有直接关系的可以简要说明经过。

最后，出于保证审前整理程序法律效力的目的，日本《刑事诉讼法》第316条之三十二还对审前整理程序终了后的证据调查请求权作出一定的限制。对于适用审前整理程序的案件，除因“不得已的事由”不能在审前整理程序上提出申请的情况外，控辩双方在审前整理程序结束之后不得请求调取证据。审理程序中控辩

---

① 参见［日］田口守一：《刑事诉讼法》，张凌、于秀峰译，中国政法大学出版社2010年版，第213-214页。

② 参见［日］田口守一：《刑事诉讼法》，张凌、于秀峰译，中国政法大学出版社2010年版，第219页。

双方只有在发现新证据的情况下才可以提出证据调查的请求。①

第四节　我国台湾地区刑事诉讼准备程序

我国台湾地区在2012年对其“刑事诉讼法”进行了修改，其中第273条之规定，“法院得于第一次审判期日前，传唤被告或其代理人，并通知检察官、辩护人、辅佐人到庭，行准备程序”，且“准备程序的定位，仅限于审判之准备而已，其目的在于透过准备而使人与物能齐集于审判期日”。② 概括而言，在审判期日之前的准备工作主要包括该法第273条规定的补齐证据程式，第271条规定的指定审判期日、传唤并通知诉讼参与者，第274条至第278条规定的齐集证据方法，以及第276条第1款规定的例外提前进行之调查证据程序。

我国台湾地区的刑事诉讼程序于2003年采用改良式当事人主义后，法院调查证据的职权已经大幅缩减，原则上法院不再主动依职权收集和调查证据。因此，第279条规定也相应地修正为“行合议庭审判之案件，为准备审判起见，得以庭员一人为受命法官，于审判期日前，使行准备程序，以处理第二百七十三条第一项、第二百七十四条、第二百七十六条至第二百七十八条规定之事项”。也就是说，准备程序的主要目的并非在于替代审判期日的程序，而是为审判程序做准备，以便正式审判期日举行的程序可以顺利进行，并达到集中审理的目标。③

有关准备程序中审前会议在实务中的运作程序为：首先，请检

① 参见［日］田口守一：《刑事诉讼法》，张凌、于秀峰译，中国政法大学出版社2010年版，第219页。

② 林钰雄：《刑事诉讼法（下册　各编论）》，台湾元照出版有限公司2013年版，第194页。

③ 史奎谦：《刑事诉讼法（II）》，高点文化事业有限公司2006年版，第4-477页。

察官或自诉代理人陈述起诉之要旨，践行第 95 条规定的告知义务。之后，请被告人进行是否承认有罪的答辩。如果被告人作无罪答辩，法院需要开始整理事实上的争点，请检察官或自诉代理人指出证明的方法，也即提出证据清单。询问被告人有无提出证据以供调查，法院进行证据上和法律上争点的调查，包括有无漏载或起诉法条错误的情形。如果法院认为相关证据没有证据能力的，应依据第 273 条第二项的规定，赋予排除证据的效果。法院需要告知当事人提出调查证据的申请，过滤当事人所提出的证据，并最后决定审判期日调查证据的范围、次序和方法。①

一、补正起诉程序

法院收到检察官提交的起诉书及相关案卷和证据后，首先应当审查起诉程序是否存在缺陷。根据我国台湾地区“刑事诉讼法”第 273 条第 6 款的规定，“起诉或其他诉讼行为，于法律上必备之程式有欠缺而其情形可补正者，法院应定期间，以裁定命其补正”。程序如果存在缺陷或不足，法院应当分别以不可补正、不必补正及应命补正三种情形处理。在不可补正的情况下，法院应直接谕知不受理判决；如果起诉书遗漏了本案被告人的年龄、籍贯或者住居所等信息，但不至影响法院确定特定被告人的，可以不必对相关材料进行补正而直接进入审判程序。在可补正而应命补正的情况下，法院应当先裁定补正。在逾期不补正的情况下，法院可以谕知不受理判决。②

二、指定审判期日

正式审判程序开始之前，审判长应当首先指定法庭正式开庭审

---

① 史奎谦：《刑事诉讼法（II）》，高点文化事业有限公司 2006 年版，第 4-477 页。

② 林钰雄：《刑事诉讼法（下册　各编论）》，中国人民大学出版社 2005 年版，第 152 页。

判的日期。需要注意的是，为了便于被告人拥有宽裕的时间为辩护做准备，并使辩护人可以尽早安排日程，以免影响诉讼进行，传票送达与指定审判期日之间必须预留一段时间的就审期间。如果法院违反就审期日的规定，被告人可以要求法院改定审判期日，以有充足的时间准备庭审防御。如果因就审期间不足而严重影响被告人辩护工作的，那么这种诉讼程序的违法可能影响最终的判决。①

三、齐集证据方法与整理争点

为了使审判期日能够贯彻集中审理的要求，法院必须于准备阶段事先确定审判时证据调查的具体范围。由于当事人及其辩护人、诉讼代理人也可以申请证据调查，因此为了预定证据调查范围的目的，法院在必要的情形下，应当在准备阶段与当事人会商。否则，如果当事人及其辩护律师在审判开始时再申请证据调查，则会影响集中审理原则的贯彻。② 我国台湾地区“刑事诉讼法”第 273 条规定了七种准备程序需要处理的事项：

第一，明确起诉效力的范围和法条适用情况。因为根据我国台湾地区“刑事诉讼法”第 266 条至第 268 条的规定，“起诉之效力，不及于检察官所指被告以外之人。”“检察官就犯罪事实一部起诉者，其效力及于全部。”“法院不得就未经起诉之犯罪审判。”我国台湾地区刑事诉讼起诉的效力仅限于起诉书中所指的被告人。法院的审判权受起诉书指控范围的限制。因此，需要在审前程序中明确检察官指控的对象、犯罪事实，所适用的法律条款、罪名等内容。

第二，讯问被告人是否作有罪答辩并决定适用相关简易程序。根据我国台湾地区“刑事诉讼法”第 273 条的规定，“除被告所犯

① 林钰雄：《刑事诉讼法（下册　各编论）》，中国人民大学出版社 2005 年版，第 153 页。

② 林钰雄：《刑事诉讼法（下册　各编论）》，中国人民大学出版社 2005 年版，第 154 页。

为死刑、无期徒刑、最轻本刑为三年以上有期徒刑之罪或高等法院管辖第一审案件者外，于前条第一项程序进行中，被告先就被诉事实为有罪之陈述时，审判长得告知被告简式审判程序之旨，并听取当事人、代理人、辩护人及辅佐人之意见后，裁定进行简式审判程序”。而根据我国台湾地区“刑事诉讼法”第 449 条的规定，“第一审法院依被告在侦查中之自白或其他现存之证据，已足认定其犯罪者，得因检察官之申请，不经通常审判程序，径以简易判决处刑。但有必要时，应于处刑前讯问被告。”也即在审前程序中，法官接到被告人有罪答辩后，可以对简易程序进行释明，并在听取相关诉讼参与人的意见后，裁定是否按照简易程序审判。同时，如果现有证据已经可以支持被告人有罪答辩的，法院也可以不经过普通的审判程序，而直接简易判决处刑。

第三，案件及证据之重要争点。

第四，有关证据能力之意见。

第五，晓谕为证据调查之申请。根据我国台湾地区“刑事诉讼法”的规定，当事人、代理人、辩护人或辅佐人可以申请调查证据，并于调查证据时询问证人、鉴定人或被告。法庭除认为证据调查行为存在不当的情况以外，不得禁止有关诉讼参与人的相关活动。同时，法院为发现案件真实，也可以依据职权主动对证据展开调查。但于公平正义之维护或对被告之利益有重大关系的事项，法院应依职权调查之。法院为前项调查证据前，应予当事人、代理人、辩护人或辅佐人陈述意见之机会。

第六，证据调查的范围及程序。在我国台湾地区，被告人得就被诉事实提出对自己有利的证明方法。当事人、代理人、辩护人或辅佐人应就调查证据之范围、次序及方法提出意见，法庭应当根据前列之人提出的证据调查意见对相关问题作出裁定。必要时，得因当事人、代理人、辩护人或辅佐人之申请变更之。

第七，要求提出物证或书证。根据我国台湾地区“刑事诉讼法”第 274 条的规定，“法院于审判期日前，得调取或命提出证物”。第275条规定，“当事人或辩护人，得于审判期日前，提出证据及申请法院为前条之处分”。也即法官有权要求控辩双方提出相关证据，辩方也有权在审判之前提出证据或申请法院作出调取证据的裁定。

以上程序处理之事项，根据我国台湾地区“刑事诉讼法”第273条第4款的规定，“应由书记官制作笔录，并由到庭之人紧接其记载之末签名、盖章或按指印”。[①]

四、前置调查证据

法院于准备程序，原则上只能搜集、齐聚与物之证据方法而已，至于调查证据之程序本身，除合乎例外之情事外，皆应于审判期日始能进行。所称例外，也就是调查证据之前置，往往也构成直接审理原则之例外，通常有其不得不然的正当理由。[②] 对于独任审判的案件，由于法院即为独任法官，因此，践行准备程序工作的是独任法官个人。而在合议庭审判的案件中，为了诉讼经济的考虑，需要指定一名法官为受命法官。在之前的法律中，受命法官于准备程序多半负责广泛地搜集证据及实质的证据调查工作，[③] 所以2013年我国台湾地区“刑事诉讼法”第279条、第276条至第278条限定其权限在于进行准备程序的事项，如“法院预料证人不能于审判期日到场者，得于审判期日前讯问之”，“法院得于审判期日前，命为鉴定及通译”等。在此范围内，受命法官与审判长具有相同的权限。

---

① 以上七种事项参见我国台湾地区“刑事诉讼法”诸条规定及林钰雄：《刑事诉讼法（下册　各编论）》，中国人民大学出版社2005年版，第154-155页。

② 林钰雄：《刑事诉讼法（下册　各编论）》，台湾元照出版有限公司2013年版，第199页。

③ 林钰雄：《刑事诉讼法（下册　各编论）》，中国人民大学出版社2005年版，第156页。

五、准备程序的效力

我国台湾地区“刑事诉讼法”原来针对准备程序并没有“失权效”的设计，是故，纵使当事人懈怠而未于期日前提出声请，还是得于审判期日当庭提出，因此，难免减损审理之集中性。[①] 如今，我们可以看到我国台湾地区 2012 年修改的“刑事诉讼法”相关条款已经赋予准备程序某些法律效果，具体包括：

首先，有关证据能力方面，根据第 273 条第 2 款的规定，“于前项第四款之情形，法院依本法之规定认定无证据能力者，该证据不得于审判期日主张之。”也即法院在准备程序中作出的无证据能力认定对之后的诉讼程序产生约束效力。

其次，第 273 条第 1 款规定“传唤被告或其代理人，并通知检察官、辩护人、辅佐人到庭，行准备程序”之规定中所列相关人等，经法院合法传唤或通知，无正当理由不到庭的，法院可进行缺席之准备程序。也即仅与到庭之检察官或诉讼参与人行准备程序。

最后，第 288 条规定，若当事人于准备程序中对被告人以外人的陈述没有异议，那么审判长可以仅通过宣读或告以要旨的方式代替证据调查。[②]

第五节　刑事诉讼庭前会议制度的比较分析

从上文的分析可以看出，美国、英国、日本三国，以及我国台湾地区的刑事诉讼庭前会议制度各具鲜明特点，但是四者在制度定位、功能、主体权责、法律效力方面又在一定程度上具有很多共性特征。对这些制度共性的分析与总结，有助于我们更好地发掘庭前

① 林钰雄：《刑事诉讼法（下册　各编论）》，台湾元照出版有限公司 2013 年版，第 202 页。

② 以上三点效力参见我国台湾地区“刑事诉讼法”诸条规定，以及林钰雄：《刑事诉讼法（下册　各编论）》，中国人民大学出版社 2005 年版，第 157 页。

会议制度的本质特征和发展规律。

一、庭前会议制度的定位具有一致性

从上文的叙述中不难看出，虽然美国的庭前会议、英国的审前听证、日本的审前整理、我国台湾地区的准备程序等在名称上存在一定的差异性，但是在庭前会议制度的定位上具有较为明显的一致性，即通过在正式庭审之前控辩审三方的沟通与协调，帮助法官安排审理时间表，整理案件争议的焦点，明确庭审的重点，以确保之后的审判程序能够更加高效和迅速。但是我们也要看到，因为英美法系和大陆法系国家与地区刑事诉讼制度本身固有的特征，其在庭前会议等类似制度的侧重点上也存在一定的差异。在美国，由于正式审判的周期较长，耗费的司法资源巨大，如果所有案件都进入审判程序是不可想象的。因此，英美法国家更加寄希望于通过庭前控辩双方的协商与妥协，在认罪和量刑上能够达成较为一致的意见，以实现程序分流和简化庭审的目的。英国刑事法院的审前听证程序则主要侧重于对案件的先期管理，促进控辩双方在法庭证据提交、证人出庭安排等事项上的交流，确定审判期日等问题。而日本的审前整理程序则突出对安排公审期日和其他程序性事项的协商。这些协商的范围仅限于审判的程序问题，不涉及对案件事实和证据内容的实质性审查。但不能忽略的是，这些国家和地区庭前会议相关程序的制度定位与目标都有法律明确的规定，这些刑事诉讼法、刑事诉讼规则或者其他具体法律中的相关规定都为其刑事诉讼中庭前会议制度的健康发展提供了必要和坚实的基础。

二、庭前会议制度的功能具有相似性

上文所述四种庭前会议制度虽然名称存在差异，制度定位各有侧重，但是在诉讼程序的功能和内容方面具有高度相似性，特别是对于整理和简化案件中存在的问题，也即控辩双方对于案件的争点，是庭前会议制度的主要功能。在证据的整理方面，一是都含有控辩双方在审前进行证据开示的内容，确定庭审中提交法庭的证据目录和证人名单，确保控辩双方以简洁和易懂的方式向陪审团展示证据；二是法庭需要对有关证据争议的问题作出裁决，包括非法证据排除的申请，日本还存在对于证据调查的决定等。最后，就是对于庭审相关事务性的活动和开庭前的准备活动，如确定审判期日、复杂案件的合并审理等。

此外，英美法系国家，以及践行当事人主义的我国台湾地区的庭前会议制度还可能涉及案件实体问题的讨论，如听取被告人答辩等特殊的功能。在审前召开的听审中，被告人首先需要对控方的指控是否认罪作出答辩，如果被告人选择认罪，则法官需要审查认罪的真实性和自愿性，以及该认罪是否具有事实基础和一定的证据基础，并对刑事程序的分流作出裁定；如果被告人不认罪，案件才有可能真正进入正式审判程序，交由庭审法官或陪审团审判。在这个意义上，庭前会议在司法实践中还扮演着刑事诉讼程序分流和案件繁简分流的重要制度功能，根据不同案件难易繁复的具体情况作出不同的诉讼程序安排。

三、庭前会议制度的主体权责清晰

美国、英国、日本和我国台湾地区庭前会议制度的共性还体现在法官和控辩双方在审前程序中的权责较为清晰。一方面，法官被赋予召集并主持审前程序的权利，在法官的主持下，控辩双方按照法庭指令的要求提供证据材料、讨论相关事项、明确争议范围等。最重要的是，以上四种庭前会议中法官有权在审前程序中对证据可采性、案件相关法律问题、案件的诉讼程序问题等作出裁决，该裁决必须得到控辩双方的执行。另一方面，控辩双方在庭前会议中也有自己明确的权利和义务，如控辩双方享有向法庭提出管辖权、回避、证据排除等审前动议的权利。在证据展示环节，控方在审前程序中有向辩方展示指控所依赖证据的义务，一定情况下有要求辩方提供辩护意见的权利。辩方有义务在审前程序中提供被告人无罪或者不在场的证据，在提供辩护意见之后有权要求控方提供未用于支持指控的本案其他证据等。关于控辩审三方在庭前会议中权责之规定，有利于构建完善和有序的制度框架，帮助控辩双方更好地利用庭前会议制度做好庭审的准备工作，实现明确案件争议和审判范围的制度作用，促进庭前会议制度在公平与合理的轨道上有序运行。

四、庭前会议制度的裁决具有权威性

不论是美国的庭前会议、英国的审前听证，还是日本的审前整理程序，包括我国台湾地区的准备程序，他们之间存在一个非常大的共同点，就是法律均明确了审前程序的裁决对后续刑事诉讼程序具有的约束效力。这种效力主要针对两种情况：一是对于庭前会议中对排除警察通过非法的方法取得证据的裁定，该类证据将不能在庭审中出示，以避免受污染的证据进入法庭审判环节，对进行事实审理的法官造成不利的影响。例如，美国法官在庭前受理非法证据排除的审前动议后，在证据禁止听证上对非法证据排除的问题作出司法裁决。二是对控辩双方没有在正式审判开始前依照法律规定提交的相关证据，法庭可以限制其提交证据的权利或者对该证据作出不利评价。例如，上文中提及的，控辩双方违反法庭指令未在审前提交证据的，英国刑事法院可以拒绝该方当事人在庭审中提交证据或不被采纳已经提交的证据，也可以从其之后提交的问题或证据中得出不利该方的推论。日本同样存在类似条款，如要求对于适用审前整理程序的案件，除因“不得已的事由”不能在审前整理程序上提出申请的情况外，控辩双方在审前整理程序结束之后不得请求调取证据。审理程序中控辩双方只有在发现新证据的情况下才可以提出证据调查的请求。我国台湾地区更是规定有关当事人经依法传唤不到庭的，法庭可以缺席进行准备程序，而准备程序中的对证据可采性作出的裁决对后续诉讼程序具有严格的法律效力。

此外，我们还应当看到，以上对庭前会议相关制度效力的规定都是通过刑事诉讼法条款的形式加以明确规定，并非通过司法解释或者其他规范性文件进行规制。这样的立法模式可有效避免因审前相关程序裁决效力而发生之争议，有助于保障相关程序的法律效力和制度权威性。

五、庭前会议制度仍处于不断发展中

从指令听证到案件管理听证，再到审判准备听证，英国审前听证程序从一个侧面向我们展示了庭前会议制度不断发展的历程。英国在庭前会议制度上的立法和司法实践表明，首先，庭前会议等相关制度也需要在实践中不断地深化和发展，这种发展有利于不断提升和完善相关制度的定位与目标；其次，庭前会议等相关程序发展的基础一方面是该国刑事诉讼的整理制度设计，另一方面这种发展也根植于该国司法实践的实际需要，并依据司法实践的发展不断调整庭前会议制度的着力点，不断细化制度下各具体程序的侧重点。同时，从上文四种庭前会议制度的发展我们也可以看出，正确处理庭前会议制度与正式庭审的关系是各国在理论和实践中需要直面的核心问题。例如，日本学者就认为“在新的审理前整理程序中，以前在审理日期才做的事情，现在大大提前了，因此值得担心的是，随着今后的适用审理前整理程序在整个程序中的比重可能越来越大。审理前整理程序毕竟是审判的准备程序，应当尽快地终结该程序，如何维持审理前整理程序与审判中心主义的适当平衡关系，是今后需要研究的问题。”① 我国台湾地区学者也指出，提前于准备阶段进行之调查证据程序，于许多情形固然有其必要，但是，“若不严格限定其要件，恐有空洞化审判期日以及审理基本原则的危险”②。这种危险主要体现在两个方面，一是前置调查程序，也就是台湾实务所称之“调查庭”，若无保障诉讼权利的配套措施，

① ［日］田口守一：《刑事诉讼法》，张凌、于秀峰译，中国政法大学出版社 2010 年版，第 213 页。

② 林钰雄：《刑事诉讼法（下册　各编论）》，台湾元照出版有限公司 2013 年版，第 199 页。

可能造成法院借此规避繁复之审判庭；二是由于受命法官以外其他合议庭员，于审判期日所接触的并非原始之证据方法而是笔录，也就是证据之替代品，因此，合议庭审判的案件若是滥行膨胀准备程序，还是会架空直接审理原则。[①] 由此可见，庭前会议制度在制度定位和功能设置上需要符合审判中心主义的要求，努力促进庭审实质化和效率提高，保障被告人的程序性权利。这既是庭前会议制度发展中需要首先解决的问题，也是该制度在实践中不断完善自身制度设计的重要动力。

---

① 参见林钰雄：《刑事诉讼法（下册　各编论）》，台湾元照出版有限公司 2013 年版，第 200-202 页。

第三章　我国刑事诉讼庭前会议制度的现状考察[①]

作为我国刑事司法活动的最主要实施者和参与者，法官、检察官群体对于我国刑事诉讼中庭前会议制度在实践中所面临的司法环境和现实状况，以及该制度存在的问题及其原因具有直观和形象感受。在《刑事诉讼法》实施之后，我国不少地区法院和检察院不断在司法实践中摸索庭前会议制度的适用方法，积累了丰富的实践经验，也发现了不少的问题。对这些经验和问题加以总结与分析，有助于我们按图索骥地寻找影响庭前会议制度适用效果的根源，并结合司法改革的相关内容加以改进和完善。

第一节　我国刑事诉讼庭前会议制度的实践情况

总体上看，我国不少地区的司法机关都在通过各种方式推进庭前会议制度的贯彻和落实，如据有的学者调研，“2013 年 1 月至 10 月，河北省公诉部门出席庭前会议 740 件，占一审案件的 3.47%”。[②] 不少地区的人民法院和检察院还共同出台了实施意见、工作规则、实施纪要等文件，具体规范当地庭前会议的司法实践活

① 本章中的图表、数据及分析内容来源于作者与卞建林教授合作并发表的调研报告，在原文的基础上有较大删改。参见卞建林、陈子楠：《庭前会议制度在司法实践中的问题及对策》，载《法律适用》2015 年第 10 期。(中国人民大学复印报刊资料《诉讼法学、司法制度》2016 年第 1 期全文转载)

② 樊崇义等：《河北检察机关新刑诉法实施调研报告》，载《国家检察官学院学报》2014 年第 3 期。

动。例如，无锡市滨湖区人民法院、人民检察院和司法局共同签署了《刑事案件庭前会议实施纪要》；盐城市亭湖区人民法院、人民检察院和司法局共同通过了《刑事公诉案件庭前会议实施意见（试行）》；温州市法院、检察院联合发布《温州市中级人民法院、温州市人民检察院庭前会议工作规则（试行）》等。但通过调研发现，庭前会议制度在司法实践中普遍存在适用率偏低，程序功能认可度不高的实际问题，有必要从程序客观上的适用比例和个体主观上的参与意愿两个方面对其加以考察，以探寻这些现象形成的原因及其相互关系。作为我国刑事司法活动的最主要实施者和参与者，法官、检察官群体对于我国刑事诉讼中庭前会议制度在实践中所面临的司法环境和现实状况，以及该制度存在的问题及其原因具有直观和形象的感受。笔者将结合自身参与庭前会议调研和试点过程中了解到的具体情况，从实践做法入手，结合实践中的经验和诉讼法学界的相关研究，全面总结和深入分析我国庭前会议制度的实践情况。

通过问卷调查的方式，掌握《刑事诉讼法》实施以来试点地区庭前会议的实施情况，了解法官和检察官等司法从业人员对当前庭前会议制度的意见与看法，有助于项目组更加全面和深入地把握庭前会议的实施现状，有针对性地制定相关试点规则和安排项目实证活动，以期为该制度在我国的完善与发展提出更加切实可行的方案和进路。

笔者参与了中国政法大学诉讼法学研究院庭前会议项目组于2015年4月至6月对北京市、江苏省盐城市和无锡市的12个试点法院与检察院进行的问卷调查。本次调查的对象包括北京市第二中级人民法院、北京市人民检察院第二分院、北京市东城区人民检察院、北京市东城区人民法院、盐城市中级人民法院、盐城市人民检察院、东台市人民法院、东台市人民检察院、无锡市中级人民法院、无锡市人民检察院、无锡市高新技术产业开发区人民法院、无锡市高新技术产业开发区人民检察院等。本次问卷调查中共向试点单位及其法官和检察官发放调研问卷636份，全部回收。这其中《“庭前会议项目”调查问卷（单位卷）》共32份，由试点单位及其下级法院、检察院中负责实施庭前会议的相关部门填写；《“庭前会议项目”调查问卷（个人卷）》由试点单位负责刑事审判和公诉的法官和检察官填写，共604份。在问卷回收后，项目组成员对问卷进行了详细的分类统计和归纳，并在此基础之上完成了分析报告。

《“庭前会议项目”调查问卷（单位卷）》包括统计表和主观题两个部分，着眼于收集调研对象单位庭前会议召开数量及主要内容，通过开放式的问答题，从宏观上掌握庭前会议在实践中存在的主要问题。《“庭前会议项目”调查问卷（个人卷）》采用匿名随机抽样的调查方法，内容包含庭前会议的适用情况、经验认识、功能定位、程序设置、法律效力五大方面，共22题，保证了调查结果具有较强的可靠性、真实性、准确性和全面性，以提高项目研究成果的客观性。项目组在设计问卷时主要考虑了四组影响因子：一是地域区别，即北京、盐城、无锡三个不同的地区；二是工作单位、部门和职务职称，即受访者的职业身份；三是性别和年龄，主要关注受访者的个体情况；四是学历和专业，即受访者的知识背景；五是从业时间。选择这五组变量作为主要调查对象的原因在于，项目组试图分析受访者职业身份异同、个体情况区别及知识背景差异对调查结果的影响程度。但经项目组后期对统计数据的分析发现，“个体情况”和“知识背景”两组变量对于调查结果的影响并不明显。因此，下文不同数据之间的比较研究将主要围绕两组影响因子进行：一是地域区别，分别为“北京市二中院”“北京市二分检”“盐城法院”“盐城检察院”“无锡法院”“无锡检察院”六组数据；二是职业身份，尤其指受访者因“工作单位”（法院和检察院两类）的影响而对同一问题持有不同的观点。

一、庭前会议制度的适用情况

经调研发现，自2012年修改的《刑事诉讼法》实施以来，北京、无锡、盐城三地部分人民法院和检察机关刑事案件审判中庭前会议的适用比率较低。这主要体现在总体适用率和个体参与度两个方面。

从总体适用率上看，北京市第二中级人民法院2013年和2014年共有10件一审案件召开了庭前会议，仅占该法院两年审结一审案件数（502件）的2%。[①] 江苏省盐城市两级法院2013年刑事案件总数为4459件，2014年刑事案件总数为4817件，但两年内仅有38件刑事案件召开过庭前会议。这其中2013年有18件，适用比率为0.40%；2014年略有上升，有20件召开庭前会议，适用比率为0.42%。在2013年、2014年两年中，无锡市两级法院共召开庭前会议26次，主要涉及的问题为非法证据排除、证据开示、证人出庭名单、管辖、回避等。从非法证据排除的角度来看，自修改后的《刑事诉讼法》实施以来，北京全市法院共有114件刑事案件的被告人、辩护人提出非法证据排除申请。其中，启动庭前会议调查的有37件，启动庭审调查程序的有27件；通过庭前会议排除非法证据的有3件，通过庭审调查程序排除非法证据的有14件；因排除非法证据而改变罪名认定的有4件，减少犯罪事实认定的有1件，检察机关撤诉的有4件。

另据笔者对江苏省无锡市和盐城市5个基层检察院（5个基层检察院在图表1中均用A地、B地、C地、D地、E地指代。）2013年1月至2015年3月，刑事公诉案件数和参与庭前会议数的统计，5个基层检察院在上述期间共对6803件刑事案件提起公诉，

① 北京市人大常委会门户网站：《北京市高级人民法院关于报送对贯彻实施〈中华人民共和国刑事诉讼法〉工作情况报告审议意见研究处理情况的报告（书面）》，载 http：//www. bjrd. gov. cn/zdgz/zyfb/bg/201505/t20150512_ 149152. html，2015年5月12日访问。

但仅有19件召开了庭前会议，适用率只有0.28%。具体来看，有的地区检察机关全年没有参加过庭前会议，5个地区检察机关2013年和2014年参与庭前会议的数量均不超过4次，但2014年参与庭前会议数较2013年有所增加（见表1）。

表1 江苏省无锡市和盐城市五个基层检察院庭前会议实施情况表

内容 地区	刑事案件数			庭前会议数		
	2013年	2014年	2015年（1-3月）	2013年	2014年	2015年（1-3月）
A地	480	491	209	1	2	0
B地	553	561	205	0	3	1
C地	449	430	193	1	3	0
D地	657	607	281	2	4	1
E地	779	816	92	0	1	0
总计	2918	2905	980	4	13	2

法官和检察官个体参与庭前会议的程度一是可以从微观层面反映庭前会议制度在司法实践中的实施情况，二是能从侧面较为客观地体现出司法人员对该制度总体的认可度。具体来看，北京、盐城、无锡三个地区的受访检察官中均有接近半数没有参加过庭前会议。在有庭前会议经历的检察官中，约87%的检察官仅参加过“1-3次”，三地参加过4次以上庭前会议的检察官均只有个位数。与此相反的是，三个地区受访法官中参加过庭前会议的人数要超过没有庭前会议经历的人数。但与检察官的情形相同，大多数受访法官只参加过1-3次庭前会议，参加过“4-6次”和“7次以上”的人数也很少（见图1）。

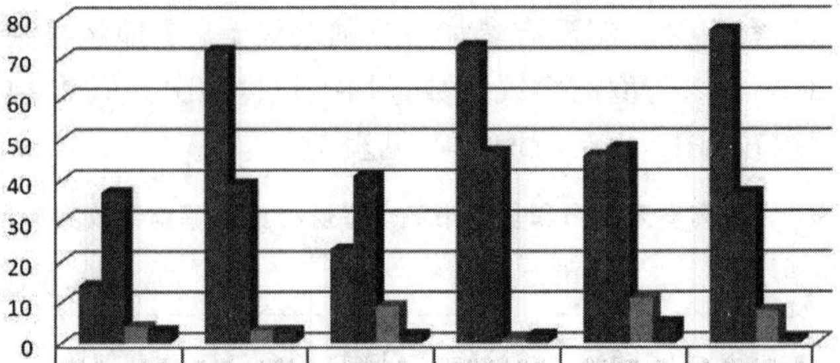

	北京二中院	北京二分检	无锡法院	无锡检察院	盐城法院	盐城检察院
■0次	14	72	23	73	46	77
■1-3次	37	39	41	47	48	37
■4-6次	4	3	9	1	11	8
■7次以上	3	3	2	2	5	1

图1　个人参加庭前会议次数情况

二、庭前会议制度的实践做法

《刑事诉讼法》颁布至今，基层司法实务部门对庭前会议制度进行了广泛和有益的实践与探索，形成了很多富有成效的做法和经验。以下就笔者在江苏省盐城市和无锡市的法院与检察机关调研中了解到的情况进行总结。

（一）庭前会议适用案件类型分布

从庭前会议适用案件的类型来看，2014 年至 2016 年 3 月以来，盐城市检察机关共提起公诉案件 9726 件，其中 60 件公诉案件适用了庭前会议制度，共召开了 69 次庭前会议，适用比率为 0.62%。罪名分布方面，60 件案件中非法吸收公众存款、非法经营等破坏社会主义市场经济秩序案件 15 件，占 25%；受贿、行贿、滥用职权等自侦案件，共 14 件，占 23.33%，故意伤害、强奸等侵犯公民人身权利、民主权利案件 12 件，占 20%；盗窃、诈骗、抢劫等侵犯财产案件共 11 件，占 18.33%；聚众斗殴、寻衅滋事、开设赌场等妨害社会管理秩序案件 8 件，占 13.33%。

而据不完全统计，无锡市滨湖区法院 2014 年考核年度共举行了 26 次庭前会议，涉及案件罪名主要包括贪污贿赂、职务侵占、集资诈骗、盗窃、侵犯商业秘密、骗取贷款、非法吸收公众存款、贩卖毒品、抢劫、危险驾驶等。通常职务犯罪庭前会议主要是解决非法证据排除和证据开示等问题，经济涉众型犯罪和新类型案件主要涉及证据开示的问题，而一般的普通刑事案件则关于非法证据排除问题较多。

另据笔者通过实地座谈了解到[①]，北京市二分检自 2013 年至 2015 年共审结一审公诉案件 785 件，涉及召开庭前会议的共有 11 件，所占比重为 1.4%。其中，2013 年北京市二分检一审公诉案件 336 件，庭前会议的案件数是 3 件，比重占 0.89%；2014 年审结一审公诉案件 234 件，庭前会议的案件只有 1 件，所占比重为 0.43%；2015 年审结一审公诉案件 215 件，庭前会议的案件数达到 7 件，所占比重为 3.26%。从增长的趋势来看，虽然有些年份存在回落，但是从总体上看适用庭前会议案件的比重在不断增加，特别是 2015 年所占比重约为 2013 年的 4 倍。从罪名分布上看，在北京市二分检召开庭前会议的 11 起案件中，共涉及 13 个罪名，从盗窃罪、非法持有毒品罪、贩卖毒品罪、抢劫罪、故意杀人罪到非法吸收公众存款罪、贷款诈骗罪、骗取贷款罪、挪用资金罪、受贿罪等不一而足，罪名的差异性较大。除了其中有 3 起案件全部涉及受贿罪之外，其他 8 起案件所涉及的罪名均不相同。但从宏观的角度来看，11 起案件中涉及职务犯罪的共有 4 起，所占比重为 36.36%。2015 年东城法院刑二庭召开庭前会议的案件共 3 件，占 2015 年该庭收案 597 件的 0.5%，主要涉及 2 个罪名，分别是开设赌场罪和职务侵占罪。

---

① 2016 年 3 月 23 日，笔者参与了中国政法大学诉讼法学研究院庭前会议项目组在北京市东城区检察院召开的“庭前会议制度实证研究项目座谈会”，以下数据来源于座谈会中试点单位的总结汇报。

由此可见，两地庭前会议适用的案件类型集中于贪污贿赂、职务侵占等职务犯罪案件和以集资诈骗与非法吸收公众存款等涉及被告人或者被害人较多的经济类型犯罪。对于普通刑事案件，则主要是涉毒涉黑等重大复杂的案件中才会召开庭前会议。

（二）庭前会议适用情形分布

根据《刑事诉讼法》及司法解释，当地法院召开庭前会议可以出于多种原因和情形，如非法证据排除，案件疑难复杂，出庭证人名单、回避、管辖权异议等。从盐城法院的司法实践来看，召开庭前会议集中于非法证据排除和案件疑难复杂、证据材料较多两种情形，有的案件则会出现非法证据排除、管辖、回避等多种原因。启动原因方面，因非法证据排除而召开的有 14 件，因案件疑难复杂、证据材料较多而召开的有 29 件，由于其他原因召开的有 17 件（主要包括当事人就附带民事诉讼请求法院主持调解 9 件、法庭明确是否可以简化审理程序 7 件、附带民事诉讼的赔偿听取被告人意见 1 件）。

从盐城法院的司法实践来看，庭前会议以非法证据排除、控辩双方对复杂案件的证据材料有无异议为主要内容。除此之外，也涉及证人出庭、回避、管辖权异议、是否有新证据等内容。另外，在重大复杂的刑事案件中，一般会在庭前会议中进行证据展示，以便法院了解控辩双方对彼此提交法庭的证据是否存在异议，以确定庭审质证重点，庭前会议并不进行证据质证。在盐城下辖的个别县、市法院中有证人出席庭前会议的案例。在庭前会议召开以前，法院会要求主审法官认真阅卷，了解案件情况，查找案件疑点。对于疑难复杂案件，要求与控辩双方做好沟通交流，在此基础之上确定庭前会议内容，有针对性地召开庭前会议。无锡开发区法院庭前会议主要涉及的内容包括回避、出庭证人名单、非法证据排除、证据展示（包括公诉意见、辩护意见和鉴定意见等内容的交换）。其中，涉及回避的案件 1 件，证人、鉴定人、侦查人员出庭的案件 5 件、非法证据排除案件共 5 件。例如，在无锡市滨湖区邵某某等 9 人开设赌场案中，犯罪事实清楚，但案件涉及开设赌局 180 余场次，被告人及涉案人员众多，卷宗材料数量较大，而且证据的相似度较高。为节约庭审时间，公诉人审前召开庭前会议，就相似度较高的证据分类进行说明，并充分听取辩方意见。庭审中，公诉人则重点出示辩方有异议的证据，使原本需要两天才能完成的庭审，仅耗时半天，大大缩短了庭审期间。

在北京市二分检召开庭前会议的 11 起案件中，2 件涉敏感案件，3 件为当事人及其辩护人提出非法证据排除，其余 6 件大多为大案和要案。实践中的做法一方面符合《刑事诉讼法》中对庭前会议适用情况的列举，另一方面也因这些类型的案件相较其他案件而言证据材料较多，案件重大复杂。例如，在该院 2013 年负责办理的朱某某非法吸收公众存款案件中，涉及被告人十几人，侦查卷宗五百多册。法院召开庭前会议不仅可以解决与案件相关的程序性问题，也能就证据质证的方式听取控辩双方的意见，明确双方对证据的主要争议点，对庭前会议中没有异议的证据，经控辩双方认可，庭审中可以简化出示证据；对于存在异议的证据，可以在庭审时着重调查，使得正式庭审能够直接围绕争议焦点与案件事实集中进行，促进了庭审实质化。北京市东城法院刑二庭召开庭前会议的案件则主要涵盖最高法《解释》中规定的三种情形。其中，一起职务侵占案当事人提出非法证据排除申请，另一起职务侵占案涉及证据较多，法院主动召开庭前会议，在庭前组织双方对证据进行交换，最后一起郭某某、赵某某开设赌场案因社会影响重大，法院召开庭前会议主要为了明确被告方是否申请非法证据排除等问题。

（三）庭前会议的主体参与

一般情况下，法院均会通知并要求公诉人、被告人及其辩护律师出席庭前会议，以使庭前会议形成的决议在开庭时得到控辩双方的认可。盐城法院庭前会议的参会主体主要有审判人员、公诉人、辩护人和被告人。在该市适用庭前会议案件中，审判人员、公诉人、辩护人均出席会议，其中合议庭成员参加的案件有 14 件，38

件案件中，公诉人、辩护人均出席庭前会议，被告人没有出席的有9件。对于涉及被告人诉讼权利的问题，法院一般会让被告人参与。对于要交换证据的，一般仅要求公诉人和辩护律师参与庭前会议讨论。被告人要求当庭播放侦查全过程录音录像的，为了提高庭审效率，一般通过召开庭前会议的方式观看侦查过程录像，审查侦查机关取证的合法性。

无锡市开发区法院2013年和2014年共召开庭前会议的案件有7件，公诉人、辩护人均会出席庭前会议，被告人基本上也都会出席。在无锡市滨湖区法院的实践中，法官要求召开庭前会议的共有19次，被告人及其辩护人要求召开的有4次（其中被告人要求的为2次，辩护人要求的也为2次），公诉人要求召开的有3次。在所有案件中辩护人均参与庭前会议的讨论。

北京市二中院召开庭前会议的11起案件均由案件审理的法官参加，而且均由审判长主持庭前会议，合议庭成员均全部参加会议的讨论。在被告人参与庭前会议方面，除1起案件是由于被告人身体原因无法正常参加庭审外，其余10起案件中被告人均参与讨论。北京市东城法院刑二庭2015年召开的3次庭前会议均由案件承办人一人组织，并根据案件需要解决的具体问题确定参加人员。例如，对于解决非法证据排除问题的庭前会议，会通知被告人及其辩护人、公诉人参加；对于证据较多、案情复杂，需要庭前证据交换的案件，则会通知辩护人、公诉人参加。

（四）庭前会议的地点和次数

据笔者了解，北京市二中院和东城法院的庭前会议均是在法庭中召开，无锡和盐城法院的庭前会议一般也是在法庭内召开，但也有在会议室召开的情形。例如，无锡开发区法院有在押被告人参加的庭前会议均在法庭召开，被告人未被羁押或处于取保候审的有1件是在会议室召开。在庭前会议召开的次数方面没有具体的限制，视具体案件情况而定，少的仅1次，多的有3次。盐城司法实践中庭前会议召开的地点多在法庭，69次庭前会议中，34次在法庭召开，28 次在法院会议室召开，7 次在看守所召开；对于疑难复杂的案件，有时也多次召开庭前会议，如李某挪用公款案召开了 5 次庭前会议，张某某等 4 人非法经营农产品期货案召开了 3 次庭前会议。盐城市建湖县人民法院的庭前会议一般在会议室召开，对于形式没有作出特别要求，以有利于营造适合双方交流的宽松氛围，缓和控辩双方的对立情绪。该院认为法庭中气氛庄严，控辩审面对旁听人员行为需要十分规范，有时很难协调一些问题。如果将庭前会议开成“庭审式”的会议则就失去了制度本身的意义。根据召开庭前会议内容的不同，法院会根据具体情况选择庭前会议召开的期日：如果纯粹是为了解决一些程序问题，可以在开庭前召开庭前会议，避免当事人或诉讼参与人往返劳顿；如果是为了明确案件的疑点，了解控辩争议焦点，则会在开庭数日前通知控辩双方召开庭前会议的期日，以利于庭审的准备工作。

（五）庭前会议的结果形式

盐城法院的庭前会议实践表明，通常庭前会议均能达到预期的效果，控辩双方就相关问题如回避、管辖权异议、事实及证据争点整理等能够达成一致意见。但在 5 件关于非法证据排除的案件中，控辩双方未能在庭前会议中就有关问题达成共识。盐城法院在实践中均是以庭前会议笔录的形式来记载庭前会议处理的结果。而无锡滨湖区法院的庭前会议实践中，对于回避问题达成一致的较多，其他内容很少能够达成一致意见。

（六）庭前会议的法律效力

庭前会议的法律效力在不同地区间存在差异。从实际效果来看，盐城法院 2014 年至 2016 年 3 月全部或部分达成一致意见的有 53 件，未达成一致意见的有 7 件，起到了消除部分辩诉分歧、提高庭审效率的作用。对于回避、管辖权异议等程序性事项，当事人在庭审中对庭前会议处理结果提出异议的，除非出现新情况或新理由，否则法庭会当庭予以驳回，不再进行审查。但辩护方在庭审中对庭前会议中双方均已认可的事实和证据提出异议的，法庭会要求其提出合理理由，若不能提供则一般情况下对双方在庭前会议中形成的合议意见予以认可。目前，盐城地区尚未出现当事人对庭前会议决议提出异议的情形。无锡滨湖区法院的庭前会议实践中基本可以解决控辩双方提出的问题，但是对于案件定性等主观性较强的争议很难解决。对于庭前会议已经确定的事实，有 5 起案件的当事人及其辩护人在庭审中再次提出质疑，主要针对非法证据排除问题，均被审判长驳回。

笔者在江苏省盐城市调研中了解到的一则案例就很具有代表性。在该案中被告人邓某某于 1997 年至 2009 年，利用职务之便，为他人牟取利益，先后收受他人贿送的人民币、购物卡合计 345000 元。被告人的辩护律师在庭审前就案件程序问题主要提出了以下辩护意见：第一，要求调看纪委审查期间的录像，在被纪委审查期间，被告人陈述被刑讯逼供、殴打、体罚，且此时段侦查人员均在场，并参与了殴打，后在侦查前期不实的供述，均是因为受此时段的逼供形成的。第二，提出监视居住人员不是公安人员，监视居住主体不合法；监视居住地点在该县检察院内，地点也不合法。第三，辩护律师提供了被告人在看守所期间的伤情照片，要求合议庭当庭验伤，并查看被告人 15 份供述笔录对应的同步录音录像。第四，认为本案存在刑讯逼供等非法取证情形，该县检察院既是侦查部门，又是公诉机关；同时，本案可能存在当地领导干预案件办理，要求公诉人员、审判人员集体回避，异地审理该案，否则，本案不能得到公平、公正处理。

针对辩护人提出回避、监视居住主体不合法、存在非法取证情形等程序性辩护意见，该县法院共召开 2 次庭前会议就上述程序性问题进行了深入的交流。公诉人提出的意见主要包括以下几条：第一，关于调取纪委审查期间的讯问录像问题，因纪委双规期间的材料未作为证据使用，故辩护人要求调取纪委审查期间的讯问录像不符合法律规定。第二，最高检《规则》第 110 条[①]规定，本案中对邓某某采取监视居住的地点完全符合此规定：坐落在永宁路旁；休息室内有庭院与居室，居室内有电视、空调、洗漱间、卫生间、浴霸等生活设施，符合法律规定之正常休息和生活条件；监视居住的居所内所有的空间都安装了监控设施，便于对其监视及管理；指定监视居住的居所与检察机关的办公区、办案区相分离。第三，关于监视居住的执行问题，本案中对邓某某的执行完全符合最高检《规则》第 115 条[②]之规定：手续齐全，向邓某某出示了盐城市人民检察院监视居住决定书，由该县公安局两名警察宣布；执行规范，由该县公安局派出两名警察全程执行监视居住，在执行过程中，该县检察院协助执行符合法律规定。第四，被告人未提出在侦查期间遭受刑讯逼供的情况，也没有提供非法取证的人员、时间、方式等线索或证据材料，故要求当庭播放 15 份笔录的同步录音录像不符合法律规定。第五，辩护人提出本案可能存在当地领导干预案件办理仅仅是其猜测，未提供具体的线索，故其要求公诉人员、审判人员集体回避不符合《刑事诉讼法》第 28 条、第 29 条有关回避的规定。

本案中，控辩双方通过两次庭前会议就程序问题各自阐明了观点，合议庭对案件的主要争议点有了较为清晰的认识，特别是对辩方的辩护意见有了全面的掌握，有利于在之后的开庭过程中安排好审判的重点。同时，公诉人也通过庭前会议中与辩护方的交流，准备好针对非法证据排除等问题的详细出庭预案，就整体程序效率上

① 最高检《规则》第 110 条规定："指定的居所应当符合下列条件：（一）具备正常的生活、休息条件；（二）便于监视、管理；（三）能够保证办案安全。""采取指定居所监视居住的，不得在看守所、拘留所、监狱等羁押、监管场所以及留置室、讯问室等专门的办案场所、办公区域执行"。

② 最高检《规则》第 115 条第 1 款规定："人民检察院核实犯罪嫌疑人住处或者为其指定居所后，应当制作监视居住执行通知书，将有关法律文书和案由、犯罪嫌疑人基本情况材料，送交监视居住地的公安机关执行，必要时人民检察院可以协助公安机关执行。"

而言效果明显。但是，本案中合议庭并没有在庭前会议中对有关问题作出处理决定，而是在一审中一并作出处理。在庭审中，合议庭认为辩护人要求调取纪委期间的讯问录像、监视居住不合法的辩护意见不符合法律规定，对上述两项请求直接裁定驳回；对辩护人提出的回避申请依法进行了回应；依据辩护人提出证据取得合法性调查的申请，依法启动了非法证据排除程序，公诉人通过当庭播放部分讯问录音录像、侦查人员出庭作证、出示被告人入所体检表等证据对取证合法性问题进行了说明。最终，一审以受贿罪判处被告人有期徒刑十年零六个月。

三、庭前会议制度的典型案例

笔者在江苏省盐城市及东台市调研的过程中，查阅了该地检察机关参与庭前会议的诸多案件卷宗，并通过访问承办检察官的方式了解到杨某盗窃案、谷某某开设赌场案、崔某滥用职权及受贿案、陈某某滥用职权案等案例中庭前会议制度运用的实践经验和做法。希望通过这些案例的分类介绍与总结，能够从一个侧面反映出庭前会议制度在司法实践中的真实面貌。

（一）庭前会议中证人证言的查证

2012 年 8 月 25 日，公诉人以被告人崔某在生猪屠宰执法过程中涉嫌滥用职权和受贿向东台市人民法院提起公诉，2012 年 11 月 19 日东台市人民法院作出一审判决，被告人滥用职权罪和受贿罪成立但免于处罚，东台市人民检察院以量刑畸轻为由提出抗诉。2013 年 3 月 14 日，盐城市中级人民法院以原判认定事实不清、证据不足，裁定撤销原判，发回重审。在公诉机关提出抗诉之后，被告人崔某辩护人提出公诉机关认定的本案损失证据不足，因而申请本案屠宰企业的负责人及相关的检疫人员出庭作证。公诉机关向东台市人民法院申请召开庭前会议以解决证人庭前证言是否属实、有无非法取证，以及公诉机关认定的本案损失依据是否充分的问题。

本次庭前会议在东台市人民法院的刑事审判庭召开，由控辩审及被告人参与，共历时两天。庭前会议合计核实了13家食品公司共23名证人，其中14名检疫人员，9名屠宰企业负责人。23名证人中有11名证人证实以前在侦查机关所做的证言属实，16名证人证实侦查人员并无非法取证，7名证人提出侦查人员取证不规范，4人反映侦查人员存在诱供行为，3人反映侦查人员不签字就不让走。共有17名证人在庭前会议中反映的内容与侦查阶段不一致。

针对上述问题，公诉人宣读和出示了证人之前在侦查机关所作的证言。针对有些证人提出没有认真看笔录的问题，公诉人当庭出示之前证言中显示证人核对笔录后修改的痕迹，说明翻证的不合理性；针对有些证人提出侦查人员诱证的问题，公诉人通过宣读笔录中取证时间的先后顺序，证明就某一食品公司翻证的证人系侦查人员第一个取证对象，不存在诱证的可能性；针对部分证人改变以前证言，但未提出侦查人员非法取证或没有提出合理理由的，公诉人阐明其翻证的不合理性。综合上述不同的情形，公诉人认为证人以前在侦查阶段的证言能够相互印证，而庭前会议中部分证人翻证没有合理的理由，且没有其他的证据加以佐证，法庭不应采信。

最终庭前会议的内容以笔录的形式加以固定，并经控辩双方签字确认。就辩护人提出的公诉机关认定的本案损失依据不足的问题，控辩双方未能达成一致意见，仍然坚持各自的观点。在之后的庭审中，辩护人仍对该问题提出异议。但此次庭前会议对双方的焦点问题进行了调查，归纳了同类问题并作出了有针对性的答辩，加快了案件审理的进程。

（二）庭前会议中取证合法性的调查

2012年1月，盐城市人民检察院对被告人陈某某涉嫌滥用职权案向盐城市中级人民法院提起公诉。在2012年2月3日第一次开庭审理此案时，被告人陈某某当庭提出在侦查阶段受到检察院的刑讯逼供，要求排除非法证据，认为自己的行为不构成滥用职权罪。其向法庭提供了三点线索：一是长时间不让休息；二是7月2日至11日，在大丰市监视居住期间，刘姓检察员在检察院讯问室内用审讯椅撞其右大腿；三是7月12日至8月1日在阜宁县检察院审讯期间，尤姓检察官用活动床将其大拇指弄伤。公诉人当庭进行了答辩，提出经审查起诉阶段审阅全程录音录像不存在刑讯逼供和疲劳审讯的情况，并同意庭审后提供录音录像共合议庭及辩护人查阅。但是，庭审结束后不久，国内众多媒体仅凭被告人的供词，质疑检察机关侦查行为的文明规范性，引起了较大的社会关注。故检察机关向法院申请召开庭前会议。由于被告人被关押于连云港看守所，从便利的角度出发，法庭决定在连云港看守所召开庭前会议，由审判人员、公诉人、被告人及其辩护人参加。

在庭前会议中，对该案中的非法证据排除问题，检察机关主要通过播放录音录像和相关书证的方式，向法庭和辩护人进行说明。

首先，针对被告人提出在7月2日至11日，在大丰市监视居住期间受到刑讯逼供的问题。公诉机关出示了被告人在大丰监视居住期间的一段录像，证明了是被告人不服从侦查人员管理而产生的冲突，侦查人员没有殴打被告人，恰恰是被告人用拳攻击侦查人员。侦查人员并未还手，足以证明侦查人员文明规范办案，不存在刑讯逼供现象。对此被告人及其辩护人没有再提出异议。

其次，针对被告人提出在7月12日至8月1日，在阜宁县检察院审讯期间受到刑讯逼供的问题。公诉人播放了两段录像以佐证相关案件卷宗的内容。录像显示被告人自己在拽拉床铺时被毛刺刺伤，并不是侦查人员用床将其打伤。被告人在当庭夜里休息7小时38分以后，在上午10点多并非休息时间的情况下，不服从侦查人员安排，强行拖床休息，在此过程中将自己的手刺伤流血，侦查人员及时为其包扎伤口，但被告人予以拒绝，并有意将血洒在墙壁上。对此，被告人及其辩护人也没有再提出异议。

再次，为了证明主要犯罪事实的供述是陈某某自行交代，不存在诱供、逼供的情形，公诉人出示2011年8月25日综合笔录的录像资料。

最后，公诉人在庭前会议中还出示了相关的书证。公诉人还出示了被告人进入看守所前在阜宁县人民医院的体检记录，证明监视居住结束后，被告人身体健康，印证检察机关没有对被告人刑讯逼供。公诉人向法庭出示江苏省人民检察院人民监督员与被告人的谈话记录。这份笔录形成于移送审查起诉之前，证明侦查人员在侦查过程中不存在刑讯逼供的情形。公诉人出示了在移送审查起诉之后依法讯问被告人时的笔录，证明被告人在该阶段没有提出侦查人员存在刑讯逼供的行为。针对被告人提出的疲劳审讯问题，公诉人出示了根据全程录音录像整理的被告人休息情况的说明，证明每天均给予被告人 8 小时左右的休息时间，不存在疲劳审讯的情况。

随后继续让被告人提供遭到刑讯逼供的线索，被告人提到哪个时间段，公诉人就播放该段的录音录像。最终被告人没有再提出任何线索，控辩双方对是否存在刑讯逼供已经基本达成共识，并以庭前会议笔录的方式予以确认，辩方在之后的庭审中没有再提出异议。

（三）庭前会议中证据开示的方式

经查 2012 年至 2013 年间，谷某某、沈某与银商相互勾结开设网上赌场，涉案金额达 3 亿元。2014 年 6 月，公诉机关以开设赌场罪对被告人谷某某等六人提起公诉。由于本案中被告人拒不认罪，且案情重大复杂，证据数量较多。为了明确争议焦点，公诉机关向法院申请召开庭前会议。法院于 2014 年 7 月 1 日在法庭中召开了由控辩审及全部被告人参加的庭前会议，对管辖、非法证据排除等相关程序问题听取控辩双方的意见，并在法庭的主持下进行证据展示，明确庭审重点。

在庭前会议中，辩护方提出一是扣押服务器程序不合法应作为非法证据予以排除；二是对案件管辖有异议，认为东台市司法机关并没有管辖权；三是申请鉴定人出庭接受质证。公诉机关认为，因为没有见证人签名，所以扣押服务器在程序上存在一定的瑕疵，但是服务器属于实物证据，经公安机关及相关证人的补证，作出了合理解释，不应作为非法证据排除。根据最高人民法院的有关规定，网络赌博案件中参赌人实施网络赌博行为地也有管辖权，因此东台法院有案件的管辖权。

由于控辩双方分歧较大，对于辩护方提出的三点意见，只有最后一点得到法院的认定，即同意鉴定人出庭接受质证。对于其他内容，法院也未能作出决定。特别是在双方证据开示问题上，公诉机关将有关定罪量刑的证据提供给辩护人摘抄复印，但是辩护方在庭前会议上和之后都没有向控方进行开示。这对之后的庭审造成了不良的影响，辩护人在庭审中仍然反复提出非法证据和管辖权问题，并提供新的证据，导致本案两次延期审理，经历四次开庭。

第二节　我国刑事诉讼庭前会议的经验认识

正如霍姆斯所言："法律的生命不在于逻辑，而在于经验。"①分析司法实务部门对庭前会议的评价有利于更加全面和深刻地理解庭前会议的实践现状，进而发现影响庭前会议制度适用率的主要原因。下文将主要从两个维度考察司法实务部门对庭前会议的经验认识：一是庭前会议制度的存在价值，二是庭前会议制度的适用效果。

一、庭前会议制度的程序价值

笔者通过调研数据发现，多数受访者对庭前会议制度持肯定的态度，选择了"很有必要"这一选项，肯定了《刑事诉讼法》设置该制度的必要性，而选择"没有必要"选项的仅是极少数。不容忽视的是，还有近45%的受访者认为庭前会议存在的必要性为"一般"（见图2）。笔者在座谈中发现，有些法官和检察官对于庭前会议制度本身的现实意义存在质疑。例如，有的法官提出在庭前

① *See* Oliver Wendell Holmes, Jr., *The Common Law*, Dover Publications, 1991, p. 1.

会议制度缺位和效力不明的情况下，庭前会议召开与否区别不大，作用不明显；在办案压力的影响下，很多法官适用庭前会议来解决相关问题的积极性受到了影响。这种对庭前会议制度否定或“一般”性的评价从一个侧面反映出庭前会议制度存在的诸多问题对司法实务部门造成的影响。而法官和检察官对庭前会议必要性的漠视态度，正是庭前会议制度目前在司法实践中难以广泛认同的原因之一。

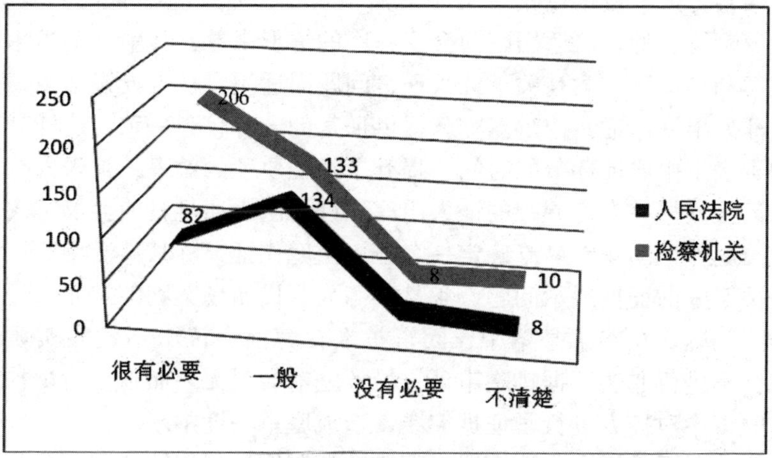

图 2　对庭前会议制度必要性的认识

此外，图 2 中受访法官和检察官在“很有必要”“一般”两者间选择情况的反差（受访检察官中选择“很有必要”选项的人数大于选择“一般”选项的人数，而受访法官选择“一般”选项的人数大于选择“很有必要”选项的人数）表明，受访检察官较于法官而言更能认同庭前会议的制度作用，希望在庭前会议中更多地了解被告人及其辩护人对非法证据排除、回避、出庭证人名单等问题的意见，为庭审做更充分的准备。①

笔者在江苏省东台市人民法院调研的情况颇能够反映出庭前会议在实践中的制度价值。2012年至2014年年底，东台市人民法院共有四个案件适用庭前会议，分别为陈某某滥用职权案、杨某盗窃案、崔某滥用职权案、谷某某等人开设赌场案。其中2012年、2013年各有一件适用庭前会议，分别为陈某某滥用职权案、崔某滥用职权案；2014年有两件适用庭前会议，分别为杨某盗窃案、谷某某等人开设赌场案。从涉案类型来看，涉及滥用职权、盗窃、开设赌场三种。从适用庭前会议程序的情形来看，其中崔某滥用职权案和杨某盗窃案是关于证人证言问题而适用，被告人崔某申请多名证人出庭作证，控辩双方就提供证言的内容较为一致，这样就节约了庭审中质证环节的时间，提升了举证质证的效率；被告人杨某申请公安机关未曾调查的证人出庭作证，法庭通过庭前会议解决证人出庭作证问题，最终确定一名证人出庭作证。陈某某滥用职权案是关于庭前证据展示问题，谷某某等人开设赌场案则涉及非法证据排除问题。在谷某某案中，因辩护人在庭前会议中不发表实质意见，不进行非法证据排除申请，导致庭前会议无果而终。后辩护人在庭审中对控方进行了证据突袭，造成庭审一度中断。

由此可见，在司法实践中庭前会议制度如果能够得到充分的运用基本可以实现该制度整理案件争议点和提高诉讼效率的初衷，反之则较难实现审判集中的司法运行状态。但是在目前立法框架下，庭前会议程序价值的发挥严重依赖于个案中控辩审三方对庭前会议的态度，只要一方存在抵制或者不配合的情形，庭前会议制度的立

---

① 陈光中教授实证调研的数据结果在一定程度上也能够佐证笔者的这一观点。“笔者在调查中发现，检察院更倾向于在庭前会议中解决非法证据的排除问题。课题组对两个省的检察系统所做的问卷调查结果显示，对于非法证据排除模式的倾向性调查中，分别有57.4%和51%的检察官选择‘同意增加庭前排除模式并倾向于非法证据的排除尽可能在庭前完成’。”参见陈光中、郭志媛：《非法证据排除规则实施若干问题研究——以实证调查为视角》，载《法学杂志》2014年第9期。

法初衷就很难达成。

二、庭前会议制度的适用效果

在对本单位庭前会议开展效果的评价上，认为本单位庭前会议开展效果为“不好”的仅占受访者总数的3%。多数受访者选择的是“一般”选项，占总数的56%，还有41%的受访法官和检察官认为本单位当前庭前会议开展效果“好”（见图3）。这表明受访者倾向于对当前庭前会议制度适用总体情况给予积极的评价，认同该制度在一定程度上发挥了明确案件争点，提高庭审效率的作用。作者在与检察官和法官的座谈中了解到，针对重大复杂、证据较多等的案件，为明确控辩争议焦点、提高庭审效率，检察机关主动申请召开庭前会议，取得了较好的效果，盐城市2014年以来，共对9件案件主动申请召开庭前会议。例如，张某某等4人非法经营农产品期货案，该案涉案金额达千亿元，其中一名被告人的辩护人申请非法证据排除，要求讯问该被告人的全部侦查人员出庭。后公诉人主动申请法院召开庭前会议，通过充分沟通，最终决定由负责全

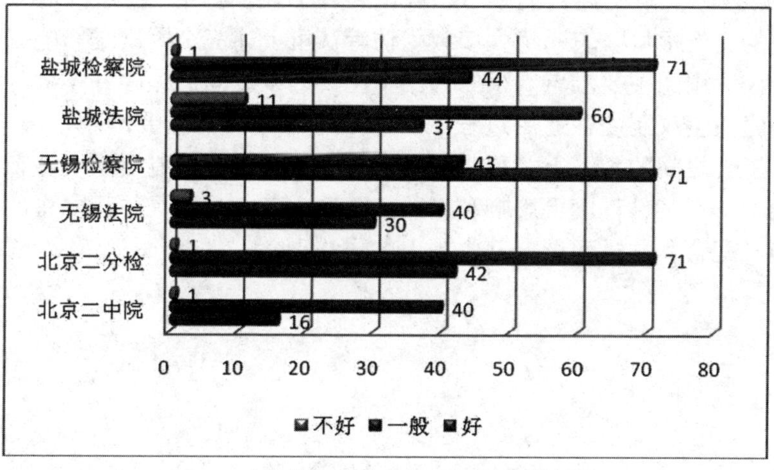

图3　对本单位庭前会议开展效果的评价

案侦查的侦查机关负责人和主审该被告人的侦查人员出庭，同时公诉人在庭前会议上进行了证据开示，会议最终明确庭审时公诉人只对有异议的证据详细出示，对无争议的证据简化举证，上述决议书记员记录在案。庭审时，控辩双方遵照执行，有效地提高了庭审效率。

从以上数据和评价中可以看出，受访者对目前庭前会议实施情况的总体评价仍倾向于正面，但不可否认的是，还存在影响司法实务部门对庭前会议运行效果评价的负面因素，导致两组数据中的中间评价，即选择“一般”选项的受访者比例较大。而这些庭前会议立法中存在的漏洞或者在司法实践中存在的负面因素正是我们在完善庭前会议制度时必须面对和解决的问题。

对于这些影响因素具体内容的考察，笔者试图从庭前会议程序本身、司法实务部门关系和办案人员主观态度三个方面加以描述。从受访者选择的情况来看，“庭前会议具体程序的制定”排在第一位，“公检法三机关的配合”和“办案人员执法理念的更新”分列第二和第三。仅有占总数4%的受访者选择了“其他”这一选项(见图4)。从上述数据中可以认识到以下几点：第一，“其他”选项的比例很低，表明绝大多数受访者认可上述三个因素是影响庭前会议适用的主要难点。第二，三个主要因素之间的差距并不大，都是庭前会议制度在适用过程中必须改进和完善的重要问题。第三，在三者之间的关系上，程序规则的缺失是庭前会议制度客观存在的问题，在某种程度上影响和制约着司法实务人员在具体程序中的实施与配合，并进而影响其主观上的司法理念。

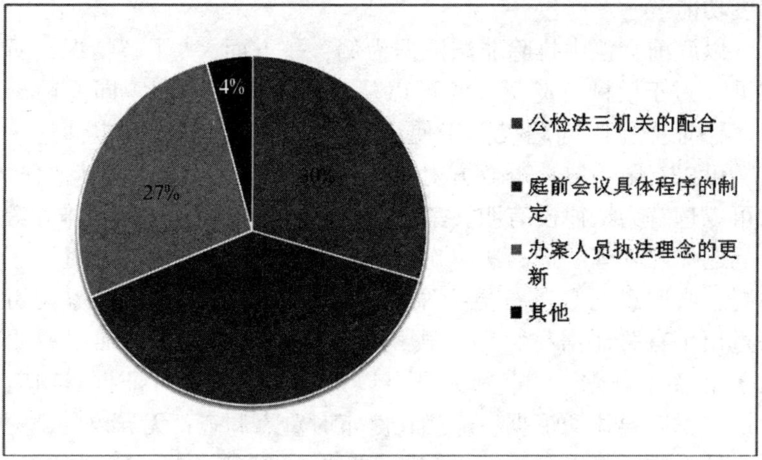

图4　庭前会议适用的难点

第三节　我国刑事诉讼庭前会议制度现状的评析

囿于概括的法律和司法解释，新法中增加的庭前会议制度在理论上面临争议较多，实务中推行阻力较大，影响了该制度的主观认同度。进而，在实践中体现为庭前会议适用比率偏低的现实状况。有必要在理论与实践相结合的基础之上，详加分析制度缺陷和问题，为更有针对性地提出改进措施夯实基础。

一、功能定位不明确

从上文中对相关法律法规的总结中可知，根据《刑事诉讼法》第182条和最高法《解释》第184条的规定，目前在庭前会议中，审判人员向控辩双方“了解情况，听取意见”的内容具体包括管辖权异议、申请回避、出庭证人名单、调取和提供新证据、申请排除非法证据、申请不公开审理七种。但是，法律法规的模糊性使得司法实务部门只能根据自身的认知和解读来限缩或扩大庭前会议的制度功能。

以庭前会议中排除非法证据为例，一方面，“了解情况，听取意见”过于模糊与宽泛，既可以从狭义的角度理解，即庭前会议对非法证据排除问题仅限于使法庭了解存在证据排除申请这一情况，可以有限听取控辩双方对该问题的意见，不能再有其他作为，又可以理解为法律没有明文禁止在庭前会议中就非法证据排除等相关问题作出处理。最高法《解释》第99条的规定倾向于对“了解情况，听取意见”进行更为宽泛的理解，规定“人民检察院可以通过出示有关证据材料等方式，对证据收集的合法性加以说明”，又于第184条规定“审判人员可以询问控辩双方对证据材料有无异议，对有异议的证据，应当在庭审时重点调查；无异议的，庭审时举证、质证可以简化。”虽然最高法《解释》细化了人民法院可以对庭前会议中证据材料的异议作出两种处理，却没有对“无异议”的情况下是直接予以排除抑或是还须留待后续庭审中处理，以及处理结果的程序效力作出明确地界定。直到《关于依法切实保障律师诉讼权利的规定》中才规定“经审查确认存在法律规定的以非法方法收集证据情形的，对有关证据应当予以排除”。但该规定的法律位阶较低，在实践中的执行存在一定的阻力，笔者在调研中没有听到司法实务人员谈及该条款。另一方面，《刑事诉讼法》第56条中规定在·“法庭审理过程中”“对证据收集合法性进行法庭调查”。第57条还规定了人民检察院的证明责任，第58条规定“经过法庭审理”“对有关证据应当予以排除”。这一系列的明文规定又似乎意图将非法证据排除程序限定在庭审程序之中。特别是最高法《解释》第100条第1款[①]之规定明确了庭审中法庭对于非法证据排除申请“应当”进行审查的法定职责。这种审查

---

① 最高法《解释》第100条第1款规定：“法庭审理过程中，当事人及其辩护人、诉讼代理人申请排除非法证据的，法庭应当进行审查。经审查，对证据收集的合法性有疑问的，应当进行调查；没有疑问的，应当当庭说明情况和理由，继续法庭审理。当事人及其辩护人、诉讼代理人以相同理由再次申请排除非法证据的，法庭不再进行审查。”

针对的是辩护方提出的非法取证的线索和证据材料。经法庭审查之后，若仍对证据收集的方式和手段的合法性存在疑问，就应当针对非法证据排除申请开展相关的法庭“调查”活动。其后出台的《关于依法保障律师执业权利的规定》和《关于依法切实保障律师诉讼权利的规定》两份文件对法院是否必须在庭前会议中主持控辩双方沟通非法证据排除问题之规定又存在矛盾，给司法实务中庭前会议制度的操作增加了新的困难。

法律条文之间的不协调，在司法实践中的表现形式就是庭前会议适用率较低。例如，2014 年以来，盐城市仅有 0.62%的案件召开了庭前会议，适用率相对较低。究其原因，主要是当前基层办案部门案多人少矛盾突出，部分办案人员认为庭前会议增加了工作量，因而积极性不高。此外，由于目前庭前会议基本不公开进行，部分辩护人认为在庭前会议上的辩护活动无法向被告人家属充分展现，会弱化庭审辩护的感官效果，因此积极性也不高，有的持消极应付心理。例如，李某某销售假药案，辩护人在庭前会议时未提出非法证据问题，在庭审时突然指出该案存在非法证据，认为讯问笔录存在强迫被告人签字的情形，导致法院庭审时就是否存在非法证据进行调查。但在庭审现场播放讯问录像，法庭发现并不存在此问题。

从调研中受访者反馈的情况来看，总体上司法实践中庭前会议解决的首要问题是非法证据排除（频数达到 544），其后依次是出庭证人名单、回避、管辖权争议和证据开示，四者频数较为相近分别为 387、378、326 及 298，选择“其他”选项的较少，仅有 55 人（见图 6）。这种选项分布的趋势在不同地区间也表现得较为明显。例如，非法证据排除在各受访地区的司法实务部门庭前会议的实践中都占据绝对重要的位置，但是由于北京、江苏盐城和无锡等地案件客观情况和不同部门受访者主观认识的差别，回避、出庭证人名单、管辖权争议、证据开示四个选项的频数呈现较为明显的地区差别，但总体频数相近似（见图 5）。

此外，选择“其他”一项的受访者还提出可以将申请变更强制措施、确认自首、立功情形、了解辩护意见、附带民事诉讼中当事人达成和解协议、申请人民法院审查双方当事人达成的和解协议书或主持双方当事人协商以达成和解等情况也纳入庭前会议讨论的事项范围，听取控辩双方的意见。例如，笔者在无锡市了解到，该市法院审理的蒋某某、武某某侵犯商业秘密案中，辩护人在审前提出鉴定结论有误，相关技术不构成商业秘密。法院在会议室中召开了庭前会议，合议庭人员、公诉人、辩护人鉴定人、被告人均参加。在法官的主持下，分别询问鉴定人出具鉴定意见的依据、鉴定方法等。辩护人提出该商业秘密在其他文献上已经公开，鉴定人认为文献上公开的内容与商业秘密的内容不同，并进行了说明。最后法院采纳了该鉴定意见，认定涉案技术构成商业秘密。

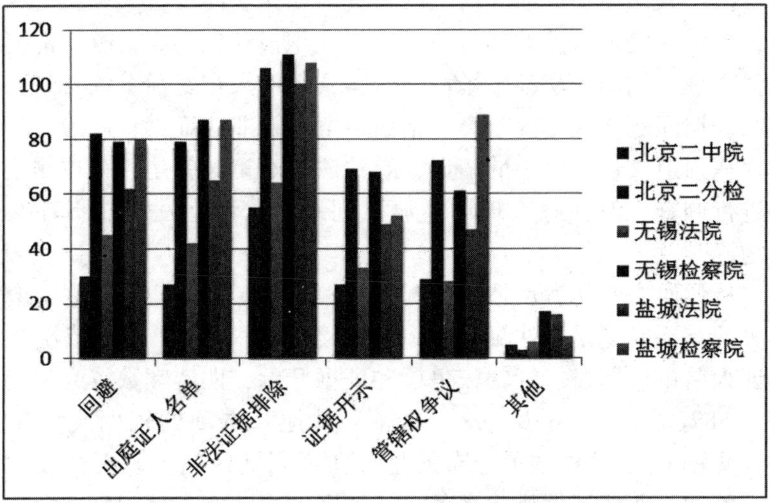

图 5　庭前会议内容在不同地区间的差别

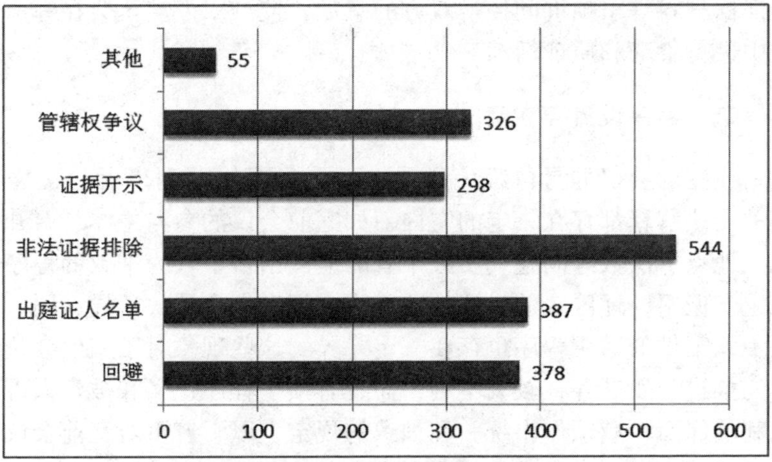

图 6　庭前会议解决的主要问题

由此可见，由于个体对法条的理解能力和认识程序存在差异，导致司法实践中庭前会议在各地的适用情况存在较大区别。这主要体现在庭前会议的事项范围和功能限度两个方面。

第一，在功能限度方面，庭前会议的制度定位是在保障庭审质量的前提下，能够有效地提高审判效率。庭前会议在程序问题和实体问题处理上的功能定位与限度是协调庭前会议与法庭审判关系，实现以审判为中心的诉讼制度的基础。但是《刑事诉讼法》中“了解情况，听取意见”的规定太过模糊与宽泛，正如上文所分析的，既可以狭义地理解为不能再有其他作为，又可以理解为法律没有明文禁止在庭前会议中就相关问题作出有效力的处理。

第二，在事项范围上，《刑事诉讼法》和司法解释虽然列举了庭前会议所涉事项，并以“与审判相关的问题”为限，但实践中要求司法机关对这一范围进行充分的理解和运用在客观上难度较大。例如，在该题的调研中，很多地区庭前会议的内容除法定的程序性事项外，往往还涉及附带民事诉讼的调解和法律没有规定的证据开示等内容。如上述例子中所展示的，有的地区还会就案件事实和证据材料等事项询问控辩双方的意见，控辩双方甚至会在庭前会议中进行举证和质证活动。

二、程序设置存在空白

在庭前会议的具体程序设置方面，我国的《刑事诉讼法》和相关司法解释都存在一定的空白，如庭前会议的参与主体、召开方式、地点、次数等问题。实践中有的地区出台了较为细致的程序性规定，但不同地区庭前会议的适用程序规定存在较大差异，同一地区不同案件的适用程序也存在一定差异。这些现象对于庭前会议制度的推进与发展存在较大不利，而且有损于程序正义和被告人诉讼权利的保障，亟须作出统一和细致的规定。以下着重对庭前会议程序设置的多方面内容进行简要的实践考察。

第一，关于庭前会议的启动权与主导权。《刑事诉讼法》和两高的司法解释都规定审判人员根据案件的实际需要可以召开庭前会议，之后相关规范性文件也对该问题作出了进一步的阐释，明确无论是合议庭还是独任庭，都由案件承办法官或其指导下的法官助理来主持庭前会议活动。但据笔者在调研中了解到，司法实践中往往是由案件的承办法官担任会议的主持者一角，还没有发现法官助理主持庭前会议的案例。在有些案情重大复杂的个案中，甚至合议庭成员都会出席庭前会议。这就引出两方面的问题，一是庭前会议的启动权完全在审判机关，控辩双方是否有权申请召开庭前会议和申请如未被采纳是否存在相应的救济措施；二是同一个法官庭前既决定程序性问题又参与后续案件实体性问题的裁判，对被告人程序权利和实体权利保障不利。

第二，庭前会议是否应当公开进行是司法实践中遇到的又一争议较大的问题。庭前会议是否公开往往涉及司法程序的权威性和被告人的权利保障，在多次调研中笔者发现，各地对于庭前会议的公开性问题并没有形成统一的认识和做法，有的案件也因庭前会议不公开的做法引发了较多的质疑。例如，“在原铁道部部长刘志军案中，法院根据规定召集了有公诉人、刘志军及其辩护人参加的庭前会议，对是否申请回避等与审判相关的问题了解情况、听取意见。但由于控辩双方在不公开的庭前会议中对本案相关证据进行了核实，使得正式庭审只有三个半小时，引发了舆论对于庭审走过场的质疑。”① 问卷调查的结果也表明，超过半数的受访者选择了“视情况而定”选项，而选择“不公开”“公开”选项的分别仅为30%和17%。从图7中也能够看出，受访司法实务部门均更倾向于根据案件的实际情况确定是否对庭前会议进行公开，仅有无锡市检察机关的受访者中赞成不公开的稍占多数。因此，相关司法解释需要对庭前会议通常情况下是否需要公开，在哪些情况下应当公开，在哪些情况下可以不公开等问题作出明确的界定。

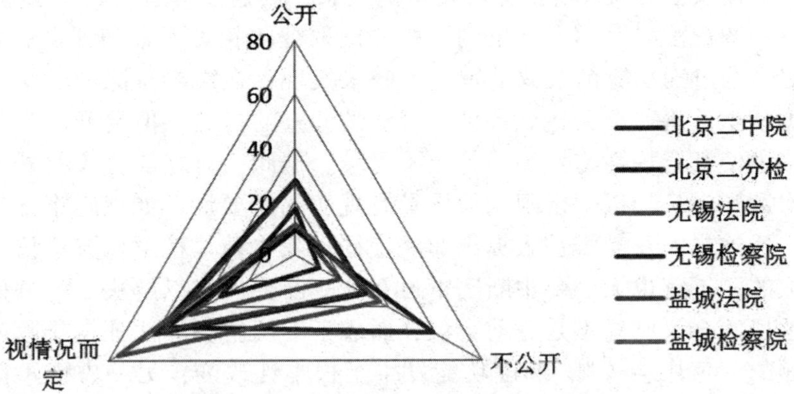

图7　庭前会议的公开

第二，庭前会议的次数限度包括两个方面的问题，一是控辩双方向人民法院申请召开庭前会议的次数限制，二是庭前会议召开的次数限制。目前，实践中各地的具体运作方式还没有具体法律法规

① 参见正义网：《刘志军案开审，检察机关指控其受贿滥用职权》，载 http：//news. jcrb. com/jxsw/201306/t20130610_ 1132900. html，2015年10月9日访问。

和司法解释予以支撑。针对是否应对控辩双方提出召开申请的次数加以明确限制，约有77%的受访者持赞同观点（见图8）。同时，很多受访者提出对庭前会议召开的次数与持续的时间也应当有一定的限制。庭前会议是开庭前的准备程序，目的是在保证公正的前提之下尽量提高诉讼效率，避免诉讼延迟。但是有的实证案例中会出现庭前会议召开次数过多，时间过长的情况。例如，笔者在对试点检察机关的调研中了解到，一个二审开庭审理的案件中，上诉人在庭审中当庭提出排除在侦查机关所作有罪供述的申请，认为侦查机关在讯问时连续四天不安排睡觉时间并存在威胁、引诱等非法取证行为，并要求公诉机关播放侦查阶段的讯问录音录像资料。为此，法院专门召集庭前会议解决非法证据排除问题。在庭前会议中，审判员按照上诉人及辩护律师提供的线索，接连三天播放讯问录像，逐一调查核实上诉人提出的涉嫌非法取证的相关线索和证据。最终，经过四次庭前会议的审查，并未发现存在需要排除的非法证据。虽然庭前会议达到了证据合法性调查的目的，但召开次数过多也使其合理性与正当性打上了问号。据此，对庭前会议召开的次数与时长加以一定限制似乎具有现实的必要性，如在庭审开始之后被告人及其辩护人提出非法证据排除申请，控辩双方争议较大的，不宜也无必要中断庭审再召开庭前会议加以解决。一方面这里的会议已经不是庭前会议，而成了专门解决非法证据排除问题的“庭中会议”，制度功能发生了根本性改变；另一方面不能使该准备程序反而超过正式庭审的时间，甚至成为变相的庭审抑或庭审的包袱。

图 8　庭前会议申请是否应限制次数

第四，对于被告人参加庭前会议的问题，最高法《解释》第 183 条第 2 款①规定，是否通知被告人参加，赋予法官自由裁量权。我国司法实践中被告人审前羁押的比例非常高，这就给庭前会议中被告人的出席增加了困难。司法实践中不少情况下庭前会议的参与方只有公诉机关与辩护人，没有被告人的参与。就办案人员而言，庭前会议是否应当有被告人参加，认识也不尽一致。根据实证调查，超过半数（占总数的 52%）的受访者认为被告人是否出席庭前会议应当“视情况而定”，认为庭前会议“需要”被告人出庭的为 239 位（占总数的 39%），而认为被告人不需要参加庭前会议的仅占受访者总数的 9%（见图 9）。这些数据说明司法人员对于被告人参加庭前会议的作用具有较为统一的认识，并且认同当前在被告人参与问题上法官裁量权的合理性。但不可忽视的是，这种“视情况而定”的裁量主要以被告人对庭前会议中相关问题讨论的积极作用和被告人参加庭前会议的方便程度为衡量标准，很少将被告人的诉讼权利保障作为决定的重要因素。实证调查也反映出，由于被告

① 最高法《解释》第 183 条第 2 款规定：“召开庭前会议，根据案件情况，可以通知被告人参加。”

人未出席庭前会议而出现的一些问题。例如，笔者在针对江苏省泰州市非法证据排除问题的调研中了解到，在被告人没有参加的情况下，检察机关要求辩护人在参加庭前会议前要征求被告人的意见，并及时将庭前会议情况告知被告人。但由于上述要求不具备强制力，庭前会议的情况被告人在开庭审理前可能一无所知，即使通过一定的方式告知被告人的相关情况，其也有可能当庭否认或拒绝庭前会议的结果及其效力，使庭前会议流于形式。

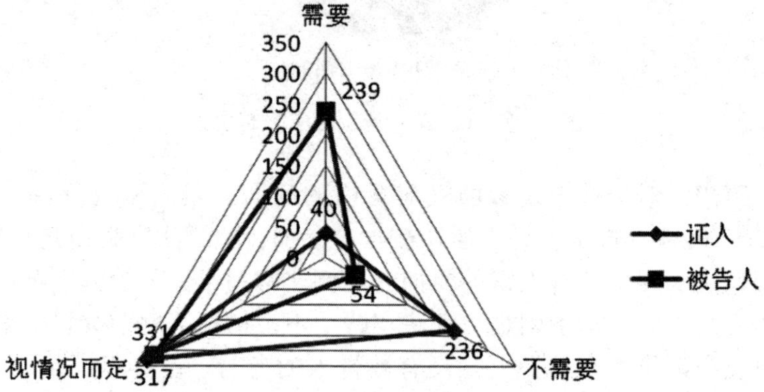

图 9　被告人、证人是否需要出席庭前会议

第五，对于证人、鉴定人等出席庭前会议的问题，54%的受访者认为应“视情况而定”，认为证人需要参加庭前会议的仅有 40 位，占总数的 7%；有 236 位受访者不认为需要将证人纳入庭前会议参与者的范围中（见图 9），与对待被告人出席庭前会议的态度不同，绝大多数受访者认为在一般情况下不需要案件证人参加庭前会议，但是也不排除在必要的情况下通知证人参与庭前会议。正如前文中崔某一案中所展示的，由于被告人提出侦查阶段受到刑讯逼供，损失认定的证据不充分。为此，法院召开庭前会议并通知 23 名证人到庭对相关证据问题加以调查核实。因此，目前司法实践中已经出现了少量证人参与庭前会议的具体案例。但是通过相关的座谈和访问，笔者认为这种现象在实践中毕竟属于少数，大部分的受访法官和检察官还是认为庭前会议主要解决的是谁出庭的和证明什么事的问题，至于证人的证言是否属实，法庭是否予以采纳都是要等到庭审中经过举证质证环节才能够作出决定，庭前会议中不宜过多对证人证言的真实性加以核实。

三、辩护权保障不到位

在现代的刑事诉讼程序中，辩护律师的作用不可缺少。但是笔者在调研中发现，还存在被告人在未获得辩护律师帮助的情况下参加庭前会议的案例。在法治较为发达的西方国家，无论是采当事人主义抑或职权主义刑事诉讼制度，有效的辩护均需要以法律专门知识、法庭诉讼经验和娴熟的技巧为基础，辩护工作是案件被告人或其他非专业人士所难以承担的。因此，西方国家的刑事被告人或犯罪嫌疑人都会要求获得律师帮助的权利，甚至出现没有律师诉讼活动就难以继续的程度。例如，在美国社会，职业律师对于刑事审判的重要性很少存在质疑，用美国联邦最高法院的话来说，辩护律师“是必需品，而非奢侈品”①。此外，联合国 1990 年制定的《关于律师作用的基本原则》（Basic Principles on the Role of Lawyers）②在序言中指出：“鉴于充分保护人人都有享有人权和基本自由，无论是经济、社会和文化权利或是公民权利和政治权利，要求所有人都能有效地得到独立的法律专业人员所提供的法律服务。”③ 该原则还就律师辩护作了最低限度的规定，其中第 1 条规定：“所有的

① *Gideon v. Wainwright*, 372 *U. S.* 335, 344 (1963).

② Adopted by the Eighth United Nations Congress on the Prevention of Crime and the Treatment of Offenders, Havana, Cuba, at 27 August to 7 September 1990.

③ “Whereas adequate protection of the human rights and fundamental freedoms to which all persons are entitled, be they economic, social and cultural, or civil and political, requires that all persons have effective access to legal services provided by an independent legal profession.” *See Basic Principles on the Role of Lawyers.*

人都有权请求由其选择的一名律师协助保护和确立其权利并在刑事诉讼的各个阶段为其辩护。”①

上述观点也得到多数受访法官和检察官的认可。在庭前会议中被告人获得辩护律师帮助的问题上，认为“需要”和“视情况而定”的受访者人数大致相当，分别为296人和282人；而认为被告人“不需要”辩护律师帮助的非常少，仅为4%。由此可以看出，绝大多数受访者均倾向于认同庭前会议中为被告人提供律师帮助的必要性（见图10）。

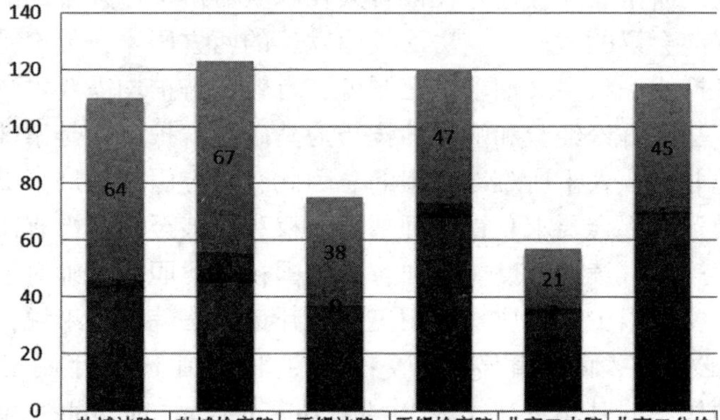

	盐城法院	盐城检察院	无锡法院	无锡检察院	北京二中院	北京二分检
■视情况而定	64	67	38	47	21	45
■不需要	3	11	0	5	2	1
■需要	43	45	37	68	34	69

图10　庭前会议中是否需要辩护律师为被告人提供帮助

那么，目前影响辩护律师参与庭前会议的因素是什么？笔者认为，影响律师参与庭前会议的因素可以归纳为辩护律师主观能动性和诉讼制度的客观制约两个方面。在调研中，笔者从律师辩护比

① “1. All persons are entitled to call upon the assistance of a lawyer of their choice to protect and establish their rights and to defend them in all stages of criminal proceedings.” *See Basic Principles on the Role of Lawyers.*

例、律师辩护权保障等刑事诉讼宏观情况、庭前会议程序和效力等具体制度因素，以及辩护律师业务水平和参与意愿三个维度入手，考察受访法官和检察官对影响因素的认识。从问卷调查的结果来看，庭前会议效力不明确和程序不规范是对律师参与庭前会议影响最大的两个因素，共占总频数的53%，其次分别是律师缺乏参与意愿（频数为249）、律师辩护比例较低（频数为195），以及律师业务水平不足和律师辩护权乏力（见图11）。由该组数据可见，受访者认为当前影响辩护律师参与庭前会议的主要因素还是在于庭前会议制度本身存在的缺陷，而刑事案件律师辩护率和律师主观的因素均处于次要的地位（两者分别约占总频数的21%和26%）。同时，在律师的主观因素中，缺乏参与意愿一项与业务水平不足频数差距较大，而律师参与意愿的缺乏很大程度上又受到庭前会议制度不完善的制约和影响。因此，从本题六个选项的关系来看，庭前会议制度本身存在的问题是影响辩护律师参与庭前会议的首要因素。

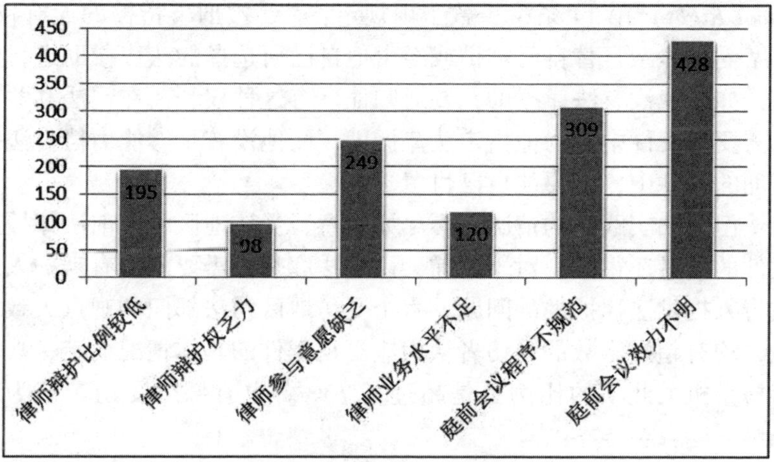

图11　影响律师庭前会议参与度的因素

最后，由于庭前会议所涉及的非法证据排除、回避、证据开示等内容需要专业的法律知识与技能，很多被告人仅凭借自身能力难以胜任举证与质证的诉讼行为。因此，理论上存在为被告人提供法律援助的必要性。

根据1996年《刑事诉讼法》的有关规定，被告人只有等到审判阶段才能有机会获得律师提供的法律援助服务。2012年修改的《刑事诉讼法》第33条和第34条等有关规定将这一期限提前至侦查阶段，规定“犯罪嫌疑人、被告人因经济困难或者其他原因没有委托辩护人的，本人及其近亲属可以向法律援助机构提出申请”。这项修改是我国刑事诉讼制度在刑事被追诉者辩护权保障方面的重大进步。有的学者就指出“案情越重，辩护律师介入的必要性就越大。因此只要是死刑案件，从侦查阶段一直到死刑复核阶段都应当有律师参与，而且要有好的律师。”[①] 法律援助制度从产生的那一刻起就与刑事被告人基本诉讼权利的保障不可分开，这种权利的保障甚至已经上升到了基本人权的高度。联合国《公民权利和政治权利国际公约》（*the International Covenant on Civil and Political Right*）第14条第3款丁项规定：“［被刑事指控的人有权］出席受审并亲自替自己辩护或经由他自己所选择的法律援助进行辩护；如果他没有法律援助，要通知他享有这种权利；在司法利益有此需要的案件中，为他指定法律援助，而他没有足够能力偿付法律援助的案件中，不要他自己付费。”[②]

但司法实践中的情况还不尽如人意，受访地区庭审前法律援助案件的数量还很少。对于庭前会议中法庭是否需要向没有辩护人的被告人提供法律援助的问题，六个受访地区司法部门的观点大致相似，均有超过半数的受访者认为应当视案件的具体情况而定，盐城市检察机关此项的比例更是超过了70%。也有部分受访者认为应

① 陈光中、于增尊：《严防冤案若干问题思考》，载《法学家》2014年第1期。

② Entered into force on 23 March 1976; see General Assembly resolution 2200 A (XXI), of 16 December 1966, annex, art. 7; Official Records of the General Assembly, Twenty-first Session, Supplement No. 16 (A/6316), p. 52, and United Nations, Treaty Series, Vol. 999, p. 171.

当为没有辩护律师的被告人提供法律援助，约占各地受访者的20%至40%；一概否定提供法律援助的受访者较少（见图12）。由此可见，很多司法人员对庭前会议中为被告人提供法律援助必要性的认识还不够，从程序正义和被告人权利保障角度出发思考问题的意识有待加强。此外，相关法律和司法解释在这方面的规定还存在一定空白。

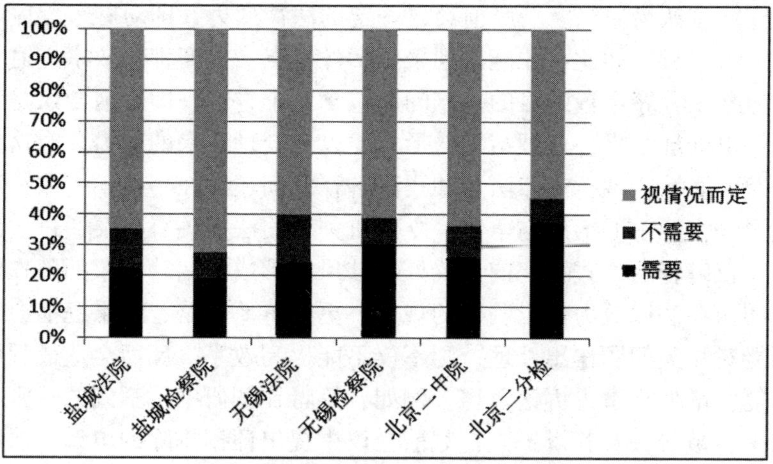

图12　庭前会议中是否需要提供法律援助

四、法律效力存在争议

庭前会议的处理结果是否对控辩双方在庭审中的诉讼活动具有法律约束力是目前司法实践中争议的焦点问题，也是影响审判人员和控辩双方在司法实践中适用庭前会议积极性的核心问题之一。笔者在与江苏省多地的检察机关座谈中了解到，很多检察官认为，从相关的法律规定来看，在目前的庭前会议中，参与各方仅仅是对回避、出庭证人名单、非法证据排除等与审判相关的问题发表意见，以便各方了解情况。虽然要求“上述活动情形应当写入笔录，由审判人员和书记员签名”，但其只是参与各方共同协商所产生的结论，并没有要求作出裁断性的结论，辩护律师经常在法庭中重复在庭前会议中已经提出并得到解决的问题，主要原因在于现行庭前会议并不能够作出具有法律效力的裁定或者决定。

就笔者所见，当前基层检察院的检察官们提及最多的问题就是非法证据在庭前会议中处理的效力问题。例如，在北京市密云县召开的《刑事案件庭前会议相关问题研究》研讨会中，绝大部分与会检察官认为应当赋予庭前会议一定的法律效力，即对庭审程序的约束力。只有如此，才能达到聚焦案件争点，提高程序效率，避免庭前会议程序虚置的目的。该问题包含三个方面，即庭前会议是否要作出处理结果、处理结果的形式，以及处理结果的效力。对这些问题的回答，现行法律法规和司法解释之间还存在一些不一致，造成司法实践中的困惑与争论，立法机关和司法机关有必要通过立法或有权解释的方式对庭前会议处理结果的形成机制，结果的外在形式和内在法律效力作出明确的规定。更为重要的是，如果庭前会议不能对相关问题作出处理，则不仅不能提高效率，反而会造成程序繁复，增加当事人诉讼负担。例如，笔者在调研中了解到的一则案例中，被告人及其辩护人在庭前会议中提出证据排除的申请，法院作出了不予支持的决定。但是在正式庭审时其又反复提出相同的主张，由于没有相关的具体措施予以禁止且法庭公开审理此案，法庭只能对非法证据排除问题展开调查，影响庭审效果。这也是实践中多数法官不愿意采用庭前会议制度的主要原因之一。

以庭前会议中非法证据排除的情况为例，在庭前会议有利于审判人员在开庭审理前更好地了解控辩双方在非法证据排除问题上的意见，尽可能在正式庭审开始之前处理好可能导致庭审不畅的诸多程序性难题。立法和司法机关一方面认为“有必要充分利用庭前会议程序，尽量在庭前解决非法证据排除问题”①，另一方面又提

① 江必新主编：《最高人民法院关于适用〈中华人民共和国刑事诉讼法的解释〉理解与适用》，中国法制出版社 2013 年版，第 101 页。

出“不能因为当事人及其辩护人、诉讼代理人在开庭审理前未及时提出非法证据排除申请，就剥夺对其申请进行审查、继而启动证据合法性调查的程序性权利”①，寄希望于“在庭前会议中，控辩双方可以就申请排除的证据达成一致意见，控方不再作为起诉证据，或者辩方不再提出非法证据排除申请”②。此外，对于庭前会议所作出的裁决是否应当具有法律效力，现行的法律法规和司法解释之间还存在一定的矛盾。正如前文所述，最高法《解释》第184条没有对庭前会议的效力作出任何规定。很显然，依据最高法的理解“庭前会议只能了解情况和听取意见，法院不能在庭前会议中对非法证据排除等程序性事项作出裁定、决定。对于庭前会议达成的共识，也不具有法律效力。”③ 但是，与此相对的是最高检《规则》第431条第3款④赋予了庭前会议“解决有关程序问题”的功能，从检察工作的实际出发，认为赋予庭前排除非法证据的决定以法律效力具有现实的必要性和可行性。

这种制度设计的本意是好的，但是它忽视了实践中很多非法证据的排除直接关系到案件定罪量刑这一关键性问题，这就导致制度设置初始就过高地估计了控辩双方就非法证据排除达成庭前合意的可能性，也正是法律和司法解释在庭前会议对非法证据排除是否具有法律强制力问题上犹豫不决的态度，客观上使得庭前会议制度的发展遇到现实的瓶颈。如果想要释放庭前会议在非法证据排除问题上的制度活力，实现程序效率提高的初衷，就必须敢于直面和解决法律效力这一横亘在庭前会议程序与非法证据排除规则面前的最重

---

① 江必新主编：《最高人民法院关于适用〈中华人民共和国刑事诉讼法的解释〉理解与适用》，中国法制出版社2013年版，第101页。

② 张军、江必新主编：《新刑事诉讼法及司法解释适用解答》，人民法院出版社2013年版，第117页。

③ 江必新主编：《最高人民法院关于适用〈中华人民共和国刑事诉讼法的解释〉理解与适用》，中国法制出版社2013年版，第190页。

④ 最高检《规则》第431条第3款：“公诉人通过参加庭前会议，了解案件事实、证据和法律适用的争议和不同意见，解决有关程序问题，为参加法庭审理做好准备。”

要障碍。

在笔者的调查中，对庭前会议是否有必要对所涉及的事项作出处理结论的问题，有37%的受访者认为“庭前会议最后应当对有关事项作出处理结论”，认为“庭前会议最后不应当作出处理结论”的占22%，而选择“视情况而定”这一选项的最多，占总数的41%（见图13）。这种三个选项各占三分之一的情况在一定程度上真实反映了当前司法实务部门在该问题上的争论与迷茫。但从总体上看，认为在一定情况下审判人员可以作出处理结论处于大多数(约占78%)，而认为绝对不能作出结论的仅是少数。所以规定审判人员在庭前会议中作出一定处理结论是符合司法实务部门的主观期望的。

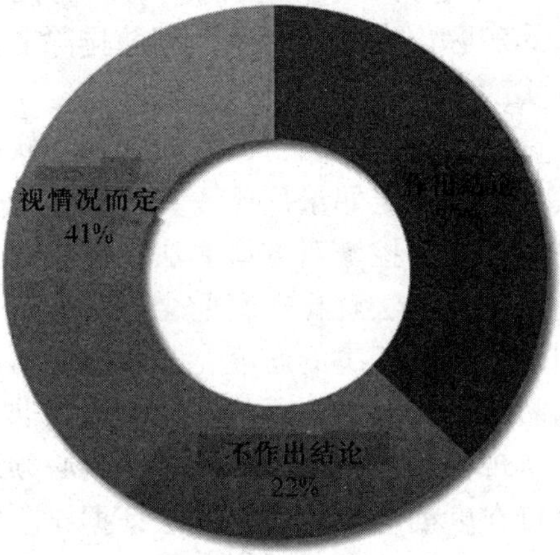

图13　庭前会议是否应当作出处理结论

如果庭前会议可以对相关问题作出处理结论，这种处理结论又应当采取何种形式？大部分受访者选择了“决定”和“会议纪要”，分别为209人和197人；而选择“裁定”的仅占总数的17%(见图14)。而且，63%的受访者认为庭前会议的处理结果应当对庭审各方都有约束力，只有17%的受访者认为控辩双方在庭审中仍可就相关事项提出申请（见图15）。与此形成鲜明对比的是，笔者在与法官的座谈中了解到，司法实践的经验表明庭前会议一般不会出现处理结果。大部分法官不认为自己有权或者不知道自己是否有权对相关问题作出处理。如果控辩双方在庭前会议中就某些问题达成一致意见的，多数情况下是通过会议纪要的方式加以体现的。但是这种会议纪要对于庭审不具有法律上的约束力，控辩双方对协议的遵守只能是出于自觉和自愿。如果一方在庭审中对相关问题提出异议，法庭还是需要重新启动调查程序。

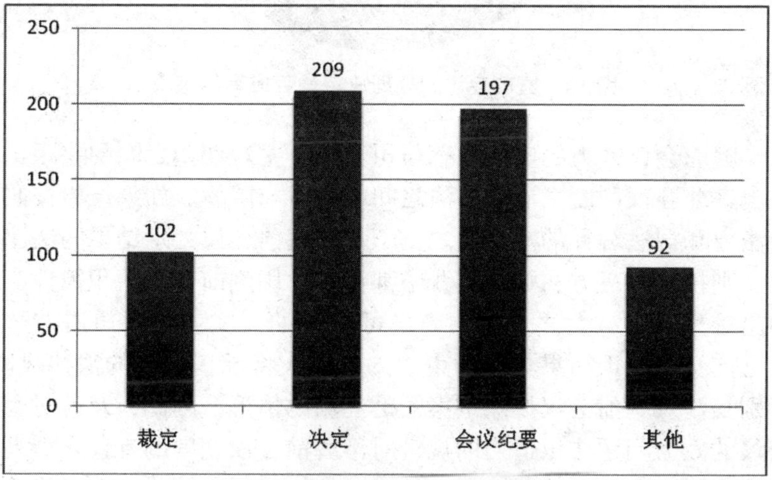

图14　庭前会议处理结果的形式

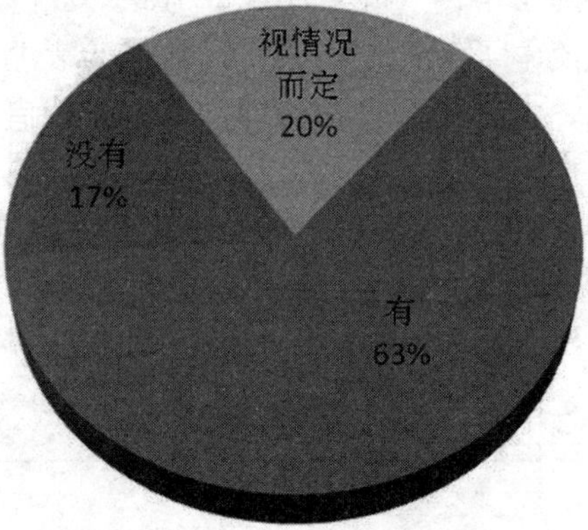

图 15　庭前会议的处理决定是否应有约束力

庭前会议效力的实然状态与司法人员主观期望之间的差距正反映出庭前会议制度立法和司法之间的矛盾与困境。如果严格按照现行法律和司法解释的规定为之，不承认庭前会议处理结果的法律效力，则控辩审三方在司法实践中都没有适用庭前会议的积极性，最终恐难免成为“食之无味，弃之可惜”的具文；如果司法人员坚持庭前会议处理结果具有约束力，则个人将承担较大的法律风险，特别是涉及庭前会议排除定案关键证据的情形。因此，及时对庭前会议的效力问题作出适当的规定对于庭前会议制度的良性发展具有十分重要的意义。

第四章　我国刑事诉讼庭前会议制度的实证试点

为了更加准确地理解庭前会议制度的立法本意，探索庭前会议在实践中的制度张力，挖掘该制度在程序分流等内容上的潜力，笔者在撰写论文的过程中参与制定了系统的庭前会议试行规则，并有机会在江苏省盐城市及其下辖东台市司法机关进行了实证试点活动，验证了相关理论的正确性和可行性，为能提出更加科学合理的对策建议提供了鲜活的样本和丰富的经验。

第一节　刑事诉讼庭前会议制度试点规则说明

在本书的写作过程中，笔者参与了中国政法大学庭前会议试点项目的有关活动，并草拟了庭前会议的试行规则。在此过程中，笔者将自己对于庭前会议制度的理解和设想转化为成型的条文规则，一方面总结了当前法律和司法解释对于庭前会议的诸多规定和先前问卷调查中反映出的实践问题与经验，另一方面也反映了笔者对于庭前会议功能扩展上的思考，希望通过实证活动检验相关理论的可行性与正确性。现就有关规则制定与实施的背景、规则的主要内容作一定的说明。

一、刑事诉讼庭前会议试点规则的背景与执行情况

在规则制定的过程中，笔者得到了项目组诸多专家学者的指导和师长的教导，在试点单位的协助之下相关试行规则得以顺利付诸试行，并取得了一定的实效。以下就试点规则制定的背景与相关执

行情况作简要的说明。

（一）庭前会议试点规则制定的背景

在项目前期筹备会、启动会、培训会中，项目组与各试点单位就《刑事诉讼法》实施以来，庭前会议召开情况、司法实践中积累的成功经验和存在的诸多问题进行了深入的探讨，并在此基础之上就本项目试点规则初步交换了意见。

结合庭前会议项目问卷调查中所反映的情况，项目组成员杨宇冠教授、陈子楠草拟了《庭前会议规则（试行）》（以下简称《试行规则》）的初稿文本，并经项目负责人卞建林教授修改和完善。2015年5月14日，中国政法大学诉讼法学研究在北京召开小型研讨会，对《试行规则》的初稿文本进行了讨论。卞建林教授、杨宇冠教授、栗峥教授等项目组专家学者对《试行规则》的初稿文本存在的问题，回答了项目组成员的诸多疑问。在此基础之上，卞建林教授总结了各位专家的意见，要求从系统上完善初稿文本，并明确了试行规则所应包含的内容，以及进一步修改的具体要求。会后，项目组成员对初稿文本再一次进行了深入修改，并最终完成了《试行规则》①。

按照项目的规划安排，本项目于2015年7月1日至12月31日在北京市第二中级人民法院、北京市人民检察院第二分院、北京市东城区人民法院、北京市东城区人民检察院、无锡市中级人民法院、无锡市人民检察院、无锡高新技术产业开发区人民法院、无锡市高新技术开发区人民检察院、盐城市中级人民法院、盐城市人民检察院、东台市人民法院、东台市人民检察院12个单位进行为期6个月的实证试点。项目组于2016年6月28日向各试点单位下发了《关于开展“庭前会议项目”试点工作的通知》（以下简称《通知》），希望各个试点单位根据自身实际，参照项目组制定的《试行规则》文本，发布本地区庭前会议制度实施细则。按照《通

① 详见本书附录二：《庭前会议规则（试行）》。

知》的要求，各试点单位需要在2016年1月31日前向项目组提交庭前会议试点工作总结报告。总结报告内容包括试点工作开展以来所采取的做法及成效、存在的问题、有推广价值的工作经验及相关数据等。项目组在试点期间对各个试点单位进行考察和访问，以了解试点活动的开展情况，指导庭前会议的相关司法实践活动。下文将以笔者实际参与的盐城地区庭前会议实证试点情况为例，对相关情况加以阐释和说明。

（二）庭前会议试点规则执行情况

在试点过程中，项目组多次访问试点地区法院和检察院，对试点活动的开展情况进行调研，了解试点单位在试点过程中遇到的各类问题。在访问过程中，项目组通过举办座谈会、查阅卷宗等形式，向试点单位介绍项目进展情况并收集有关庭前会议实施情况的数据、案例等资料，听取法官、检察官和律师的意见与建议，确保试点项目能够顺利和有效地开展。

1. 盐城司法机关庭前会议试点规则制定情况考察。2015年8月，项目组成员前往盐城及东台两地的试点法院、检察院了解庭前会议的实施情况。在本次调研中，项目组了解到盐城法院和检察院在项目组试点规则的基础之上，制定并签署了《盐城市中级人民法院、盐城市人民检察院关于印发〈庭前会议规则（试行）〉的通知》。在该文件中，盐城市中级人民法院和人民检察院要求规则从2015年7月1日起正式实施，全市人民检察院、人民法院要高度重视，做好组织工作，确保庭前会议制度真正发挥作用，确保试点工作切实推进并取得预期效果。该《通知》要求全市人民法院和人民检察院在案件符合适用条件的情况下，应适当增加庭前会议的适用，以便更好地发现问题、解决问题，为完善庭前会议制度积累有益经验。同时，按照每案一表的要求，填写庭前会议情况备案登记表，用于备案统计。该《通知》还规定市中院、市检察院将于2015年10月进行中期检查，2016年1月进行年底检查，届时要求形成总结报告，报告内容包括试点工作开展以来所采取的做法及成效、存在的问题、有推广价值的工作经验及相关数据等。此外，东台市人民法院和东台市人民检察院也发布了东法〔2015〕29号文件即《关于庭前会议制度的实施意见（试行）》，基本上吸纳了项目组提供的试行规则。盐城和东台两个庭前会议试行规则的颁布，标志着本次实证项目取得了阶段性的成果，为下一步庭前会议实证项目的开展打下了坚实基础。

2. 盐城地区庭前会议试行规则实施情况考察。项目组成员于2015年12月至1月前往盐城市及其下辖的亭湖区、大丰区、东台市、射阳县、建湖县、阜宁县、滨海县等地的试点单位，就7月《盐城市中级人民法院、盐城市人民检察院关于印发〈庭前会议规则（试行）〉的通知》下发后，庭前会议实证试点工作进行调研。在调研中，项目组成员通过与案件具体承办人员座谈的方式，分别与上述地区检察机关的办案人员进行了深入交流，收集庭前会议的具体案例，了解基层检察官对相关制度和规则的意见与建议。

3. 盐城市中级人民法院座谈会。2016年3月30日上午，项目组在江苏省盐城市中级人民法院会议室与盐城市中级人民法院、盐城市人民检察院、东台市人民检察院、东台市人民法院，以及当地江苏瑞信律师事务所、江苏法岭律师事务所等试点单位负责人和部门负责人就庭前会议项目的有关内容召开座谈会。会上项目组认真听取了盐城市中级人民法院等试点单位对项目总结报告撰写情况的介绍，并结合结项会议的有关议程对各试点单位应当侧重的内容提出了修改建议。项目组还与盐城中院负责结项会议接待的人员就会议筹备的细节问题进行了协商和沟通，实地查看了会议场地，明确了双方下一步工作的具体分工和联系人员。

二、庭前会议试点规则的内容分析

项目组制定的《试行规则》主要包括庭前会议的启动、庭前会议的程序，以及庭前会议的效力三个部分，共24条。主要内容如下：

（一）庭前会议的启动

庭前会议的启动是完善庭前会议制度首先需要解决的基本问题，具体包括适用情形、申请权与决定权、参与主体、会议地点、次数限制等多方面的内容。

1. 庭前会议召开的情形。法院决定召集庭前会议可能出于多种情形的考虑，《试行规则》对现行法律文本和司法实践中相关情形进行了归纳和总结，认为庭前会议召开的情形应当包括：（一）当事人及其辩护人、诉讼代理人申请排除非法证据的；（二）社会影响重大的；（三）证据材料较多的；（四）被告人人数众多的；（五）当事人及其辩护人、诉讼代理人申请证人、鉴定人出庭的；（六）被告人存在特殊情形可能妨碍庭审顺利进行的；（七）附带民事诉讼当事人众多的；（八）需要审查双方当事人达成的和解协议或申请人民法院主持刑事和解的；（九）需要召集庭前会议的其他情形。

2. 庭前会议的申请权与决定权。《试行规则》中规定在案件具有上述九种情形的情况下，审判人员享有召集庭前会议的决定权。同时，在符合上述庭前会议适用情形，但审判人员未决定召集庭前会议的情况下，《试行规则》规定公诉人、当事人及其辩护人、诉讼代理人可以要求召集庭前会议。这样就保障了控辩双方对于召开庭前会议的程序申请权，实现了程序启动主体的多元化。

3. 庭前会议的主体。庭前会议的主体可分为主持者和参与者两类。就庭前会议的主持者而言，《试行规则》中提出可以由案件主审法官或法官助理来担任。这里的主审法官可以是合议庭审判中的案件承办法官，也可以是独任审判中的承办法官。而增加法官助理这一主体既是出于司法实践中法官办案压力较大的现实考虑，也是结合两高相关文件精神和当前司法制度改革的理论探索。就庭前会议的参与者而言，《试行规则》中规定人民法院通知人民检察院派员参加庭前会议的，由出席法庭的公诉人参加，必要时配备书记员担任记录。同时，当事人及其辩护人、诉讼代理人可以参加庭前会议。被告人没有辩护人的，法院应当通知法律援助机构为其指定辩护律师。

需要指出的是，从保障当事人，尤其是被告人程序性权利的角度出发，《试行规则》认为在原则上应当允许当事人参与庭前会议的讨论。但是，在六种情形下，人民法院可以不通知有关当事人参加庭前会议，包括：（一）当事人明确表示不参加庭前会议的；（二）当事人身患严重疾病或者行动不便的；（三）当事人书面授权辩护人、诉讼代理人代为参加庭前会议并处分相关权利的；（四）被告人羁押地远离庭前会议地点且交通不便的；（五）被害人与庭前会议讨论事项关系不大的；（六）有其他客观原因，确实无法参加的。但是，《试行规则》同时也规定，具有前款规定情形的，如果条件许可，法院也可以同意当事人通过电话或视频等方式参与庭前会议。

对于其他的诉讼参与人，《规定》中则要求仅必要时人民法院可以通知案件侦查人员、鉴定人、证人等参加庭前会议。

4. 庭前会议参与的强制性。针对司法实践中存在的公诉人或辩护人经法庭通知拒不参加庭前会议的情况，《试行规则》中规定，经人民法院通知，公诉人、当事人及其辩护人、诉讼代理人，以及其他诉讼参与人，除有正当理由外应当参加庭前会议，以确保庭前会议程序的权威性和强制性。但出于现实因素的考虑，《试行规则》并没有进一步对不参加庭前会议的相关人员之处罚作出明确规定。

5. 庭前会议的地点。《试行规则》对于庭前会议的地点采取较为灵活的态度，认为庭前会议通常应在法庭召开，但是在只有公诉人和辩护人、诉讼代理人参加的情况下，也可以在人民法院办公室、会议室或人民法院认为合适的地点召开，为控辩双方的沟通和协商创造宽松和谐的氛围。同时，针对被告人被羁押且押解到庭存在困难的特殊情形，《试行规则》规定人民法院认为被告人确有必要参加庭前会议，也可以在看守所召开庭前会议。

6. 庭前会议的次数。《试行规则》对庭前会议召开的次数没有作出具体限制，人民法院可以根据案件具体情况，在开庭前召集一次庭前会议，但必要时可以再次召集庭前会议。

（二）庭前会议的程序

从完善当前庭前会议制度的角度出发，首先需要明确庭前会议的议事程序和会议内容。而从庭前会议制度的长远发展来看，项目组在试点规则中还希望依照当前司法体制改革的路径，拓展庭前会议的制度功能，增加与简易程序、认罪认罚、速裁程序等诸多诉讼程序之间的协调与衔接，验证通过庭前会议进行案件难易和繁简分流功能的制度设想。

1. 权利告知。在庭前会议开始之前，应当履行权利告知程序。《试行规则》规定庭前会议开始时，主持庭前会议的法官或法官助理查明公诉人、当事人及其辩护人、诉讼代理人是否到会。被告人参加庭前会议的，人民法院应当告知其享有的相关诉讼权利。虽然我国目前还没有对被告人在法庭中的沉默权等作出具体的规定，但法庭仍应当告知其获得辩护、申请回避等各项诉讼权利。

2. 议事程序。根据启动方式的不同，庭前会议的议事程序也存在差别。在人民法院依职权召集庭前会议的情况下，主持庭前会议的法官或法官助理应当宣布召集庭前会议的事由，并征询公诉人和当事人及其辩护人、诉讼代理人的意见；在人民法院依公诉人和当事人及其辩护人、诉讼代理人申请召集庭前会议的情况下，主持庭前会议的法官或法官助理应当先听取申请人的意见，再由另一方发表意见。

此后，对于庭前会议中需要听取意见，了解情况的事项较多的，人民法院应当针对不同的事项依次分别进行。在讨论过程中，如果公诉人、当事人及其辩护人、诉讼代理人对某一事项的意见存在分歧的，经主持庭前会议的法官或法官助理的要求或者许可，可以提出证据加以证明。例如，对于辩方的非法证据排除申请，法庭可以要求其提供相应的证据材料或线索，控方也可以在庭前会议中提出现有的证据反驳辩方的申请。

3. 会议内容。我国《刑事诉讼法》和相关司法解释对于庭前会议内容的规定较为有限，实践中庭前会议讨论的范围更为灵活多样，已经远远超出现行法律的规定。综合立法规定和现实需要，项目组在《试行规则》中列举了法庭可以在庭前会议中了解情况和听取意见的内容，包括：（1）被告人对起诉书所指控的犯罪事实和证据是否存在异议；（2）是否对案件管辖有异议；（3）是否申请有关人员回避；（4）是否申请调取在侦查、审查起诉期间公安机关、人民检察院收集但未随案移送的证明被告人无罪或者罪轻的证据材料；（5）是否提供新的证据；（6）是否对出庭证人、鉴定人、有专门知识的人的名单有异议；（7）是否申请排除非法证据；（8）是否申请不公开审理；（9）是否申请变更强制措施；（10）是否存在自首、立功等情形；（11）是否存在因被告人身体等妨碍庭审顺利进行的情形，需要延期审理；（12）了解辩护意见；（13）是否申请人民法院审查双方当事人达成的和解协议书或主持双方当事人协商以达成和解；（14）附带民事诉讼中当事人是否达成和解协议；（15）与审判有关的其他问题。

4. 被告人认罪核实。项目组认为，根据当前司法体制改革的内容和要求，可以在庭前会议中对被告人是否认罪及认罪的合法性进行核实。据此，《试行规则》提出被告人及其辩护人对起诉书指控的犯罪事实和证据不存在异议的，主持庭前会议的法官或法官助理应当在庭前会议中核实被告人认罪的真实性、自愿性，并充分知悉认罪的法律后果。如果被告人及其辩护人对起诉书指控的犯罪事实和证据存在异议的，庭前会议结束之后，人民法院择日开庭审理。

5. 诉讼程序分流。在对被告人认罪进行查证的基础之上，庭前会议可以进一步发挥刑事诉讼程序分流的功能，这也是推进以审判为中心的刑事诉讼制度改革的题中之义。根据现行法律规定，目前程序分流可以包括简易程序、刑事案件速裁程序、当事人和解的公诉案件诉讼程序、附带民事诉讼的调解等。

针对简易程序，《试行规则》规定在基层人民法院审理案件的庭前会议中被告人认罪，经审查认为案件事实清楚、证据充分的，法院可以告知其适用简易程序的法律规定。被告人对适用简易程序没有异议的，人民法院可以决定适用简易程序，人民检察院也可以建议适用简易程序。

针对被告人认罪认罚情况下的刑事案件速裁程序，《试行规则》中规定庭前会议中被告人认罪，人民法院经审查认为案件事实清楚、证据充分，符合刑事案件速裁程序适用情形的，可以决定适用刑事案件速裁程序。此外，对于一些特殊的案件，被告人在庭前会议前或会议中对起诉指控的犯罪认罪认罚的，人民法院可以要求公诉机关在庭前会议中提出量刑建议，被告人及其辩护人可以对量刑建议发表意见。人民法院可以根据已经查明的事实、证据和有关法律规定，结合控辩双方的量刑建议和意见，择日作出判决。

针对符合《刑事诉讼法》第 277 条规定的公诉案件包括两种情况：一是当事人在审判阶段之前没有和解的，对事实清楚、证据充分的案件，人民法院在庭前会议中应当告知当事人可以自行和解；当事人提出申请的，人民法院可以在庭前会议中主持双方当事人协商以达成和解。二是对当事人已经在之前侦查阶段或审查起诉阶段达成和解，但是在审判前当事人对公安机关、人民检察院主持制作的和解协议书提出异议的，人民法院可以在庭前会议中进行审查。经审查，和解自愿、合法的，予以确认，无须重新制作和解协议书；和解不具有自愿性、合法性的，应当认定无效。和解协议被认定无效后，双方当事人重新达成和解的，人民法院应当主持制作新的和解协议书。

针对附带民事诉讼的调解，当事人及其诉讼代理人可以在庭前会议中就民事责任及赔偿等问题进行协商，人民法院可以进行调解，达成和解协议的，由人民法院审查和解协议的真实性和合法性，作为认定其悔罪表现的依据，并在量刑时予以考虑。

(三) 庭前会议的效力

庭前会议的效力包括处理结果的外在形式载体和对法庭审判程序的内在约束力两个方面。

1. 庭前会议处理结果的形式。对于庭前会议处理结果的表现形式及载体,《试行规则》中提出庭前会议的全部活动,应当由书记员写成庭前会议记录,交给公诉人、当事人及其辩护人、诉讼代理人阅读。公诉人、当事人及其辩护人、诉讼代理人认为记载有遗漏或者有差错的,可以请求补充或者改正;核对无误的,应当签名或者盖章。同时,《试行规则》第 23 条还规定,人民法院在开庭审理时应当宣读并再次确认庭前会议中公诉人、当事人及其辩护人、诉讼代理人达成的一致意见,以保障没有参与庭前会议的当事人、诉讼参与人,以及社会公众对庭前会议内容的知情权。

2. 庭前会议结果对庭审的效力。对于实践中争议较大的庭前会议效力问题,《试行规则》认为应当作出明确的规定。在实证过程中,项目组要求试点单位明确庭前会议中,公诉人、当事人及其辩护人、诉讼代理人就回避、出庭证人名单、非法证据排除等与审判相关的问题达成一致意见的,或者人民法院已经对相关问题作出处理的,没有新的事实和理由,控辩双方不得在庭审中再次提出异议。同时,庭前会议中就指控的犯罪事实和证据达成一致意见的,在法庭审理时可以简化。

第二节 江苏省盐城市庭前会议项目试点情况分析

江苏省盐城市中级人民法院自 2015 年 3 月确定与中国政法大学诉讼法学研究院联合开展“庭前会议制度实证研究试点项目”后,于 2015 年 7 月 1 日与市检察院联合出台了《盐城市中级人民法院、盐城市人民检察院〈庭前会议规则(试行)〉》,自 2015 年 7 月 1 日至 12 月 31 日,深入开展了为期半年的案件试点工作,并取得了预期的成效。

一、庭前会议试点情况和数据

在案件试点的6个月内，盐城法院组织全市法院参与试点项目，两级法院均积极响应，对符合召开条件的案件在保障审理效果的前提下均尽可能召开庭前会议，由此确保了试点案件数量，为庭前会议制度的完善提供了丰富的实践经验。

（一）庭前会议的适用情况

1. 数量比例情况。试点期间，全市法院共有149件刑事案件召开庭前会议，同期全市法院刑事案件为2857件，庭前会议适用率为5.22%。而试点之前2014年同期全市法院召开庭前会议的案件数量为14件，庭前会议适用率为0.64%（详见图16）。

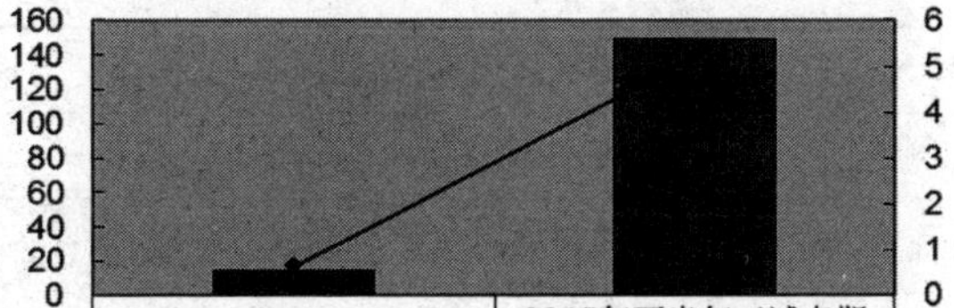

	2014年下半年	2015年下半年（试点期间）
庭前会议召开数量（件）	14	149
占比情况（%）	0.64	5.22

图16 试点期间庭前会议适用基本情况

2. 案件类型情况。149件召开庭前会议的案件，案件类型分布在《刑法》分则六个章节中，分别为危害公共安全犯罪29件、破坏市场经济秩序犯罪（经济类犯罪）30件、侵犯公民人身权利、民主权利犯罪28件、侵犯财产犯罪20件、妨害社会管理秩序犯罪22件（其中毒品案件8件）、贪污贿赂犯罪20件，涉及具体罪名35个（详见图17和表2）。

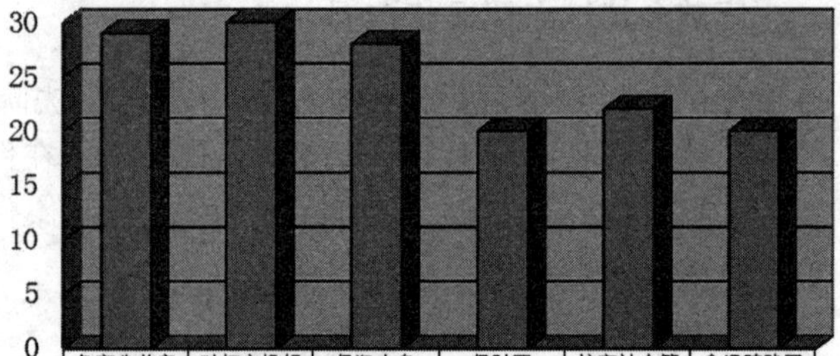

	危害公共安全罪	破坏市场经济秩序罪	侵犯人身权、民主权罪	侵财罪	妨害社会管理秩序罪	贪污贿赂罪
类案适用情况（件）	29	30	28	20	22	20

图 17　试点期间适用庭前会议类案情况

表 2　试点期间适用庭前会议具体案件类型情况

适用庭前会议具体案件类型	案件数量
交通肇事	27 件
故意伤害	19 件
受贿	15 件
非法吸收公众存款	12 件
寻衅滋事	6 件
贩卖、运输毒品	6 件
诈骗	5 件
开设赌场	4 件
合同诈骗	4 件
虚开增值税专用发票	4 件
强奸	3 件
故意杀人	3 件
过失致人死亡	3 件

续表

适用庭前会议具体案件类型	案件数量
贪污	2 件
重大责任事故	2 件
生产、销售假药	2 件
其他 19 个罪名	各 1 件
共计 35 个罪名	共计 149 件

3. 召开事由情况。召开庭前会议的事由主要集中于刑事和解或调解，非法证据排除，证据材料较多、案件疑难复杂，证据开示，了解或确定争议焦点，被告人人数众多等情形。具体而言，因刑事和解或调解而召开的有 37 件，因非法证据排除而召开的有 28 件，因案件疑难复杂、证据材料多而召开的有 27 件，因证据开示而召开的有 16 件，因了解确定争议焦点而召开的有 10 件，因被告人人数众多而召开的有 7 件，因社会影响大而召开的有 5 件（详见图 18），因申请回避、管辖权异议而召开的有 4 件，因申请证人出庭而召开的有 4 件，因被告人有特殊情形可能影响庭审而召开的有 3 件，因专业性较强问题而召开的有 3 件，其他情形如开观摩庭需要、批量简化审理案件需要等而召开的有 5 件。通过试点发现，案件类型与召开事由也存在一定的联系，交通肇事、故意伤害案件多是为做刑事和解或附带民事调解工作而召开的；贪污受贿、非法吸收公众存款、寻衅滋事、诈骗、开设赌场、合同诈骗、虚开增值税专用发票、毒品犯罪等案件多是因为涉及非法证据排除、被告人人数众多、社会影响大、案件疑难复杂、证据材料较多等而召开的。

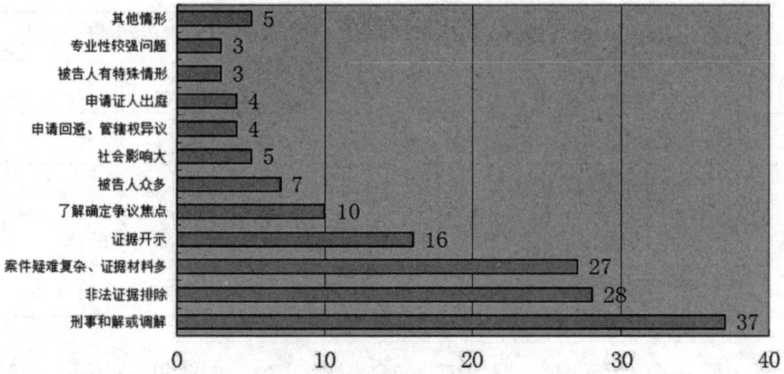

图 18　试点期间庭前会议召开事由情况（单位：件）

4. 地点次数情况。试点期间，盐城法院对庭前会议的召开地点不作强制性要求，而是视情况决定，既可以在法庭召开，也可以在会议室、调解室或看守所召开；在召开次数上，原则上要求一次性解决问题，以避免庭前会议烦琐复杂，产生适得其反的结果。半年试点期间，在法庭召开的有 101 件，占 67.8%，在法庭之外召开的有 48 件，占 32.2%，分别是：在会议室召开的有 39 件，在看守所召开的有 7 件，在调解室、法官约见室召开的各 1 件。另外，146 件案件均仅召开 1 次庭前会议，多次召开的仅 3 件。

（二）庭前会议程序情况

1. 启动方式。刑事诉讼法及相关法律文件没有对庭前会议的启动方式作出规定。盐城法院根据以往的司法实践，在《试行规则》中规定，除审判人员可以依职权召开庭前会议外，控方与辩方均可以申请法院召开庭前会议，是否召开由法院根据情况决定，从而确保启动方式的可选择性。具体情况而言，半年试点期间，法院依职权召开庭前会议的 114 件，占 76.5%；辩方申请召开的 28 件，占 18.8%；控方申请召开的仅 7 件，占 4.7%（详见图 19）。这说明在庭前会议适用中，审判人员的主动性、积极性相对较高，控方、辩方对召开庭前会议积极性相对不足。

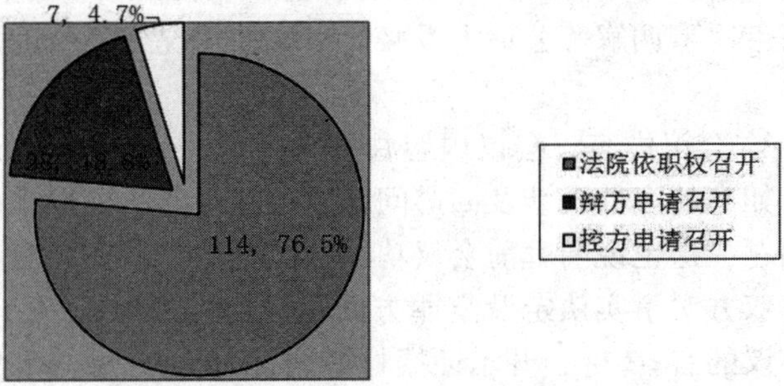

图 19 试点期间庭前会议启动方式情况（单位：件）

2. 参加人员。在庭前会议的参加人员方面，盐城法院并不作统一固化要求，而是由各法院根据情况决定由哪些人员参加，但为保证庭前会议效果，大部分情况下公诉人、被告人、辩护人均要出席。

（1）合议庭成员并非一律要出席。承办法官一人出席主持庭前会议的有 87 件，占 58.4%；合议庭全部出席庭前会议的有 62 件，占 41.6%，主要是基于案件的需要，如案件疑难复杂、证据材料较多、社会影响较大、非法证据排除等情形。由承办法官一人出席主持庭前会议，既能够解决问题，也可以节约其他法官的时间精力，体现了庭前会议的价值。（2）被告人出席较为普遍。为充分保障被告人的合法权益，一般情况下均通知被告人出席庭前会议。试点期间，被告人出席庭前会议的案件达 129 件，其余的 20 件案件因辩护人知道被告人观点、被告人身体有病、庭前会议事项不需要被告人参加而未通知被告人出席。（3）辩护人参加庭前会议成为常态。在试点期间，盐城法院注意选择有辩护人的案件召开庭前会议，并充分注重保障辩护人的程序参与权。149 件召开庭前会议的案件中 128 件均有辩护人，其中辩护人出席庭前会议的有 122 件，占比为 95.3%；仅有 6 件案件辩护人未出席庭前会议，主要也是因为刑事和解或附带民事调解事由而召开，辩护人是否参加影响不大。（4）公诉人参加庭前会议较为正常。除涉及刑事和解或附带民事调解等公诉人没必要出席的情况外，公诉人均出席庭前会议。

3. 会议内容。会议内容往往并不单一，而是涉及多个内容事项，如有的案件既涉及回避问题，也涉及非法证据排除、证据开示等问题，这也说明庭前会议功能的综合性。具体而言，听取、了解控辩双方对事实认定及定罪方面意见的有98件，处理回避、管辖权异议的有63件，开示证据材料的有50件，做刑事和解或调解工作的有37件，涉及非法证据排除的有28件，听取、了解控辩双方对量刑情节意见的有23件，确定出庭证人名单的有4件，处理专业性较强问题的有3件，涉及其他内容的有6件（见图20）。

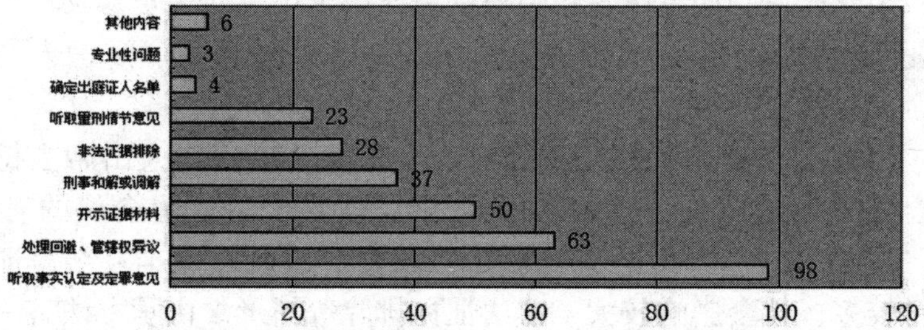

图20　试点期间庭前会议内容情况（单位：件）

4. 会议流程。根据启动方式的不同，会议流程有所不同。依职权召开的庭前会议，先由审判人员宣布召开庭前会议的事由，然后征询公诉人和当事人及其辩护人、诉讼代理人意见；依申请召开的庭前会议，先听取申请人意见，再由另一方发表意见。会议内容事项较多的，依次分别进行。

根据内容事项的不同，会议进行方式有所不同。对于回避、管辖权异议、非法证据排除等程序性事项，控辩双方存在意见分歧的，经审判人员要求或者许可，控辩双方可以提出证据加以证明；

对于案件定罪量刑、证据材料证实内容等实体性事项，控辩双方存在意见分歧的，审判人员应当听取双方意见，但不得引导深入辩论。

在会议过程中，审判人员可以主动询问控辩双方对证据材料有无异议，对有异议的证据，作为庭审质证的重点，无异议的证据，庭审举证、质证可以简化。庭前会议结束时，由审判人员对达成的一致意见与存在的分歧进行总结，同时可以就回避、管辖权异议等一些程序性事项作出处理。庭审时，由审判人员当庭宣读并再次确认控辩双方在庭前会议中达成的一致意见及在庭前会议中对一些程序性事项作出的处理结果。

（三）庭前会议典型案例

1. 曹某故意杀人案。

基本案情：2015 年 6 月 9 日晚上，被告人曹某因怀疑其妻周某某有外遇而发生争执后，产生杀周某某的想法。曹某找来菜刀、水果刀、剪刀到周睡觉的房间，骑到周的身上，用手掐周的脖子，后又用剪刀、水果刀戳周的脖子，因周的反抗及周父到场阻止，使曹某未能继续实施杀人行为。经鉴定，周某某的伤情构成轻微伤。被告人曹某归案后，如实供述犯罪事实，周某某表示谅解。公诉机关控诉认为，被告人曹某故意杀人，构成故意杀人罪，应予追究刑事责任。同时认为，被告人曹某故意杀人由于意志以外原因而未得逞，系未遂，可从轻或减轻处罚；被告人曹某系坦白，可从轻处罚。

庭前会议情况：该案检察机关于 2015 年 9 月 10 日提起公诉，辩护人于 2015 年 9 月 27 日提出非法证据排除申请，并申请证人出庭作证。合议庭经过讨论认为，该案有召开庭前会议的必要性，遂决定于 2015 年 10 月 16 日召开庭前会议，同时将会议内容确定为两项：一是非法证据排除事项，二是确定出庭证人名单。随后，承办法官提前五天通知控辩双方庭前会议的时间、地点及会议内容，并制作了庭前会议提纲。10 月 16 日，在刑庭会议室召开了庭前会议，合议庭成员、公诉人、辩护人参加庭前会议，会议由审判长主持。会议的第一项内容是非法证据排除事项，辩护人提出在侦查阶段对被告人的讯问存在诱供，合议庭组织控辩双方观看被告人在侦查阶段的讯问录像，并由控方出示讯问笔录，同时由控辩双方发表意见。经过观看讯问录像及相关的讯问笔录，发现有诱供、威胁及疲劳审讯的嫌疑，公诉人同意将被告人曹某在公安机关侦查期间的讯问笔录予以排除，庭审中不再作为证据出示。会议的第二项内容是确定出庭证人名单，辩护人申请多名证人出庭作证，经控辩双方协商，最终确定两名证人出庭作证。

在2015年10月20日的庭审中，公诉人仅出示了被告人在审查起诉阶段的供述，没有出示被告人在侦查阶段的供述，辩护人未提出新的异议。同时，按照庭前会议确定的证人名单通知两名证人出庭作证，双方未提出新的申请或异议。经过审理，合议庭认为该案事实清楚、证据确实充分，被告人曹某采用暴力手段故意非法剥夺他人生命，致一人轻微伤，构成故意杀人罪。同时有未遂、坦白情节，依法对其减轻处罚。判决其有期徒刑三年六个月。宣判后，被告人曹某仅以量刑过重提起上诉，二审维持原判。

2. 胡某某、李某等六人贩卖、运输毒品、容留他人吸毒案。

基本案情：2014年3月至8月，被告人李某、胡某某、梅某某、戴某、吕某、朱某某分别单独或伙同他人贩卖、运输甲基苯丙胺。其中，被告人李某参与贩卖、运输甲基苯丙胺4674.5克；被告人胡某某参与贩卖甲基苯丙胺4503克；被告人梅某某参与贩卖、运输甲基苯丙胺169.2克；被告人戴某贩卖甲基苯丙胺150克；被告人吕某参与贩卖、运输甲基苯丙胺84.6克；被告人朱某某参与贩卖甲基苯丙胺4克。2014年2月至8月，被告人吕某容留他人吸食甲基苯丙胺三次。

庭前会议情况：该案检察机关于2015年7月23日向市中院提起公诉。因本案被告人人数众多，案情重大复杂，卷宗材料多达30余册，合议庭经过讨论认为，该案应当召开庭前会议，以整理证据、明确争点，提前解决程序性争议，遂决定于2015年9月15日召开庭前会议，并将会议主要内容定为：了解是否申请回避，是否申请证人、鉴定人出庭，是否申请非法证据排除等程序性问题，听取辩方对指控的犯罪事实及定罪量刑的意见，整理证据材料，明确控辩双方争点。随后，承办法官提前一周通知控辩双方及被告人庭前会议的时间、地点，并告知会议内容，同时制作庭前会议提纲。2015年9月15日合议庭成员、公诉人、五名辩护人及各名被告人参加了庭前会议，会议在市中级人民法院第二法庭进行。审判人员首先问询被告人、辩护人是否申请回避，是否申请证人、鉴定人出庭作证，是否申请非法证据排除，被告人、辩护人均回答不申请。之后，审判人员问询被告人、辩护人对指控犯罪事实及案件定罪量刑的意见，辩方对起诉书指控的涉毒数量、赌资多少、是否明知等提出了一些异议，同时对羁押的起始时间提出异议，并提出吸毒情节应在量刑时予以考虑。另外，被告人李某的辩护人提出李某具有立功情节，但公诉人对此不予认可。最后，由检察机关进行了简要的证据出示，并听取辩方意见，辩方对大部分证据材料均不持异议，但对被告人供述的一些细节等提出了异议。

2015年10月8日的庭审中，在法庭调查环节，合议庭重点就控辩双方有异议的犯罪事实的争议焦点进行了有针对性的法庭调查；在法庭举证质证环节，合议庭对控辩双方有争议的证据进行重点质证，对没有争议的证据进行简要质证；在法庭辩论环节，合议庭引导控辩双方就争议焦点进行了辩论。该案庭审仅持续了4个多小时，就顺利结束。

二、庭前会议试点做法和成效

2015年4月初，盐城法院在全市法院开展了庭前会议制度适用情况专题调研，与基层刑事法官、公安及检察人员、律师代表分别召开了三场座谈会，掌握了一些前期调研情况。4月中下旬和6月初，盐城法院组织参加了庭前会议项目启动暨研讨会和“庭前会议制度实证研究”项目培训活动，通过培训学习加深了对庭前会议制度的认识，为试点打下了坚实的基础。7月初，盐城法院与盐城市人民检察院联合出台了《庭前会议规则（试行）》，围绕庭前会议模式和庭前会议效力两根轴线对庭前会议的启动、参与人员、具体运作、异议处理等问题作了明确规定，保障了辖区内试点工作的规范统一。自2015年7月1日至12月31日，盐城法院在全市法院范围内开展了为期6个月的案件试点工作，围绕庭前会议模式与庭前会议效力两个重点，在具体个案中运用庭前会议制度。试点期间，共有149件案件召开了庭前会议，控辩双方达成一致意见的有127件，另有22件虽未达成一致意见，但也在很大程度上使审判人员明确了庭审重点，取得了试点工作的预期效果。

（一）经验做法

1. 突出两个重点，盯住问题关键。阻碍庭前会议发挥效能的主要问题是庭前会议模式不清晰和庭前会议效力不明确，经由试点为解决这两个问题提供一个科学可行的实践蓝本，应该是试点项目追求的最终目标。在这个认识的基础上，盐城全市法院在试点期间“一手抓模式，一手抓效力”，围绕这两根主线深入展开相关工作，试点项目有条不紊地进行，并取得了预期成效。另外，在围绕庭前会议模式和庭前会议效力两个关键问题进行试点时，坚持“遵行现有法律规定而又适度突破并尽量细化”的原则，[①] 不过分拘泥于现有法律规定，以期为将来的立法提供有益参考。试点规则对庭前会议如何启动、如何准备、如何运行等做了多方面的细化规定，召开庭前会议的情形多达10种，庭前会议的内容也多达15项，同时对庭前会议的效力作出专门规定，既不违反法律，又明确了庭前会议对控辩双方的约束力。

---

① 例如，曹某故意杀人案，庭前会议中通过观看讯问录像、出示讯问笔录，发现有诱供、威胁、疲劳审讯嫌疑，公诉人同意排除被告人在侦查阶段的供述。庭审时，公诉人仅出示被告人在审查起诉阶段的供述，没有出示被告人在侦查阶段的供述。

2. 大胆创新尝试，挖掘制度潜能。庭前会议作为《刑事诉讼法》的诉讼制度之一，很多方面还不够细化和完善，需要司法机关在司法实践中不断摸索总结，为将来的制度完善提供有益的实践经验。基于此，盐城法院在试点期间以“摸着石头过河”的决心和勇气，大胆尝试，在案件类型及召开事由的选择上力求多样化、丰富化，尝试各种可能性，用活庭前会议，充分挖掘制度潜能，既“试对”又“试错”，既试出经验又试出教训，为庭前会议制度完善提供全方位的实践借鉴。在案件类型的选择上注重多样化，试点期间适用庭前会议的 149 件案件，共涉及 35 个罪名，分布在《刑法》分则的六章类罪中；在召开事由的确定上注重多元化，既有程序性事项，又有实体性事项，既有因案件本身需要召开，又有为开观摩庭、批量审理简易案件而召开；在启动方式上，既可以由法院依职权主动召开，又可以由控辩双方申请召开，赋予控辩方申请启动权；在召开的地点上采取灵活处理的态度，既可以在法庭，又可以在看守所、会议室、调解室等地方。

3. 严守边缘界限，保障庭审中心。庭前会议的合理定位应是庭审准备程序，也即庭前会议是为将来正式庭审的顺利进行提前掌握情况、提前扫除障碍、提前做好相关准备的诉讼程序。试点期间，盐城法院始终注意庭前会议最基本、最重要的功能是服务保障庭审，严守庭前会议与庭审的界限，避免庭前会议越俎代庖而导致庭审虚化。具体而言，法庭调查、证据质证、法庭辩论只能在庭审中进行，通过庭前会议解决程序性事项、整理证据、归纳争点都是为了更好地实现庭审功能、确保庭审效果。同时，也注意避免不当限缩庭前会议的功能，在合理范围内发挥其应有功效，以一种稳妥、务实、适度开放的态度对待该制度。具体而言，在庭前会议的内容事项方面，不仅可以处理诸如管辖权异议、回避申请、非法证据排除等程序性事项，也可以涉及实体性事项，在庭前会议中听取控辩双方对证据的初步意见，整理证据、明确争点；在庭前会议处理结果的效力方面，适当赋予一定的法律效力，不允许随意反悔，避免庭前会议成为法律摆设，造成司法资源浪费。

4. 加强协调联动，共同推动试点。一方面，注重与公安、检察及律师的协调互动。试点初期，盐城法院就注重与公安、检察机关及律师的沟通协调，与公安检察人员、律师代表分别召开两场座谈会，并发送调查问卷，听取意见建议，争取支持；试点期间，与公安、检察及辩护律师多次沟通交流，就庭前会议何时开、如何开等问题共同商讨研究，由此为试点项目注入了智慧力量，为项目的顺利开展营造了一个良好的氛围。另一方面，注重与基层法院上下联动。试点初期，盐城法院就在全市法院进行庭前会议制度适用情况专题调研，并与九个基层法院进行座谈，掌握庭前会议适用现状，了解基层法院的担心顾虑，听取他们对如何开展好试点项目的对策建议；在试点规则制定上，多次征求基层法院的意见，试点期间多次到现场交流指导，确保了庭前会议试点项目的顺利进行和圆满结束。

（二）取得成效

1. 提升了庭前会议的认可度。通过试点工作的开展，庭前会议在排除非法证据、归纳证据材料、确定争议焦点等方面的作用逐步显现出来，办案法官对庭前会议的态度从怀疑顾虑到接受认可再到主动适用转变，不少法官还认为庭前会议在刑事诉讼中大有可为，应激发该制度的“潜能”，充分发挥该制度价值。另外，在对参加过庭前会议的 20 名律师的随机电话访谈中，16 名律师对庭前会议的效果表示认可，4 名律师认为召开庭前会议意义不大。

2. 明晰了庭前会议的模式。庭前会议的模式解决的是“庭前会议怎么开”的问题，它关系到庭前会议的具体运行，是本次试点的重要内容。通过试点，基本明确了庭前会议的启动方式、召开情形、会议地点、参与人员、会议内容、会议流程、处理形式等诸多方面，使庭前会议得以顺利开展。例如，在启动方式上，明确依职权启动和依申请启动的多元启动模式；在召开情形上，适当增加庭前会议召开的案件情形，除法律规定的非法证据排除、证据材料较多、案情重大复杂、社会影响大等召开情形外，增加规定出现“被告人存在特殊情形可能影响庭审顺利进行”“涉及事故责任认定、因果关系认定、商业秘密认定等专业性较强问题”等情形时，也可以召开庭前会议；在会议内容上，既可以涉及回避、管辖权异议等程序性事项，也可以涉及证据材料开示、定罪及量刑等实体性事项。

3. 确认了庭前会议的效力。庭前会议作为一项诉讼程序，必须赋予其应有的法律效力，否则其功能就无从发挥。为此，盐城法院在试点期间，注重庭前会议效力的探索，使庭前会议“有用”。一方面，在庭前会议中控辩双方就回避、管辖、出庭证人名单、非法证据排除、证据能否采纳等与审判相关的问题达成一致意见的，或者双方虽未达成一致意见但人民法院已经对相关问题作出处理的，没有新的合理事由，双方不得在庭审中提出异议，否则法庭将直接予以驳回。例如，射阳法院审理的张文彬受贿案，在庭前会议中辩方提出非法证据排除问题，经播放讯问录像、出示看守所体检表等，没有发现非法取证情形，双方虽未就此问题达成一致，但合议庭在庭前会议中确定相关证据系合法取得，庭审中辩方再次提出非法证据排除问题，但没有新的合理事由，合议庭直接予以驳回；再如，大丰法院审理的樊某某受贿案，辩方提出非法证据排除问题，庭前会议中经播放讯问录像等，双方就相关证据系合法取得达成一致意见，庭审中辩方提出异议，但没有新的合理事由，合议庭直接予以驳回。另一方面，经过庭前会议，确认或者不能排除存在以非法方法收集证据情形的，检察机关不再将该证据提交法庭。例如，东台法院审理的曹某故意杀人案，庭前会议中辩方提出侦查机关有非法取证嫌疑，经播放讯问录像、出示讯问笔录，发现有诱供、威胁及疲劳审讯嫌疑，检察机关同意将侦查阶段的被告人供述予以排除，双方达成一致意见，庭审中检察机关没有将侦查阶段的被告人供述提交法庭质证，仅出示了被告人在审查起诉阶段的供述。

4. 提升了庭审的质量和效率。通过庭前会议提前解决了一些过去依靠庭审解决的问题，消除了影响诉讼进行的程序性阻碍因素，使庭审变得更加简洁明快，实现了为庭审“减负”、提升庭审质量效率的效果，有力地保障了以审判为中心的诉讼制度改革。149件召开庭前会议的案件，有127件控辩双方就相关问题达成了一致性意见，占比达到了85.2%，庭审时仅有2件提出异议。因非法证据排除事由召开庭前会议的28件案件中，有14件双方达成了一致意见，另有14件案件虽未达成一致意见，但在庭前会议中合议庭已经就该问题作出处理，庭审时就不再受该问题困扰，避免了庭审的拖延中断；因案件复杂、证据材料较多而召开庭前会议的27件案件中，有25件双方就相关证据材料是否采纳达成一致意见，庭审时对这些证据简化质证，既节省了大量时间精力，又保障了庭审的顺利进行。半年试点期间，全市法院刑事案件平均庭审次数为1.16次，召开庭前会议的试点案件均是1次庭审。盐城法院一审审理的胡某某、李某等6人贩卖、运输毒品、容留他人吸毒案，卷宗材料多达30余册，庭前会议中控辩双方就这些证据材料应否采纳基本达成一致意见，审判人员同时就是否申请回避、是否申请证人出庭、是否申请非法证据排除、双方对事实认定及定罪量刑的争议焦点等进行了解，提前解决了一系列可能影响庭审顺利进行的问题，庭审时非常顺利，原本准备开2天的庭审，4个多小时就结束了。

5. 增强了案件的处理效果。通过庭前会议，或者促使控辩双方最终达成一致意见，或者由合议庭对非法证据排除、回避、管辖权异议等与审判相关的问题作出处理，或者整理归纳证据、明确双方争点，保障集中高效庭审，庭前会议的立法目的与制度价值得以实现。在试点后的座谈交流中，刑事法官普遍表示，庭前会议有效解决了诸多诉讼难题，使复杂的案件变得清晰可视，使难办案件变得不再难办。半年试点期间，盐城全市法院刑事案件上诉率为6.62%、错案发改率为0.83%，召开庭前会议的试点案件上诉率为

3.89%、错案发改率为0%。同时，庭前会议中可以进行刑事和解及附带民事调解工作，将矛盾化解于庭前。试点期间，因刑事和解或调解而召开庭前会议的有37件，其中33件均成功和解或调解，有效化解了矛盾，也保障了庭审的顺利进行。此外，庭前会议使被告人与辩护人更好地参与到诉讼程序中并更加充分地发表意见，由此更深刻地影响了法官的判断，这有助于法官“兼听则明”，作出正确判断，由此保障被告方的程序性和实体性权益。

三、庭前会议试点发现的问题

（一）立法层面的问题

1. 功能定位模糊。庭前会议作为相对独立的庭前准备程序，立法目的与核心功能是保障集中高效庭审，实现庭审中心，推动审判中心的确立。一方面，《刑事诉讼法》“了解情况，听取意见”的规定不明确，既可以理解为庭前会议只能严格限定于“了解情况、听取意见”，不能“越雷池半步”，也可以理解为法律没有禁止审判人员在庭前会议中作出具有法律效力的处理结果。这使得司法人员对庭前会议心存疑惑，在司法实践中表现为不想用，或者即使用了也不敢对相关事项作出处理，由此严重制约庭前会议保障庭审中心、推进审判中心功能的发挥。另一方面，“与审判相关的问题”外延不明，既可以限定性地理解为与“回避、出庭证人名单、非法证据排除等”具有同类性质的程序性事项；也可以理解为法律没有进行限制，既包括程序性事项，又包括实体性事项。庭前会议内容的不确定，直接影响庭前会议制度功能的发挥。如果只能是程序性事项，庭前会议的功能将大打折扣。

2. 效力不够明确。庭前会议效力不明，是困扰庭前会议制度价值实现的最大障碍。《刑事诉讼法》及其司法解释均没有明确庭前会议处理结果是否具有法律效力，仅是“了解情况，听取意见”“制作笔录”。盐城法院在试点期间，适度赋予庭前会议效力，即没有新的合理事实和理由，控辩双方不得在庭审中对庭前会议处理结果提出异议，提出的直接予以驳回；经过庭前会议确定或者不排除存在非法取证情形的，检察机关不再将证据提交法庭。但是，囿于法律的规定，试点不能实质突破法律，故在庭前会议效力问题上，试点没有再往前进一步。

庭前会议效力不明带来的影响甚为明显。一方面，制约效率价值的实现。如果控方或辩方不认可庭前会议的处理结果，相关问题就要在庭审中再次提出、再次予以处理解决，导致庭审繁复，这样反而造成司法资源浪费，诉讼效率将不升反降。相关人员由此可能失去对庭前会议制度的信任与期待，不愿意召开或者参加庭前会议，庭前会议将被虚置。另一方面，制约公正价值的实现。庭前会议若没有法律效力，非法证据排除等程序性争议将不能在庭审前得到有效解决，同时也无法提前整理证据、明确争点，这将严重影响庭审效果与案件审理质量，进而影响案件的裁判结果。

3. 模式规定粗疏。试点期间，盐城两级法院在庭前会议模式上开展了有益探索，积累了一定的实践经验，如启动方式多元、参与人员视案件需要而定、案件类型不受限制、召开事由多样、会议地点灵活选择等。但是，总体上庭前会议模式仍有待细化和完善。除启动方式、案件类型、召开事由等问题外，还有以下问题需要予以重视：

（1）被告人是否参加庭前会议不明确。《刑事诉讼法》及其司法解释规定，根据案件情况可以通知被告人参加。但没有明确哪些具体情形下应当通知被告人参加，致使在是否通知被告人参加庭前会议这一问题的处理上带有随意性。试点期间共有 149 件案件召开庭前会议，其中 129 件案件中被告人均出席庭前会议，但也有 20 件案件被告人未出席，具体情形有被告人患有疾病无法出席，了解控辩双方争议焦点不需要被告人出席等。但不可否认，也有需要被告人出席却因警力协调不到位等原因致使被告人不能出席的情形。被告人应出席而未出席庭前会议，在一定程度上侵犯了其程序参与权，而且由于被告人未出席，很多与审判相关的问题无法弄清，由此影响了庭前会议效果。

（2）主持人员不明确。一方面，“审判人员”是指审理案件的合议庭成员还是合议庭以外的人员。从更好地预防审前预断的角度，主持人员应当是合议庭以外的审判人员；但是，从另一个层面来看，目前实行的是卷宗全案移送制度，再讨论预防审前预断已无多大意义，而且目前案多人少矛盾突出，由合议庭成员主持庭前会议更为现实，也有利于合议庭成员明确庭审重点，有效指挥庭审，提升庭审效果。另一方面，合议庭成员是否全部参与不明确。在司法实践中，有的仅由承办案件的审判人员一人参与，有的是合议庭成员全部参与、审判长主持。

（3）庭前会议应否公开不明确。《刑事诉讼法》及司法解释对庭前会议应否公开没有具体规定，庭前会议虽不同于庭审，但由于其涉及被告人程序权利及部分实体权利，应否公开值得探讨。试点期间，盐城全市法院召开的庭前会议，除涉及刑事和解、附带民事调解等需要当事人双方参与外，一般情况下仅由控、辩、审及其他诉讼参与人参加。庭前会议应否公开进行，与庭前会议效力赋予问题紧密相连，将来应在立法时予以明确。

（4）法律惩戒措施缺失。一方面，经通知拒不参加庭前会议应承担何种法律责任不明确。《刑事诉讼法》明确了审判人员可以召集公诉人、当事人和辩护人、诉讼代理人参加庭前会议，但是没有规定拒不参加庭前会议的人员应负什么样的法律责任。司法实践中不参加庭前会议并不必然带来不利的后果，致使庭前会议的召开带有随意性。另一方面，违背庭前会议处理结果的法律责任不明确。在司法实践中，少数辩护人置庭前会议的处理结果于不顾，在庭审中再次对相关问题提出异议，致使庭审拖沓中断，司法的规范性、严肃性受损。对于这种有违司法诚信的行为，如何进行惩戒以防止该类行为再次发生，法律没有明确规定。

（二）司法层面的问题

1. 办案人员积极性不高。试点期间发现“重实体轻程序”的观念仍然存在，有的公诉人员、辩护律师乃至审判人员对于庭前会议的重要性没有认识到位，对庭前会议存有抵触情绪，不愿意召开或者参加庭前会议。（1）法官缺乏积极性。少数法官或者对庭前会议尚不熟悉，或者对庭前会议持怀疑态度，认为是徒增工作量，召开庭前会议没有多大意义。同时，办案、信访压力日益增大，消蚀着法官对庭前会议的热情。案多人少矛盾仍然十分突出，2013年盐城市基层法院刑事法官人均办案量为94件，2014年为109件(其中一家基层法院人均办案量达160件)，2015年上升至115件。近年来，涉诉信访压力不断增加，耗费着刑事法官的大量时间精力。在办案、信访等压力之下，部分刑事法官认为召开庭前会议还不如“一步到庭”方便，不愿意在庭前会议上花费太多时间和精力。(2) 公诉人员缺乏积极性。少数公诉人员认为庭前会议可有可无，相关问题可以在庭审中予以一次性处理解决，没必要召开庭前会议。(3) 辩护律师缺乏积极性。通过座谈交流了解到，辩护律师普遍心存两种顾虑：一是庭前会议公开程度比不上庭审，委托人一般不参加，其在庭前会议中所做的工作和努力委托人看不到，参加动力不足，即便参加也不想“亮剑”、不想“亮出底牌”，而在庭审中其可以充分“表演”给委托人看；二是在庭前会议中抛出辩护观点，让控方提前知晓后，在庭审中就不能达到“突袭”的奇效，整体辩护效果就会打折扣，故而不愿意在庭前会议中使出全力，而是“蜻蜓点水”地应付一下。例如，李某某等17名被告人生产、销售假药案，庭前会议中辩护人的发言只有四个字：“没有意见”，但在庭审中，辩护人提出了证据链不完整、涉案金额存在问题、讯问笔录记载缺乏公正性、证人未出庭证言不能作为定案依据等辩护观点。

2. 召开条件把握不准。在试点期间，发现有两种截然相反的现象：有的案件根据案件情况应当召开庭前会议，经由庭前会议提前解决非法证据排除、证据材料较多等与审判相关的问题，却没有召开，致使庭审拖沓乃至中断，最终不得不数次开庭，庭审效果大打折扣；相反，少数案件本不需要召开庭前会议，通过打电话等更为简易便捷的方式就可以解决，但仍然召开庭前会议，白白浪费了各方诉讼参与人的时间精力。

3. 具体操作不够规范。一是告知程序不规范。审判人员应当告知控辩双方有申请召开庭前会议的权利，但在试点中发现，是否告知、何时告知及以何种方式告知，做法不一，有待规范。二是申请程序不规范。控辩双方申请召开庭前会议应在庭前提出，但具体时间限制没有明确，以何种形式提出也没有明确。三是会前准备不足。部分案件没有提前通知会议时间地点，没有准备会议提纲，对庭前会议需要解决什么问题心中无数；在庭前会议中，有的主持不力，眉毛胡子一把抓，抓不住要点，庭前会议运作不畅，还有的没有分清庭前会议与庭审的关系，将庭前会议变相开成了庭审。四是会议总结不到位。有的没有进行会议总结，有的会议总结过于简单，致使会议结果不够明确。

第三节　江苏省东台市庭前会议项目试点情况分析

2015 年 7 月至年底，笔者参与的中国政法大学诉讼法学研究院庭前会议项目组在江苏省东台市进行了庭前会议制度的试点活动。试点期间，东台市法院和检察院按照试点方案的要求对庭前会议司法实践进行积极探索，联合出台了《关于庭前会议制度的实施意见》。东台市人民法院把庭前会议制度的立法精神和基层法院刑事审判实践相结合，选取一批不同类型的刑事案件主动召集控辩双方召开庭前会议，同时选取一些辩护人提出的程序性申请及一些轻伤害案件中被告人提出的调解申请转化为庭前会议的形式解决和处理。东台市人民检察院也根据一些案件的实际需要，向法院积极申请召开庭前会议。现将有关情况介绍如下：

一、庭前会议试点情况和数据

在试点期间东台市法院共受理刑事案件299件，召开庭前会议的案件共计34件（见表3），适用庭前会议的比率为11.37%。其中，法院决定召开庭前会议的有20件，控方申请的有7件，辩方申请召开的有6件。庭前会议主要由案件的承办人主持，有8件由合议庭主持，不存在合议庭之外人员主持的情况。就出席人员而言，被告人出席庭前会议的有28件，辩护人出席的有21件。4件没有辩护人的案件中3件是当事人申请主持调解或和解的故意伤害案件。就庭前会议的地点而言，在法庭召开的有22件，刑庭会议室召开的有5件，法官约见室召开的有2件，看守所询问室召开的有5件。

表3　东台法院召开庭前会议明细表（2015年7月至12月）

序号	案件名称	召开时间	召开事由	参加人员	启动方式	结果
1	蒋某某盗窃案	2015.7.3	1. 涉及网银、炒金等专业性较强的问题 2. 对定性争议较大	合议庭、公诉人、被告人、辩护人	公诉人申请	1. 双方对基本事实没有异议； 2. 对定性争议较大，同意将定性作为庭审重点
2	温某某、崔某某非法吸收公众存款案	2015.7.6	拟简化开庭审理	承办人、公诉人、被告人	法院决定	1. 被告人对指控的事实和罪名没有意见； 2. 集资款项已全部归还； 3. 同意简化开庭审理

续表

序号	案件名称	召开时间	召开事由	参加人员	启动方式	结果
3	杨某某等8名被告人赌博案	2015.7.10	被告人人数众多	承办人、公诉人、辩护人、被告人	公诉人申请	部分被告人对指控事实，明确将有异议的被告人犯罪行为的有无和轻重作为庭审重点，双方无异议
4	潘某某强奸案	2015.7.16	主动调查是否存在非法证据	合议庭、公诉人、被告人、辩护人	法院决定	控辩双方通过观看录像就不存在非法取证情形达成一致意见
5	崔某某故意伤害案	2015.7.28	申请法院主持达成和解	承办人、公诉人、辩护人、被害人	当事人申请	双方达成和解协议，公诉人建议适用缓刑
6	高某等4人组织、领导传销活动案	2015.8.2	证据材料较多	合议庭、公诉人、被告人	公诉人申请	同意在庭审中简化举证和庭审程序，仅对个别有疑问和异议的详细宣读证据内容
7	沈某某受贿案	2015.8.10	辩护人申请非法证据排除	承办人、公诉人、辩护人	法院决定	控辩双方通过观看录像就不存在非法取证情形达成一致意见

续表

序号	案件名称	召开时间	召开事由	参加人员	启动方式	结果
8	徐某某故意伤害案	2015. 8. 19	申请民事部分先行调解	承办人、公诉人、被告人、被害人	当事人申请	1. 被告人与被害人就附带民事诉讼的赔偿达成了一致意见，被告人一次赔偿被害人 18000 元；2. 公诉人表示，如果赔偿到位，可以适用缓刑
9	刘某某、董某某非法吸收公众存款案	2015. 8. 20	证据材料较多	合议庭、公诉人、辩护人、被告人	公诉人申请	1. 辩护人对利息返还的部分未折抵本金提出异议；2. 辩护人认为被告人有检举揭发他人的立功表现，公诉人表示会后进行核实
10	邹某某故意伤害案	2015. 8. 22	申请民事部分先行调解	承办人、公诉人、被告人、被害人	当事人申请	1. 被告人与被害人就赔偿问题初步达成一致；2. 公诉人表示若赔偿到位，取得谅解，可以适用缓刑

续表

序号	案件名称	召开时间	召开事由	参加人员	启动方式	结果
11	高某某等人生产、销售有毒有害食品案	2015. 8. 28	观看公诉人提交的物证提取录像，听取辩方意见	合议庭、公诉人、辩护人	公诉人申请	1. 几名辩护人一致认为提取录像无法证明质监局的提取物就是现场扣押物； 2. 双方仍对物证提取程序存在较大争议
12	李某某等17名被告人生产、销售假药案	2015. 9. 6	1. 被告人人数众多； 2. 证据材料较多； 3. 辩护人提出管辖异议	承办人、公诉人、辩护人、被告人	法院决定	1. 辩方未提出回避申请； 2. 未提出非法证据排除申请； 3. 整理被告人部分犯罪数额争点； 4. 整理部分被告人能否构成自首、立功争点； 5. 管辖权异议问题经控方解释说明，辩方仍有异议
13	姜某串通投标案	2015. 9. 9	串通投标暗中违法所得计算专业性较强的问题	承办人、公诉人、辩护人、被告人	法院决定	双方对违法所得数额表示无异议

续表

序号	案件名称	召开时间	召开事由	参加人员	启动方式	结果
14	何某某诈骗案	2015. 9. 11	被告人对指控的事实有意见，听取被告人的意见	承办人、公诉人、被告人	公诉人申请	1. 对指控的部分事实没有意见； 2. 认为部分事实数额不对，经公诉人出示证据，仍有异议
15	朱某某故意伤害案	2015. 9. 13	申请民事部分先行调解	承办人、公诉人、被告人、被害人	当事人申请	1. 被告人与被害人就赔偿问题初步达成一致； 2. 公诉人表示若赔偿到位，取得谅解，可以适用缓刑
16	章某盗窃案	2015. 9. 16	拟简化开庭审理	承办人、公诉人、被告人	法院决定	1. 被告人提出属于主动归案，公诉人表示会后核实； 2. 一致同意简化开庭审理

续表

序号	案件名称	召开时间	召开事由	参加人员	启动方式	结果
17	韩某某滥用职权案	2015.9.28	1. 社会影响大； 2. 证据材料较多	承办人、公诉人、辩护人、被告人	公诉人申请	1. 管辖权无异议，不申请回避； 2. 不申请非法证据排除； 3. 不申请不公开审理； 4. 辩方对控方证据的关联性、合法性有异议； 5. 控方对辩方证据的关联性有异议； 6. 辩方申请鉴定人出庭
18	王某某开设赌场案	2015.10.14	拟简化开庭审理	承办人、公诉人、辩护人	法院决定	一致同意简化开庭审理
19	吴某开设赌场案	2015.10.14	拟简化开庭审理	承办人、公诉人、辩护人、被告人	法院决定	1. 被告人提出有检举揭发情况，公诉人表示会后核实； 2. 一致同意简化开庭审理
20	陈某某故意伤害案	2015.10.14	申请法院主持协调达成和解	承办人、公诉人、辩护人、被害人	当事人申请	1. 双方达成和解协议； 2. 公诉人建议适用缓刑

续表

序号	案件名称	召开时间	召开事由	参加人员	启动方式	结果
21	曹某故意杀人案	2015.10.16	1. 辩护人申请非法证据排除； 2. 证人出庭问题	合议庭、公诉人、辩护人	法院决定	1. 公诉人同意排除被告人在侦查阶段供述作为非法证据排除； 2. 双方同意出庭证人名单
22	贺某某、聂某某盗窃案	2015.10.22	拟简化开庭审理	承办人、公诉人、被告人	法院决定	一致同意简化开庭审理
23	刘某某盗窃案	2015.10.22	拟简化开庭审理	承办人、公诉人、被告人	法院决定	一致同意简化开庭审理
24	茆某某盗窃案	2015.10.22	拟简化开庭审理	承办人、公诉人、被告人	法院决定	一致同意简化开庭审理
25	王某某强奸案	2015.11.4	赔偿问题了解情况	合议庭、公诉人、被告人	法院决定	1. 通过电话与被害人联系，被害人认为赔偿不少于3000元并要求被告人赔礼道歉； 2. 被告人表示愿意赔偿3000元，双方初步达成一致意见
26	孟某某、袁某寻衅滋事案	2015.11.6	拟简化开庭审理	承办人、公诉人、辩护人	法院决定	一致同意简化开庭审理

续表

序号	案件名称	召开时间	召开事由	参加人员	启动方式	结果
27	陈某某、刘某某盗窃案	2015. 11. 6	拟简化开庭审理	承办人、公诉人、辩护人	法院决定	1. 辩护人对基本事实没有意见，但认为鉴定价格偏高；公诉人提出鉴定价格合理，但由于被害人实际购买价格偏低，量刑时可以考虑，双方达成一致意见； 2. 一致同意简化开庭审理
28	李某某销售假药案	2015. 11. 13	公诉机关未明确违法所得，确定违法所得数额	承办人、公诉人、辩护人、被告人	法院决定	双方就违法所得问题达成一致意见
29	苗某某诈骗、盗窃案	2015. 11. 17	1. 被告人患有艾滋病，可能影响庭审顺利进行，听取被告人意见； 2. 作案次数较多，证据材料较多	承办人、公诉人、被告人	法院决定	对指控的事实没有意见，同意简化开庭审理

续表

序号	案件名称	召开时间	召开事由	参加人员	启动方式	结果
30	张某故意伤害案	2015.11.21	申请法院主持协调达成和解	承办人、公诉人、被告人、被害人	当事人申请	双方就赔偿问题达成一致意见，并于次日履行到位，被告人表示谅解，后双方根据会议内容达成和解协议，公诉人庭审中建议从轻处罚
31	丁某某抢劫案	2015.11.28	1. 辩护人申请证人出庭作证；2. 辩护人申请对被告人的精神状况进行重新鉴定	承办人、公诉人、辩护人	法院决定	1. 周某某等4名证人不出庭，开庭时仅通知证人周某出庭；2. 辩方暂不申请重新鉴定
32	仲某、王某某等人非法吸收公众存款案	2015.12.7	双方均申请证人出庭作证，了解双方意见	承办人、公诉人、辩护人	法院决定	确定3名证人出庭，双方对3名证人出庭作证均无异议
33	董某某故意伤害案	2015.12.8	申请民事部分先行调解	承办人、公诉人、辩护人、被害人	当事人申请	双方达成调解协议，公诉人建议适用缓刑

续表

序号	案件名称	召开时间	召开事由	参加人员	启动方式	结果
34	王某寻衅滋事案	2015.12.21	赔偿问题了解情况	承办人、公诉人、被告人、辩护人、被害人、诉讼代理人	法院决定	1. 被告人与被害人就赔偿问题初步达成一致意见； 2. 公诉人表示如果赔偿到位，可以适用缓刑

庭前会议中达成一致意见的案件有 29 件，具体情形不一，包括达成调解或和解协议、同意简化开庭审理、同意排除或不排除非法证据、同意违法所得数额、同意出庭证人名单、同意不再申请重新鉴定等。未达成一致意见的案件有 5 件，主要是对案件定性有异议、经公诉人说明仍对管辖权有异议、对物证提取过程有异议、对公诉人指控事实有异议、对对方展示的证据合法性关联性等有异议的。庭前会议的结果都会由庭前会议记录的形式加以固定，要求参会人员全部签字。在东台法院的司法实践中，控辩双方在庭前会议中达成一致意见的案件，均未在庭审中出现反悔的情况。该院认为庭前会议中达成的一致意见除非有新的事实和理由不能随意推翻，这一点会在庭前会议中予以特别说明。

二、庭前会议试点做法和经验

通过针对不同的案件召开庭前会议，东台司法机关发现了不少成功的典型。一些庭前会议的召开，对于庭审顺利进行具有较大贡献，对确定整个案件的处理方向和加快案件处理进度起到了关键性的作用。但同时也不乏一些徒劳的例子，一些庭前会议召开后并未解决取得有意义的成果（见表 4）。在总结正反两方面经验和教训的基础上，东台法院和检察院认为以下几方面做法具有一定成效。

表 4　东台法院庭前会议适用情况试点前后对比表

	2014 年 7 月 1 日至 12 月 31 日		2015 年 7 月 1 日至 12 月 31 日	
适用数量及比率	数量	比率	数量	比率
	2	1.54%	34	11.37%
适用案件类型	盗窃：1 开设赌场：1		赌博：1 受贿：1 抢劫：1 强奸：2 诈骗：2 盗窃：6 滥用职权：1 串通投标：1 寻衅滋事：2 开设赌场：2 故意杀人：1 故意伤害：7 生产、销售假药：2 非法吸收公众存款：3 组织、领导传销活动：1 生产、销售有毒、有害食品：1	
启动方式	法院决定：2		法院决定：20 控方申请：7/辩方申请：7	

续表

	2014年7月1日至12月31日		2015年7月1日至12月31日	
召开情形和原因	证人出庭：1 非法证据排除：2		证人出庭：2 非法证据排除：2 被告人数众多：2 社会影响较大：1 证据材料较多：3 被告人存在特殊情形：1 调解或和解：9件 专业性较强问题：2 其他：11	
主持人	合议庭：2		合议庭：8 承办法官：20	
被告人、辩护人出席	被告人	辩护人	被告人	辩护人
	2	2	28	21
证人出席	0		0	
召开地点、次数	法庭：2		法庭：22 会议室：5 法官约见室：2 看守所：5	
控辩双方在庭前会议中意见	达成一致	未达成一致	达成一致	未达成一致
	1	1	29	5
控辩双方在庭审中提出异议	0		0	
控方排除非法证据	0		1	

（一）庭前会议召开必要性判断

《刑事诉讼法》第182条第2款的定位很明确，就是庭审的准备程序之一。第182条第1、3、4款都使用了“应当”一词，仅第2款使用“可以”一词。可见，庭前会议是否召开具有可选择性，准确判断召开庭前会议的必要性很有必要，是关系到事半功倍或事倍功半的问题。东台人民法院认为，在送达起诉书时就应当有意识地简单询问被告人及辩护人一些问题，如对管辖权有无异议，指控的事实是否有意见、有何种意见，是否认罪，对归案方式有无异议，有无检举揭发的情况，是否申请附带民事部分先行调解，是否申请非法证据排除等问题。通过送达起诉书时简单询问，结合阅卷和控辩双方的简单沟通，可以大致判断出是否具有召开庭前会议的必要。

（二）庭前会议处理简易程序案件

在庭前会议中处理简易案件方面，对于一些事实清楚、证据充分的简易案件，同样可以召开庭前会议，并进一步简化庭审。这里的简易案件不仅仅是指公诉机关建议适用简易程序的案件。即使是被告人不认罪的案件，也可以通过召开庭前会议，促使被告人认罪，进而进行简化审理。东台法院共有9件建议案件召开了庭前会议，对于同一公诉人的批量简易案件，甚至可以在送达起诉书时就通知公诉人到场，首先，在被告人签收完起诉书后，立即召开庭前会议。具体做法包括：询问被告人对指控的事实、罪名有无意见，是否认罪。如果认罪，告知其认罪的法律后果，同时提前调查自首、坦白、立功等情节问题，防止出现被告人在庭审中提出自己有检举揭发他人犯罪的立功表现或者庭审中发现归案方式有疑问需要休庭核实调查的情况，避免再次开庭。其次，要求公诉人当场发表量刑建议，被告人可对量刑建议发表意见。最后，告知双方该案开庭时间，并就案件简化开庭审理后作出判决征求双方意见。

上述做法明显提高了庭审节奏，缩短了开庭时间。尤其是对同意公诉人的简易案件进行批量审判，效果更明显，节省了来回押解被告人的时间，也节省了公诉人和承办法官的时间，提高了效率。另外，因在庭前事先征求了被告人的意见，被告人比较服判，最终的判决效果也非常理想，上述9件简易案件均未上诉。而且，召开庭前会议批量处理简易案件与被告人认罪认罚轻案快审机制相呼应，在推进相关司法改革的过程中可以大胆适用庭前会议制度。

（三）庭前会议中进行证据展示

在庭前会议中进行证据展示方面，《刑事诉讼法》第183条规定证据材料较多或者案情重大复杂的可以召开庭前会议。这类案件召开庭前会议的目的不外乎进行证据的展示和交换。在庭前会议上控辩双方对所获证据进行展示的过程中可在审判组织的主持下，对所展示的证据征询控辩双方的初步意见，明确哪些证据双方无意见，哪些证据双方有争议。对于无争议的证据进一步明确双方在庭审中不再进行详细的举证和质证，仅说明证明目的。对于有争议的证据，要求举证方重点准备，要求质证方进行必要的答辩准备。

第五章　我国刑事诉讼庭前会议制度的框架构建[①]

针对前文中分析的诸多法律制度和司法实践中存在的问题，笔者认为可以从明确庭前会议的功能定位、完善庭前会议的程序设置，以及明确庭前会议的结果形式和效力三个方面对我国现行庭前会议制度加以改进和细化。在此基础上，按照全面推进依法治国决定的精神和司法改革部署的要求，进一步提出完善庭前会议制度的具体思路。

第一节　刑事诉讼庭前会议的功能定位

一、刑事立法中庭前会议的功能定位

从制度的本源来看，庭前会议最直接和基本的作用就是为审判活动提供铺垫。根据现有立法，庭前会议相关内容出现在《刑事诉讼法》第 182 条之中，处于法院对公诉案件进行审查并决定开庭审判之后，正式庭审之前，其内容均为开庭前的准备。为何召开庭前会议，据立法机关职能部门的解释，“在庭审前对这些可能影响公正审判的问题听取意见，有助于法官确定庭审的主要争议点，

① 本节中的部分数据和内容来源于作者与卞建林教授合作并发表的调研报告，此在原文基础上有较大删改。具体参见卞建林、陈子楠：《庭前会议制度在司法实践中的问题及对策》，载《法律适用》2015 年第 10 期。（中国人民大学复印报刊资料《诉讼法学、司法制度》2016 年第 1 期全文转载）。

妥善安排庭审过程”。[①] 最高人民法院也认为庭前会议是“为确保庭审程序的顺利和高效进行而设置的，并非确定案件事实的审判程序。因此，庭前会议主要是程序性审查，即围绕回避、出庭证人名单、非法证据排除等与审判相关的问题，了解情况和听取意见”。[②] 因此，从审判机关的角度出发，实践中这一制度的功能定位还是庭审准备活动，出发点和落脚点都是庭审活动能够得到顺利的进行，保证庭审的效率和质量。同时，通过司法实践积累经验和发现问题，为配合以审判为中心的诉讼制度改革和其他相关司法改革打好基础，创造条件。例如，在以下一则实证案情重大复杂的案例中，庭前会议就成功地帮助法院在开庭之前对案件的争议和焦点进行了梳理，极大地提高了庭审的效率。

2008 年 3 月至 2010 年 6 月，被告人顾某在盐城市亭湖区、射阳县、大丰市等地先后注册成立江苏某某投资集团有限公司等公司，并聘请王某某、被告人顾某 1、被告人郭某某、被告人李某某和顾某 2 等人为上述公司负责人，后由负责人招聘大堂经理、会计、柜员、驾驶员、吸储员。通过发放吸储员工资，提取业务费吸引吸储员，由吸储员向不特定公众口口相传，以发放纪念品及高于银行同期利率、承诺还本付息的方式向社会不特定对象吸收存款，并开具了《江苏某某投资集团委托投资存单》等凭证。此外，被告人顾某还向东台的徐某某非法吸收公众存款。在被告人顾某自 2009 年 12 月起先后成立公司非法吸收公众存款期间，被告人丁某某、徐某协助顾某管理公司的运作。截止到 2013 年 1 月，被告人顾某非法吸收公众存款对象 11498 人，金额为 778764464. 2 元，尚有人民币 158726147. 2 元未得到兑付。

此外，2012 年 3 月 18 日，大丰市公安局立案调查大丰市某 1

① 郎胜主编：《中华人民共和国刑事诉讼法释义》，法律出版社 2012 年版，第 395 页。

② 张军主编、胡云腾副主编：《〈中华人民共和国刑事诉讼法〉适用解答》，人民法院出版社 2012 年版，第 295 页。

投资有限公司、大丰市某2投资有限公司非法吸收公众存款案，至此大丰市某1投资有限公司、大丰市某2投资有限公司、大丰市某3投资有限公司、大丰市某4投资有限公司均停止了运营行为。2012年4月，被告人顾某明知没有归还前期非法吸收公众存款的能力，仍以《盐城市某某二手车交易市场有限公司股金》和《江苏某某投资集团委托投资存单》《射阳县某某有限公司合作凭证》的形式继续向社会不特定对象吸收存款，将其中非法吸收公众存款的人民币现金12016917元中的2000000元用于盐城市某某二手车市场的运营，其余的10016917元，被告人顾某用于支付部分到期的非法吸收存款的本金和利息。

这起案件共40名被告人，卷宗300余册，涉案金额7亿余元，案情特别重大、复杂。在起诉后法庭共依职权召开3次庭前会议，参加人员为审判员、公诉人、辩护人、全体被告人，庭前会议主要围绕证据开示、非法吸收公众存款数额的认定、核实被告人已兑付的数额等展开。最终达成一致意见，基本确定了各被告人非法吸收公众存款的数额。庭审中，各被告人和辩护人就已经达成的事项未提出异议，庭审顺利结束，庭前会议起到了节约开庭时间、提高诉讼效率的作用。

从上文可以看出，检察机关参与庭前会议的初衷一般包括以下三点：一是及时总结整理，明晰争议焦点。庭前会议后，根据会议中了解的情况，由承办人对被告人及辩护人提出的意见进行归纳总结，列明在庭审中需要注意的问题，为庭审做好准备，保证法庭集中审理解决被告人的定罪量刑问题，避免不必要的庭审停滞。二是集中查漏补缺，完善证据体系。对庭前会议中控辩双方的焦点问题进行核实，重点对辩方提出的无罪、罪轻的卷外证据及有争议的证据进行审查。针对辩护人提出的非法证据排除及证据瑕疵问题，积极与侦查机关沟通，完善瑕疵证据，补强证据漏洞。三是加强庭审准备，提高诉讼效率。针对庭前会议中发现的问题，认真拟写出庭提纲，进一步厘清举证思路，为法庭调查、辩论做好充分的准备。

二、司法实践中庭前会议的功能定位

庭前会议的司法实践往往超出了庭审准备活动这一制度性定位，而出现了程序分流、对证人证言进行举证质证等多种功能。不仅如此，这些存在于立法机关和最高司法机关所划定的制度框架以外的功能大有喧宾夺主，成为基层司法机关庭前会议主要活动的倾向，同时法院和检察院在庭前会议功能的定位上还会存在一些分歧。据笔者观察，回避和管辖权的争议在现实的司法活动中毕竟不多，很多情况下被告人及其辩护人提出的此类申请均不符合法律规定，法官完全可以当庭予以驳回。真正需要依法由法院院长、检察院检察长决定的回避事项，笔者在调研中还没有接触到。出现在庭前会议中最多的问题往往与证据的客观性、合法性、关联性相关，如常见的非法证据排除问题，其他还包括检察机关最希望进行的证据开示，以及对证人证言等言词证据的质证。其中给笔者留下最深刻印象的当属证人证言。因为依据法律的规定，庭前会议仅可就出庭证人名单听取双方意见，但是现实中则演变为基层法院通过庭前会议来核实证人证言，检察机关会相应地提出公诉意见或证据材料，反驳证人证言的真实性或者关联性，法院会对该证人证言是否可以作为定罪量刑的依据作出裁断。庭前会议中完成了证人证言的质证工作，证人也不必再次出庭作证了。在这里，庭前会议实际上已经不是审判的准备活动，而是审判活动。实践中，有些地区的法院和检察院对此均持赞同的态度，但是有些地区的检察机关在一些案例中就提出法庭要求十余名证人出席庭前会议，法官、辩护人均询问了其部分与案件事实相关的实体性问题，导致会议时间过长，效率明显下降，庭前会议部分代替了庭审作用的问题。

例如，笔者在调研中了解到的一起案件，经查被告人杨某于 2012 年 4 月至 9 月先后盗窃作案三起，合计窃得水泥管桩 271 根，共计值人民币 92180 元。在 2014 年 3 月 13 日第一次开庭审理此案前，被告人杨某向法庭提供新的证人以证明自己是受委托而出卖被害人的管桩，而非盗窃后销赃，认为自己的行为不构成盗窃罪。其称在侦查阶段及审查起诉阶段没有记起还有这个证人，到了法院审理阶段才想起来，故向法院提出新的证人出庭作证。

据此，东台市人民检察院向法院申请召开庭前会议，对被告人提出的新证人及其证言进行质证，由公诉机关对新证据的客观性、合法性、关联性进行审查。东台市人民法院在审判庭召开了庭前会议，由公诉人、被告人及其辩护律师，以及证人共同参加。在庭前会议中，因为被告人提出的新证人证言在诉讼前期侦查阶段和审查起诉阶段都没有依法提出，公诉机关据此怀疑该证言的客观真实性、合法性，以及关联性。控辩双方最终没有能就该证言达成一致意见，公诉人请求法庭对本案延期审理，以便核查新的证人证言。

公诉机关在庭前会议后对相关证据核实后认为，被告人杨某在庭审之前的18份笔录中均没有提出其有证人能够证实他是接受被害人的委托而出卖水泥管桩，而是在庭审之前提出新的证人证言，因此怀疑证人有作假证嫌疑，建议公安机关对此证人进行调查核实。经公安机关调查，该证人又改变之前的证言，称在场时看到和听到被害人委托被告人帮助介绍处理剩余的管桩，而不是此前证言中所称委托被告人出售管桩。被害人也证实从来没有委托过他人帮其出售管桩。经过补正，在庭审中公诉机关以充分的证据证实被告人所做的供述为假。法院认可了公诉机关的观点，对被告人作出有罪判决。

三、对我国庭前会议功能定位的完善

笔者认为，对于司法实践中一些好的做法和经验，立法者有必要认真倾听，如完善庭前会议中辩方证据开示的义务和范围规定，使得目前单方面的证据开示朝着双方对等开示的方向发展。还可以结合相关简易程序、刑事速裁程序、辩诉协商的改革试点，突出庭前会议程序分流的功能，设置被告人认罪答辩机制。使得庭前会议功能定位能够充实和丰富起来，增强制度的实用性。另外也要对实践中一些明显超出准备程序定位的做法进行纠正，树立以审判为中心的观念，不能够用庭前会议取代正式庭审举证、质证、辩论、裁判的功能，明确二者之间的界限和范围，各司其职，形成制度合力。

第二节 刑事诉讼庭前会议的主体

庭前会议是审判活动的准备程序，涉及各种程序性事项的处理，笔者认为应当对庭前会议和庭审的法官进行分离，或者主要由承办人的法官助理来完成庭前会议的各项活动。被告人的参与是庭前会议取得实效的助推器，需要明确被告人在不同情况下参与庭前会议的权利和义务，保障被告人在非法证据排除程序中获得律师的帮助，以使其能够有足够的能力与追诉机关就证据收集的合法性问题进行平等与公平的对抗，维护自身的合法权利。

一、庭前会议的启动权

目前，在我国司法实践中，庭前会议主要是法院依职权启动。例如，江苏省盐城市 2014 年至 2016 年 3 月召开的 69 次庭前会议中，法院依职权启动的有 51 次，占 73.91%，由检察院建议法院启动的有 9 次，占 13.04%，当事人申请启动的有 9 次，占 13.04%。笔者认为，根据我国的实际情况，在《刑事诉讼法》或司法解释中应明确区分召开庭前会议的申请权和决定权两项权能。

（一）庭前会议的申请权

从上文的调研数据和案例中可以总结出以下两点：一是庭前会议申请的主体既包括检察机关也包括被告人及其辩护人；二是检察机关和辩护人申请权的使用率因地域的不同而存在变化，有的地区检察机关申请次数较多，有的地区则相反。因此，笔者认为法律首先应当平等对待控辩双方的庭前会议申请权，对于双方的申请采用相同的程序，满足同等的条件。

一方面，控辩一方申请召开庭前会议的应当提供书面申请，或者由法院统一制定“庭前会议申请表”等文书，详细记载案件名称、申请人、参与人员、申请原因、需要或建议讨论的事项等内容。如有必要，申请方也可以随表附上相关证据材料或线索，如辩护人如果提出非法证据排除申请的，可以随表提供可能存在刑讯逼供或者疲劳审讯等情况的照片、体检表等线索材料，便于法庭作出召集庭前会议的决定。

另一方面，在证据交换或者认罪认罚等情况下，控辩双方也可以在事前沟通时取得召开庭前会议的一致意见，共同建议法庭召开庭前会议。控辩双方可以在法庭的主持下进行相关证据和争点的整理等活动，或者是被告人在审查起诉阶段已经认罪，公诉机关认为可以适用简易程序、速裁程序等方式对案件作出快速处理，由法庭在庭前会议中审查被告人认罪的自愿性和明智性，以及适用相关程序的意见，发挥庭前会议程序分流的作用等。

（二）庭前会议的决定权

庭前会议的审判机关的决定权包括两个部分：一是法庭可以依据控辩双方的申请召集庭前会议；二是直接依职权主动召集庭前会议。

一方面，不论是前文一些国家或地区的刑事程序法，还是我国庭前会议的司法实践均认同法院可以依据控辩双方的申请决定召开庭前会议。这样的做法也得到笔者此前问卷调查结果的印证，尽管该题为多选题，但一目了然的是受访三地司法机关均较为认可由法院享有程序启动的决定权（见图 21）。笔者认为，法庭可以在收到控辩一方或双方提交的庭前会议申请表后，对申请原因和计划讨论的事项进行书面审查，只要符合法律规定和案件需要的，法庭应当尽可能为控辩双方的协商提供合适的场合和机会。对于控辩双方达成合意或因被告人认罪，而进行程序分流的庭前会议，法庭在一般情况下不应当拒绝。在这种情况下，法庭甚至可以将若干案件的庭前会议安排在同一天依次进行，以提高程序分流的效率。另外，法庭认为控辩双方的申请在不符合实际情况或法律规定的情况下，应当及时将不予召开的处理决定通过口头或者书面的方式通知申请人，以便申请人做好相关的准备和安排，这里特别需要保护的是辩护律师的知情权。此外，笔者认为法院对于不同意的决定应当说明具体的理由。

另一方面，法院依据职权主动召开庭前会议也是国内外司法实践较为常见的做法。经阅读起诉书等材料，如果法官认为案情重大复杂、社会影响较大的，或者证据材料较多需要在开庭前明确案件争议等情况，可以向控辩双方发出召集庭前会议的书面通知，并说明意欲讨论的事项，以便控辩双方能够为庭前会议中的沟通做事前准备。控辩双方接到法庭发出的书面通知后必须参加庭前会议。据笔者了解，我国司法实践中存在法庭要求召开庭前会议，辩护律师拒绝参加的情况。笔者认为，应当赋予法庭召集庭前会议通知以权威性和强制性，如果控辩双方无正当理由不参加庭前会议的，法庭可以分别向公诉机关或是司法行政部门发函要求按照规定给予纪律处分或其他形式的处罚。

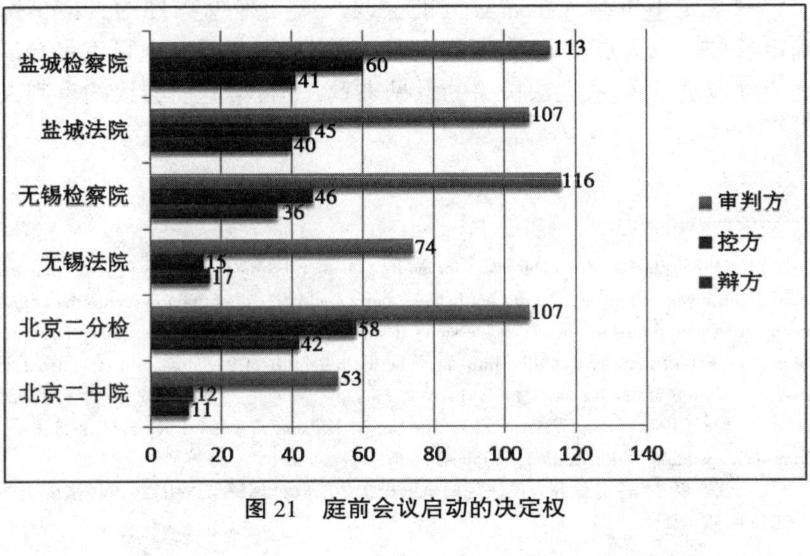

图 21　庭前会议启动的决定权

二、庭前会议的主持者

起初，《刑事诉讼法》和司法解释都没有关于庭前会议主持者的规定，实践中有时合议庭全体法官都会参与庭前会议的讨论，有时是其中某一位法官来召集和主持相关程序。在这种情况下同一个法官实际上既决定程序性问题又参与后续案件实体性问题的裁判。包括英美国家在内的很多海洋法系国家都选择单独设立预审法官主持庭前的准备活动，而事实的审判者，如陪审团或者庭审法官只参与法庭审理的活动。正如美国联邦最高法院在莱戈诉特姆伊案（*Lego v. Twomey*）中的多数意见所述："恰是因为无论是强迫或自愿作出的有罪自白，都可能是真实而有力的证据，我们不相信陪审团可以被要求忽视一个真实的但却是受到胁迫而作出的自白的证明价值。我们认为，在判断自愿性的过程中，陪审团也可能会受到准确叙述事实的自白可靠性的影响。"① 也即存在区别庭前会议和法庭审判中审判人员的现实必要性。

根据审判机关的理解，"对于庭前会议的主持者，《刑事诉讼法》只规定由审判人员召集庭前会议，应当根据案件的具体情况确定参加审判人员的范围，可以是合议庭部分成员，也可以是合议庭全部成员"。② 从立法机关的意见来看，"召集庭前会议的审判人

---

① "Precisely because confessions of guilt, whether coerced or freely given, may be truthful and potent evidence, we did not believe a jury could be called upon to ignore the probative value of a truthful but coerced confession; it was also likely, we thought, that in judging voluntariness itself the jury would be influenced by the reliability of a confession it considered an accurate account of the facts." From Lego v. Twomey, 404 U.S. 477, 92 S. Ct. 619, 30 L. Ed. 2d 618 (1972). *See* Wayne R. LaFave, Jerold H. Israel, Nancy J. King, Orin S. Kerr, *Criminal Procedure*, Fifth Edition, Minnesota: West, p. 568.

② 江必新主编：《最高人民法院刑事诉讼法司法解释理解与适用》，人民法院出版社 2015 年版，第 559 页。

员可以是合议庭成员”。[①] 言外之意，召集者当然也可以是合议庭以外的人员。例如，上文所述《最高人民法院关于完善人民法院司法责任制的若干意见》第15条和第16条关于独任制和合议制案件审理时法官指导法官助理做好庭前会议等相关工作的规定，进一步明确了法官助理等合议庭以外人员主持庭前会议的可能性。

英美法系国家这种庭前会议主持者与庭审法官相分离的制度设置很值得我们深入地进行思考，笔者设想除现行规定中法官助理协助主持庭前会议的进步以外，将来法院立案庭的法官是否也可以承担这项任务，让刑事审判庭的法官专门负责庭审中的审判活动，以实现将非法证据等一系列可能影响案件公正判决的因素排除于事实裁判者视线之外的程序初衷。这也是我国司法体制改革的必然要求。例如，随着我国人民陪审员制度的不断发展，更多不具备法律专业素质的人民群众加入了对案件事实和证据进行审理的活动中。2015年“全国人民陪审员总数达到21万人，共参审案件219.6万件。积极拓展人民陪审员参审范围，山东省东营市中级人民法院吸收人民陪审员参与审理倪发科受贿、巨额财产来源不明案，系人民陪审员首次参审重大职务犯罪案件。”[②] 由此对案件事实的认定必须建立在客观、合法和关联的证据之上，将可能影响事实裁判者对案件评价形成的非法证据排除在其视野之外显得更为迫切和必要。这就需要作出两方面的努力，一是对人民陪审员参与庭前会议等准备活动的条件作出必要限制，特别是在涉及非法证据排除的情况之下，如果事实的裁判者参与庭前会议，难免会受到相关证据的影响；二是之前所提及的将非法证据排除于庭审之外。

---

① 朗胜主编：《〈中华人民共和国刑事诉讼法〉修改与适用》，新华出版社2012年版，第327页。

② 参见《周强作最高人民法院工作报告（全文实录）》，载 http://www.court.gov.cn/zixun-xiangqing-17712.html，2016年3月18日访问。

三、庭前会议的参与人

我国庭前会议制度设计之初即带有明显的职权主义倾向，过于强调司法公权力，特别是法官的职权在庭前会议中的作用。这样设计的初衷自然是源于对先前庭审实践的反思和其他国家与地区的经验借鉴，希望能够通过诉讼程序的完善帮助法官解决很多制约庭审效率进一步提高的程序性问题。但是，“从法治国家的经验看，庭前会议应该是初步开庭的程序，作为一种诉讼程序，应该让双方当事人进行有限的辩论，规定相应的权利，而不仅仅是法官‘了解情况，听取意见’。”①

我国《刑事诉讼法》和最高法《解释》在庭前会议参与者的范围划分方面确实存在很多疏漏，特别是在对辩护方的规定方面。对于被告人，立法采取的是赋予法庭以个案权衡的裁量权，是否允许可以视被告人羁押的情况和庭前会议内容而定，而对于辩护人则没有直接作出明确的规定。开庭审理之前被告人往往被羁押于看守所，这就给庭前会议中被告人的到庭增加了很大的困难。在司法实践中，很多情况下庭前会议的参与方只有公诉机关与辩护人，没有被告人参与；或者被告人在场却没有辩护人提供法律帮助，出现了很多问题。例如，笔者在针对江苏省泰州市非法证据排除问题的调研中了解到，在被告人没有参加的情况下，检察机关要求辩护人在参加庭前会议前要征求被告人的意见，并及时将庭前会议情况告知被告人。但由于上述要求不具备强制力，庭前会议的情况被告人在开庭审理前可能一无所知，即使被告人知悉了庭前会议的情况，也有可能否认庭前会议的结果，使庭前会议流于形式。而盐城市的检察机关则认为审判人员、公诉人、当事人、辩护人、诉讼代理人都是庭前会议的参与人员。审判人员参与的范围应以决议事项的权限

---

① 陈卫东主编：《2012 年刑事诉讼法修改条文理解与适用》，中国法制出版社 2012 年版，第 255 页。

为标准，凡是应当由合议庭决定的事项，应当由合议庭成员参加共同决定。公诉人、辩护人需出席庭前会议，这样有利于控辩双方对争议事项的解决和证据的出示。另外，必要时应允许侦查人员、鉴定人参加庭前会议，尤其是在非法证据排除的案件中，侦查人员、鉴定人出席庭前会议有利于说明证据的来源及解释相关专业性较强的问题。

从联合国刑事司法准则的角度出发，按照联合国《公民权利和政治权利国际公约》第 14 条第 1 款第 2 句的规定，“人人有资格获得公正的和公开审讯”①。该条第 3 款详尽地说明了对刑事指控进行“公正的审讯”的条件②，其中即包括“出席受审并亲自替自己辩护或经由他自己所选择的法律援助进行辩护”并且“讯问或业已讯问对他不利的证人，并使对他有利的证人在对他不利的证人相同的条件下出庭和受讯问”③。庭前会议中对证据收集合法性进行的调查及就此作出的相关决定可能对被告人的定罪量刑具有非常重要的意义，被告人及其辩护人参与庭前会议“并不只是被动地充当质证者的角色，还有可能充当积极的举证者”④，因为被告人是非法取证行为的直接受害者与亲历者，他的供述对于法庭的证据收集合法性调查具有较高的证明价值。因此，确立被告人参与庭前会议的权利有利于促进诉讼程序正义。此外，由于对证据收集合法性的调查涉及专业的法律知识与技能，很多被告人仅凭借自身能力难以胜任举证与质证的诉讼行为，需要有律师在场提供必要的协助。

---

① 杨宇冠、杨晓春编：《联合国刑事司法准则》，中国人民公安大学出版社 2003 年版，第 433 页。

② 杨宇冠主编：《联合国人权公约机构与经典要义》，中国人民公安大学出版社 2005 年版，第 189 页。

③ 杨宇冠、杨晓春编：《联合国刑事司法准则》，中国人民公安大学出版社 2003 年版，第 434 页。

④ 陈瑞华：《刑事证据法学》，北京大学出版社 2014 年版，第 353 页。

对于被告人参加庭前会议的问题，《刑事诉讼法》使用了“可以通知被告人参加”的表述。这在实践中主要有两种情形：一是庭前会议可能涉及非法证据排除的，可以通知被告人参加会议，让被告人充分表达意见，结合案件情况与其他证据，决定是否排除非法证据。二是庭前会议涉及附带民事诉讼调解的，可以通知被告人参加会议，有利于其亲口表达自己的意见，提高调解的成功率。被告人不参加庭前会议的，达成的合议对被告人产生效力。笔者认为，为彰显被告人的诉讼当事人地位和加强对被告人诉讼权利的保障，原则上应当通知并保障被告人出席庭前会议。庭前会议中对证据收集合法性进行的调查及就此作出的相关决定可能对被告人的定罪量刑具有重要的意义，被告人参与庭前会议“并不只是被动地充当质证者的角色，还有可能充当积极的举证者”①，因为被告人是非法取证行为的直接受害者与亲历者，他的供述和质证对于法庭开展证据收集合法性调查具有很高的价值。因此，确立被告人参与庭前会议的权利有利于促进诉讼程序正义。但考虑到被告人所处的审前羁押状态和现代城市交通日益拥堵的现实，可以探索通过视频出席庭前会议的做法。在被告人羁押的情况下，如果法庭距离看守所较近，交通比较方便，出于安全等诸多方面的考虑可以直接在看守所召开庭前会议，或者由法警将被告人押解到法庭中参与庭前会议。在看守所离法庭较远，或者交通不便的情况下，抑或者存在其他使得押解到庭存在困难的情况下，可以在法庭和看守所之间架设远程的视频网络，通过音频或者视频的方式让被告人参与到庭前会议中来。这样既可以保障被告人的程序参与权，又有利于法庭对于诸如非法证据排除等问题进行有效的听证。因为在很多情况下，刑讯逼供行为存在隐蔽性和直接性的特征，关于非法取证的时间、地点、人员、手段等线索或证据材料只有刑讯逼供的当事人最清楚。在这种情况下就可以通过视频的方式让一些原本客观条件不允许的

① 陈瑞华：《刑事证据法学》，北京大学出版社 2014 年版，第 353 页。

被告人参与庭前会议。当然，在有些情况下，被告人可能不愿意参与庭前会议，应当允许其在获得律师有效帮助的情形下放弃行使出席庭前会议的权利。

对于辩护人参与庭前会议而言，目前面临的问题集中体现在辩护律师参与庭前会议的积极性不高，不愿申请、不愿讨论、不愿到会的情况广泛存在。笔者在与许多法官的座谈中都了解到，在一些案件中法庭向被告人的辩护律师发出了参与庭前会议的通知，有的律师在庭前会议中不向控方提供辩护意见，不积极回答法庭提出的一些问题，更有甚者直接拒绝参与庭前会议。由于法律规定没有赋予法庭强制辩护律师参与庭前会议的权力，也没有要求律师必须配合法庭和公诉人召开庭前会议的义务，所以实践中遇到这样的情况，法庭只能不了了之。笔者认为，我们在关注辩护人参与庭前会议权力的同时，也不能忽视实践中的种种怪相。法律的权威性根植于国家强制力的保障，如果一项诉讼程序缺少了强制性，甚至充满了随意性，怎能期待程序的参与者认真对待自己的权利？因此，司法实践对庭前会议召集的强制性提出了新的要求，需要对辩护人参与庭前会议的义务作出明确的规定。例如，可以规定法庭应当通过书面或者口头的方式向辩护人、诉讼代理人等发出召开庭前会议的通知，这是对其程序参与权和知情权的保障。但同时，辩护人和诉讼代理人在接到法庭通知后，必须出席庭前会议，积极参与庭前会议的讨论，帮助法庭了解与案件审判相关的情况，这是辩护人和诉讼代理人作为程序参与者应尽的法律义务。对于没有正当理由拒不参与庭前会议的，法庭可以向司法行政部门通报相关情况，由司法行政部门依具体情形对辩护人或诉讼代理人进行处罚，这是程序的强制力在特殊情况下的体现。

此外，最高检《规则》已经对承办案件的公诉人参与庭前会议作出了明确的规定，人民法院在必要时还可以通知案件侦查人员、鉴定人、证人等参加庭前会议，就涉及案件证据或者需要专门知识的问题询问相关情况。法院对上述诉讼参与人参与庭前会议的通知同样应当具有法律强制力的保证，经人民法院通知，上述人员应当参加庭前会议，否则需要向法庭提供书面情况说明。

第三节 刑事诉讼庭前会议的程序设置

完善的程序设置是庭前会议制度有效适用的前提，针对实践中存在的问题，可以从启动方式、参与主体、地点，以及召开程序等方面加以明确。

一、庭前会议的地点

调研中，笔者通过多选题考察了受访者对法庭、会议室和看守所远程视频等不同地点的倾向性。问卷调查结果显示，受访的法官和检察官更倾向于在法庭（占总数的49%）中召开庭前会议，认为这样可以为被告人的程序性权利提供更好的保护，也有利于保证庭前会议结果的权威性和有效性。占总数31%的人支持在会议室中召开庭前会议，理由在于会议室相对放松的环境更加有利于公诉人、辩护人、诉讼代理人和审判人员一起就与审判相关的法律问题展开深入和高效的讨论，实现庭前会议的制度初衷。而因为场地、设备、技术及受到当前司法工作人员对新技术手段认识和接受程度的影响，“看守所远程视频”这一选项所占比例较小，仅为17%（见图22）。

据笔者的理解，多数受访者认为将庭前会议的地点设定在法庭主要是从被告人权利保护的角度出发。法庭中国徽高悬，法官需要着法袍，秩序严肃，这些元素都使法庭给人以较高的威严感。在这种威势之下，庭前会议的参与者会更加认真地参与到相关问题的讨论中，严格遵守法庭秩序和诉讼程序。会议室的特点是气氛较为和缓，各方可以针对审判的相关问题畅所欲言，发表自己的看法。在这样的环境下，由于对抗氛围的减弱，双方更能够在某些问题上深入交换意见，在可能的情况下更有意愿作出让步，形成较为一致性

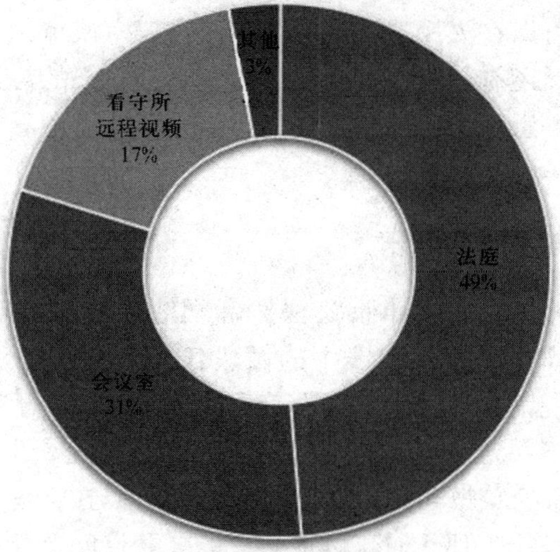

图 22 庭前会议召开的地点

的意见。实践中，从案例反映出的情况就是，如果法官想要程序更为正式并需要对某些问题作出决定，如存在要求证人出席庭前会议接受控辩双方询问的情况，会选择在审判庭召开庭前会议。如果法官希望在庭前会议中促成双方就某些问题达成合意，或者只有公诉人和辩护律师、诉讼代理人等法律职业人员就相关法律问题进行讨论的情况下，如被告人与被害人等达成民事和解协议等，法官会更倾向于在法院的会议室中召开庭前会议。

综上，笔者认为庭前会议地点的选择固然对被告人程序权利的保障存在影响，但这种影响是细微的，不是决定性的。只要对庭前会议的程序进行细致和周到的考虑，可以在很大程度上消除权利保障的差异。因此，应当赋予法官对庭前会议召开地点的裁量权，可以根据具体案件的情况选择法庭、会议室或是其他的方式。或者也可以表述为庭前会议召开的地点应当以法庭为一般原则，以更加全面地保护被告人的诉讼权利，但考虑到实践中的特殊情况，在只有公诉人和辩护人，或者诉讼代理人等具有法律专门知识的人参加的情况下，也可以在人民法院的办公室、会议室或审判人员认为合适的地点召开。还有如上文分析的，处于羁押状态的被告人参与庭前会议不便的，法庭也可以选择通过远程视频或者在看守所召开庭前会议。

二、庭前会议的公开

目前，我国的《刑事诉讼法》和司法解释没有对庭前会议是否需要公开作出规定，实践中的做法各异，有的法院认为应当公开，有的法院则认为无须公开，甚至在同一法院中不同法官对该问题的看法也不一致，很不利于程序的规范性和权威性。根据笔者上文分析，庭前会议既可以在法庭举行，也可以在会议室、办公室等合适的地方举行，那么对于庭前会议的公开性问题就需要分情况作出讨论。第一，如果庭前会议在法庭上举行，那么就应当允许社会群众旁听。因为“正义不仅要实现，而且要以看得见的方式实现”，既然选择法庭这一地点的出发点就是为被告人的合法权利提供特殊保护，那么将庭前会议向社会公开，允许旁听只会促进权利的保障，而不是相反。这样做一方面可以规范实践中在会议室、候审室、看守所等地点召开庭前会议中可能存在的不规范做法，另一方面可以提高诉讼程序的透明度，特别是在一些社会影响较大的案件中，保障社会公众的知情权和舆论的监督权对于提高处理决定的可接受性和人民法院的司法公信力有着不可或缺的作用。第二，如果庭前会议是在会议室、办公室等地点举行，那么就可以选择不向社会公开进行。一是因为会议室和办公室空间较法庭狭小，没有接待旁听者的能力，二是因为不公开进行可以为控辩审三方提供较为宽松的交流环境，就法律问题进行专业的探讨，有利于问题的解决。与此同时，这种不公开并不是等于将庭前会议开成保密的闭门会议，或者控辩双方可以在私下达成某种协议等，法庭完全可以通过公开庭前会议纪要，让人民监督员旁听会议等形式实现对会议内容和程序的公开与监督。

综上，庭前会议的公开与否应当和会议举行的地点相结合，针对具体的情形选择不同的公开形式，但归根结底都是为了保证庭前会议程序本身及其结果的合法性和权威性，确保不能损害当事人的合法权利。

三、庭前会议的一般程序

我国法律和司法解释都没有对庭前会议召开的程序作出专门性的规定，这可以理解为立法者和最高司法机关都认为庭前会议是一个较为宽松的程序，控辩审可以就事论事地进行庭前准备活动，讨论与审判相关的问题，如果像审判一般规定法庭调查、法庭辩论等程序规则反而会束缚庭前会议制度的活力。从司法实践的经验总结来看，检察机关认为需要从以下三点落实庭前会议的相关制度功能：一是坚持平等协商，保障各方权利。庭前会议中充分尊重被告人及其辩护人自行辩护、发表意见、提出异议、申请补充证据等权利，对于程序性问题坚持以平等协商的方式予以解决，将具有实质性争议的实体问题留到庭审中，对有异议的证据，在庭审时重点调查，无异议的，庭审时举证、质证可简化。二是注重意见交换，提高司法效率。在庭前会议中对拟提交庭审的证据种类、内容进行展示，针对当事人及辩护人提出的与审判相关的问题进行说明，就回避、管辖等审判程序性问题与辩护人、审判人员充分交换意见，从而实现控辩审三方在最大范围内达成共识的目的。三是强化法律监督，明确会议功能。充分发挥法律监督职责，对法院的召集程序、参与人员、会议过程、讨论内容等予以监督，保证庭前会议依法进行。明确会议对于实体问题，仅进行争议焦点的归纳总结，只示证不质证。

从域外的立法和司法经验来看，英、美等国也都没有对庭前会议等相关制度的程序作出明确的规定，多是以解决问题为导向，法官可以权宜决定。因此，笔者认为，对于庭前会议的程序完全可以进行框架式的轮廓规定，其中的细线条应当根据讨论事项的不同而具体勾勒。例如，庭前会议开始时，主持庭前会议的法官或法官助理查明公诉人、当事人及其辩护人、诉讼代理人是否到会。被告人参加庭前会议的，法庭应当告知并确认被告人了解其享有的诉讼权利。之后，如果庭前会议是由法庭要求召开的，主持庭前会议的法官或法官助理应当宣布召集庭前会议的事由，再依次就具体事项征询控辩双方及其他参与人员的意见。如果庭前会议是依控辩双方申请而召开，那么首先就应当由申请的一方就召开庭前会议的目的作出说明，并提出自己对该问题的意见或看法，之后再由另一方发表意见。庭前会议中需要听取意见，了解情况的事项较多的，人民法院应当依次分别进行。经庭前会议的主持者许可或控辩双方的申请，一方可以对双方争议较大的问题进行说明，必要时可以提出证据加以证明。庭前会议结束时，由法官就本次会议讨论的问题、取得的成果、尚存的分歧等作出总结。书记员需要将庭前会议的纪要或者记录交予控辩双方阅读，确认无误的应当签名。

第四节 刑事诉讼庭前会议的结果及效力

刑事诉讼庭前会议的结果及效力是当前理论界与实务界争论的核心问题。“从法官立场来看，庭前会议如能形成更具实质性与权威性的程序处理决定，其在中国会有相当的制度前景。”[①] 赋予庭前会议一定的法律效力对实现庭前会议功能和完善我国刑事审判程序都将十分有益。并且从域外经验来看，“对于庭前程序中达成的一致意见，英美法系国家均要求采取书面方式加以固定，并赋予其相应的法律效力”。[②] 美国和英国的诉讼规则都规定，书面形式的

① 左卫民：《未完成的变革——刑事庭前会议实证研究》，载《中外法学》2015年第2期。

② 陈子楠、杨宇冠：《非法证据在庭前会议中的排除方式研究》，载《南京社会科学》2015年第3期。

备忘录或陈述中详细载明的控辩双方在庭前程序中达成一致的证据及其他问题，对各方在庭审程序中的行为具有一定程度的法律约束力。①

一、庭前会议效力的必要性——一种博弈论视角的解释

笔者在调研及之后的研究中不断认识到，公诉人与辩护律师在庭前会议中的关系十分微妙。双方有在一些问题上达成一致的需要，这种需要根植于司法资源有限的现实状况，但是出于彼此的不信任，实践中真正能实现这一目标的案例又凤毛麟角。而公诉人和辩护律师之间这种就庭前会议结果的合作与对抗非常符合非零和博弈中典型的囚徒困境②。非零和博弈是指博弈一方所得并不等于另一方所失，博弈双方收益之和并不等于零。这种博弈的结果既可能是冲突也可能是合作。博弈论中的“困境”（见表5），是指双方明知有比现实最终均衡更好的结果（1，1），但由于存在背叛的危险，双方难以取得互相信任，无法进行合作。具体到庭前会议中控辩双方的关系而言，不妨把公诉机关设想为囚徒A，被告人及其辩护律师设想为囚徒B。双方在审判阶段针对“与审判相关等问题”的最“理性”或“合算”的选择是在庭前会议中就有关问题开诚布公地进行沟通和交流，特别是对可能影响庭审效率的非法证据排除等问题达成一致意见，相当于表5中都选择“抵赖”的情形。

① 详见《美国刑事诉讼规则》（*Federal Rules of Criminal Procedure*）第17.1条；英国《2013年州事诉讼规则》（*The Criminal Procedure Rules* 2013）第15.1条。

② 囚徒困境的原意是，囚徒A和B在被抓获后投入各自独立的囚房候审。检察官在决定向他们起诉之前告知他们“有关政策”：如果两人都抵赖，拒绝交代犯罪事实，双方将会被无罪释放（1，1）；如果一人交代而另一人抵赖，坦白罪行的囚徒不但会被释放，而且可能因此得到奖赏，而抵赖者将被处以10年重刑（10，-10）或（-10，10）；如果两个人都坦白，双方都将被关押5年（-5，-5）。两个囚徒彼此对各种后果都很明白，他们都知道共同抵赖将是最优选择。但是，由于担心在博弈中被对方出卖，即自己抵赖而对方坦白从而获得最重的惩罚，最终的博弈均衡结果是双方都选择坦白（-5，-5）。

这样做不但可以使控辩双方在庭审中不再纠结于程序性问题，提高庭审的效率和质量，还可以将有限的司法资源用于其他更加复杂和疑难的案件中，从而实现控辩利益上的“双赢局面”。但是，辩护律师担心自己提供诸如关键性言词证据取得手段非法等线索和材料之后，公诉机关可能在庭审之前采用重新取证的方式对相关证据进行“漂白”，从而使被告人陷入更加不利的境地。同样，因为在我国的刑事诉讼中，辩护方并不承担证据开示的义务，公诉人也担心辩护律师在庭前会议中提供的信息会有所保留，以便在庭审中实施证据突袭。因此，双方对庭前会议态度的最终结果是，为了极力避免出现（10，−10）和（−10，10）两种最可怕的情形，双方都选择了弱化庭前会议在司法实践中的功能和效力，采取不合作的态度，宁可将所有问题都放到庭审中解决，其实际的纳什均衡结果是（−5，−5）。[①]

表5　囚徒困境博弈

		抵赖	坦白
囚徒A	抵赖	（1, 1）	（-10, 10）
囚徒B	坦白	（10, -10）	（-5, -5）

当囚徒困境博弈重复进行并有强约束力的协定保障合作实施时，双方才会进行合作。根据美国学者丽莎·马丁（Lisa L. Martin）的协作型博弈理论[②]，博弈双方存在比现有的次优选择（不合作的博弈均衡）更好的选择（合作的博弈均衡），“协作”的意义是通过采取一定的强制措施来保证各博弈方克服被欺骗的担心，从而实现合作均衡。如前面囚徒困境博弈所示，就个体理性而

① 参见阎学通、杨原著：《国际关系分析》，北京大学出版社2013年版，第201页。

② Lisa L. Martin, “Interest, Power, and Multilateralism”, *International Organization*, Vol. 46, No. 4, 1992, pp. 765–792.

言，限制庭前会议制度的效力对于公诉人和辩护律师都是最优选择，因为对公诉机关和辩护律师两方单独来讲，选择抵制的收益都要大于有效沟通（占优策略）。但是，对刑事诉讼控辩双方这一整体来讲，双方都选择在充分利用庭前会议解决争议才是最优效率的选择，因为这时两个人都实现了可能的最大收益。因此，在协作型博弈中，存在所谓的“集体行动的难题”，即个体很难实现由个体理性向群体理性的跨越。面对个体利益和整体利益的冲突问题，各方的协作需要一个集中化的机构，这就导致需要建立一个相对强势的正式组织，同时组织制度的安排和设计还要具有强制性的特征。只有如此，才能对个体的背叛行为加以约束和惩罚，以实现集体利益的最大化。①

具体到庭前会议制度在司法实践中所面临的现实困境，理论上最有效的出路应当是强化法院或者庭前会议的主持者在庭前会议中的协调和指导作用，完善庭前会议的程序设计。更为重要的是，需要赋予庭前会议对特定程序性问题和实体性问题的强制效力，以保证控辩双方认真对待和充分利用庭前会议制度，实现推动法院审判工作质与量同步提高的立法初衷。

二、庭前会议效力的可行性——英美司法实践的启示

就笔者所见，当前基层检察院的检察官们提及最多的问题就是非法证据在庭前会议中处理的效力问题。例如，在北京市密云县召开的《刑事案件庭前会议相关问题研究》研讨会中，绝大部分与会检察官认为应当赋予庭前会议一定的法律效力，即对庭审程序的约束力，以使庭审程序能够聚焦案件争议点，缩短审判期日，实现审判质与量的提高，避免庭前会议程序虚置。英美法系国家的刑事诉讼规则均对庭前程序中裁决的效力作出了规定。例如，《美国刑

① 参见阎学通、杨原著：《国际关系分析》，北京大学出版社 2013 年版，第 201 页。

事诉讼规则》(*Federal Rules of Criminal Procedure*)第 17.1 条中规定法庭可以根据自己或一方当事人的动议召开一次或者数次庭前会议以促进公平与迅速的审判。庭前会议结束时，法庭必须就会议中已经达成一致的问题准备并提交一份备忘录。政府不可使用被告或其律师在会议中的任何陈述，除非其为书面陈述并经被告及其律师签名。①

在英国，多年来一直尾随审前程序的问题之一是它决定的任何事项都可能被审判法官否决。这一认识削弱了答辩和听审程序的有效性，也常常意味着参加该程序的律师不是审判时的出庭律师，因为如果审判开始时事项可以被重新审查，对出庭律师来说就没有足够的动力使他们耗费自己的时间参加一个不具有重要性的审前程序。出庭律师经常会指派资历尚浅的人去法院拿来摘要，因为他们知道，如果结果对他们不利，还有机会向审判法官申请另一个裁决。② 显然，这种情况导致了英国答辩和听审程序价值的降低。《1996 年刑事程序和侦查法》(*Criminal Procedure and Investigations Act* 1996) 第 40 条试图纠正这种情况。根据第 40 条的规定，法官可以依据案件一方申请或者自身决定在审前听证中对任何证据可采性问题和与案件相关的法律问题作出裁决。同时，该裁决对之后的诉讼程序都具有法律约束力(binding effect)。只有在裁决作出之后案件情况发生实质性变化等情况下，法官才可依一方当事人申请或者自身动议改变或取消该裁决。③ 这样就使得审前程序中的裁决

---

① "On its own, or on a party's motion, the court may hold one or more pretrial conferences to promote a fair and expeditious trial. When a conference ends, the court must prepare and file a memorandum of any matters agreed to during the conference. The government may not use any statement made during the conference by the defendant or the defendant's attorney unless it is in writing and is signed by the defendant and the defendant's attorney." *See Federal Rules of Criminal Procedure*.

② [英] 约翰·斯普莱克:《英国刑事诉讼程序》，徐美君、杨立涛译，中国人民大学出版社 2006 年版，第 238 页。

③ *See* Section 40 of the Criminal Procedure and Investigations Act 1996.

在实践中获得了适当的法律地位，虽然结果不是不可逆转，但也不会随时因控辩双方一时的要求就随意地被重新审查。再如，《2013年刑事诉讼规则》（*The Criminal Procedure Rules* 2013）第15.1条规定刑事法院（the Crown Court）可依据相关法律法规召集预审听证（a preparatory hearing）。在预审听证中，法庭可以要求控方在书面陈述中阐明案件，以陪审团最容易理解的方式整理证据，准备一个意见一致事实的清单，并依据辩方表示修改案件陈述；要求辩方对控方案件陈述的任何反对作出通知，并说明与控方就文件和其他问题达成一致的程度及任何争议的原因。依据1987年法的第10款和1996年法的第34款，如果任何一方之后违反该方披露的案情或以前作出的反对意见，则法庭或另一方可以就此发表意见，且法庭可以作出不利于违反一方的推论。①

由此可见，对于庭前程序中达成的一致意见，英美法系国家均要求采取书面方式加以固定，并赋予其相应的法律效力。书面备忘录或陈述中详细载明的控辩双方在庭前程序中达成一致的证据及其他问题，对各方在庭审程序中的行为具有一定程度的法律约束力。从英美国家庭前会议效力的发展轨迹来看，这种程序设置不仅是必要的，而且经司法实践证明是可行的。我国最高法《解释》第184条规定庭前会议情况应当制作笔录，但没有对该笔录的效力作出明确规定，即庭前会议中对非法证据排除申请处理的效力，给司法实践带来了很大的困难：如果当事人、辩护人在庭审中再次就人民法院已在庭前会议中作出裁决的证据收集合法性问题提出申请，人民法院是否应当再次进行审查？假如答案是肯定的，则庭前会议程序不仅没有实现制度本身的价值，反而会成为司法实务部门的累赘，使该制度在司法实践中的意义大打折扣。

① "Under section 10 of the 1987 Act（5），and under section 34 of the 1996 Act（6），if either party later departs from the case or objections disclosed by that party，then the court，or another party，may comment on that，and the court may draw such inferences as appear proper." *See* The Criminal Procedure Rules 2013.

三、赋予我国庭前会议结果法律效力的设想

笔者认为，可以将我国庭前会议的效力表现为形式和实质两个方面。庭前会议效力的外在形式也即这种效力的表现，是庭前会议法律效力的物质载体。而庭前会议效力的实质方面就是该结果对于后续诉讼程序的约束力，也即违反该协议或者记录将受到程序性制裁或者导致法官对该行为得出不利推论。下文将从两个方面分析笔者对我国庭前会议结果法律效力的设想。

（一）庭前会议结果的形式效力

很多国家或地区通常采用法官裁决的方式，也即法官对于庭前会议中的某些事项会作出裁决，这种裁决以法律文书的形式下达。也有的国家或者地区，如日本和我国台湾地区，采用会议记录的方式记载会议中的相关内容，会议参与者都需要确认并签字。我国实践中的做法和后者较为一致，多数地区的法院在庭前会议结束时会由书记员将记载有庭前会议内容的记录或者纪要交由控辩双方确认并签字。但是在双方分歧较大的情况下，如果一方对某事项并不认可，也可能不会在会议记录上签字。笔者在调研和资料收集的过程中还没有发现我国法庭在庭前会议中作出决定或者裁定的案例。

笔者在江苏省东台市庭前会议试点过程中曾要求审判人员在庭前会议结束时应对会议进行小结，归纳控辩双方的意见和实施、证据争点及达成的一致意见。询问控辩双方是否同意在庭审中对有争议的事实和证据进行重点调查，对无异议的事实和证据，在庭审时适当予以简化。此外，参加庭前会议的人员应当在核对会议笔录后签名。这样做的初衷是希望通过实证研究考察通过签名笔录的方式固定庭前会议成果的可行性。在之后实证的过程中，确实两起刑事庭前会议按照上述构想对笔录进行了签字确认，起到了固定庭前会议成果的作用。

第一个案例是在 2015 年 11 月 13 日上午，东台市人民法院就李某某生产销售假药案在第六审判庭召集公诉人、辩护人、被告

人、当事人等召开庭前会议。控辩双方就该案的违法所得情况及被告人是否怀孕等证据进行了核实，明确了控辩双方争议的焦点，并明确规定控辩双方需要遵守庭前会议中业已达成一致的各项事项，若在之后的庭审环节提出异议需要提供充分的理由。在会议结束时，控辩双方在书记员的帮助下查阅了庭前会议的全部记录，并签字确认。第二个案例是韩某某涉嫌滥用职权案，由于案件重大复杂、证据较多，检察机关申请召开庭前会议以明确案件争议的焦点问题。2015 年 9 月 28 日，东台市人民法院在会议室召集控辩双方参与庭前会议，就本案的管辖、回避、案件的定性等方面进行了意见交换，并同样通过会议笔录的方式确认了庭前会议中双方取得的成果。

在借鉴国外经验和吸收实践成果的基础上，笔者认为，庭前会议中控辩审三方可以针对不同的事项选择较为合适的结果形式：

首先，庭前会议记录是现阶段司法实践中适用较为广泛的结果形式。笔者认为，这种形式比较适合因案件重大复杂或者证据材料较多等原因召开的庭前会议。此类案件中可能会出现被告人人数众多、案件事实争议较大、需要当庭出示物证书证或者证人出庭作证等情况。那么在庭前会议中，控辩双方可以在审判人员的主持下明确案件的主要争点，并围绕争点确定有必要当庭出示的证据目录以及出庭证人名单。因为上述事项均属于较为开放式的内容，审判人员完全可以在控辩双方充分交流的基础之上加以总结，所以控辩双方达成协议的可能性也较大。同时，在法庭审判时，控辩审可能因为对案件事实调查的深入从而发现新的争点或情况，所以上述事项只能作为审判计划而呈现，可以随着庭审的变化而变化，通过会议记录这种并非正式的形式加以固定较为适合。

其次，控辩双方达成书面协议的情况还较为少见，多存在于附带民事诉讼被害人与被告人之间。在本书第三章所举案例中出现一种特殊情形下的协议，该案例中根据《刑事诉讼法》中当事人和解的公诉案件诉讼程序之规定，对于符合第 227 条规定的公诉案件，被告人可能希望在庭前会议中与被害人达成和解协议，取得被害人谅解，争取从宽处罚。但是，这里的和解协议只存在于被害人与被告人之间，公诉机关和审判机关只起到监督的作用，并不是协议中的一方。但是笔者认为，随着我国被告人认罪认罚从宽制度的推广，很可能会借鉴西方国家控辩交易的形式，由被告人在庭前会议中承认所指控的主要犯罪事实，公诉机关对被告人作出从轻或减轻处罚承诺。在这种情况下，控辩双方完全有可能通过书面协议的方式对协商的内容加以确认和固定，交由法庭审查。

最后，就笔者所知，目前我国庭前会议的实践中还没有出现决定或裁定的案例。目前我国《刑事诉讼法》和司法解释并没有授权法庭在庭前会议中对相关事项作出裁定和决定，但是从其他国家和地区的刑事程序立法来看，特别是针对非法证据排除问题，法庭都有权对程序性问题作出有效力的裁决。正如上文所介绍的那样，英国和我国台湾地区的庭前准备程序中法官原本无权作出裁决，但是实践证明法官能够作出有效力的裁决是控辩双方认真对待相关程序的前提。所以，笔者认为目前可以从回避等事项入手，针对被告人及其辩护人在庭前会议中提出的回避申请，在明显不符合法定条件的情况下，法庭应当作出驳回申请的决定。此后，对于明显属于通过非法手段获得的指控证据，法庭也应当有权在庭前会议中直接作出排除证据的决定。

（二）庭前会议结果的实质效力

其他国家和地区的立法均明确规定了庭前会议结果的法律效力，这样的制度设置也是经过长期实践摸索得出的结论。如前文所分析的，我国的庭前会议制度在法律效力上与其他国家和地区最大的区别正是在这种效力的实质方面，也即对后续程序的约束力上。笔者认为，我国的庭前会议结果的外在形式与内在效力应当是相匹配的。

首先，对于通过庭前会议记录的形式固定的结果，控辩双方在签字确认之时就应当本着诚实守信的原则，确保自身在庭前会议中提供了应尽的证据开示并履行平等协商的义务，真诚和善意地履行庭前会议记录中所记载的事项，不在庭审中进行证据突袭或者主张突袭。此外，在程序上可以吸收日本刑事诉讼程序的相关经验，要求人民法院在开庭审理时应当宣读并再次确认庭前会议记录中记载的公诉人、当事人及其辩护人、诉讼代理人达成的一致意见，以便未参与庭前会议的诉讼参与人和社会公众能够了解庭前会议的相关情况。为适应相关程序改革，还可以规定庭前会议中就指控的犯罪事实和证据达成一致意见的，在法庭审理时可以简化。

其次，对于通过协议方式固定的结果需要分情况讨论。对于适用公诉案件当事人和解的诉讼程序之案件，其由被告人与被害人达成的和解协议本身是具有法律效力的诉讼文书，对双方当事人均具有法律约束力。① 对于控辩双方今后可能在认罪认罚程序中达成的协议，笔者认为应当参照和解协议的效力规定，对控辩双方均具有法律效力，控方应当遵守协议中对被告人从宽或者减轻处罚的承诺，向法庭提出量刑建议，被告人应当在审判中承认公诉机关的指控并接受法庭对其认罪真实性、合法性和自愿性的审查。如果在后续的审判中被告人违反认罪协议或者作无罪的供述，那么控方就应当更改量刑建议，按照普通程序进行审理，这时被告人就失去了获得从宽处罚的机会。

最后，对于通过裁定或者决定形式作出的庭前会议结果，控辩双方必须在后续的审判中严格遵守，当然也应当赋予控辩双方对回避或非法证据排除决定等的程序性救济权利。这方面的内容笔者将以非法证据排除为例在下一节展开讨论。

① 陈光中主编：《刑事诉讼法》，北京大学出版社 2012 年版，第 420 页。

第五节 刑事诉讼庭前会议的救济程序
——以非法证据排除规则为例

程序救济理应是庭前会议制度的重要组成部分，但就目前的法律制度而言，相关程序机能还存在很大的缺陷。笔者在与法官和检察官的座谈中也数次听到一线的案件承办人提出相似的建议和意见。下文中，笔者拟从当前庭前会议中重要和常见的非法证据排除问题为例，试图分析目前救济程序的现状并提出构建庭前会议救济程序的一些设想。

非法证据排除规则作为程序性制裁的一种具体表现形式，是“针对侦查人员、检察人员和法官违反诉讼程序的行为所实施的法律惩罚，也是一种追究警察、检察官和法官程序性违法之法律责任的方式。”① 该规则本身即是对严重违反程序法定原则行为的权利救济。但也应当看到，非法证据排除程序中对证据收集合法性的裁判在很多情况下直接关系到刑事案件的定罪与量刑，关系到程序公正与实体公正在具体案件中的平衡。因此，当非法证据排除程序的结果不利于被告人或者控诉一方时，控辩双方应当具有何种救济手段或救济程序是十分重要的问题。因为对非法证据排除程序的救济是对权利救济程序的救济，因而具有一种“再救济”的属性。对我国当前“再救济”程序进行的理性分析与思考，并在吸收国外经验的基础之上加以合理重构，对于完善我国非法证据排除规则，保障当事人的合法权利具有突出的理论与实践意义。

一、非法证据排除规则救济程序的现状及问题

2010年最高人民法院、最高人民检察院、公安部、国家安全部、司法部颁布的《关于办理刑事案件排除非法证据若干问题的

① 陈瑞华：《程序性制裁理论》，中国法制出版社2010年版，第104页。

规定》（以下简称两院三部《非法证据排除规定》）中第12条首次规定了我国二审法院的非法证据排除程序。[①] 但该规定中第二审人民法院启动非法证据排除程序的范围相对较窄，仅限于“对于被告人及其辩护人提出的被告人审判前供述是非法取得的意见，第一审人民法院没有审查，并以被告人审判前供述作为定案根据的”这一种情况。

2012年最高法《解释》第103条扩大了第二审人民法院启动非法证据排除程序的范围，增加了“人民检察院或者被告人、自诉人及其法定代理人不服第一审人民法院作出的有关证据收集合法性的调查结论，提出抗诉、上诉的”和“当事人及其辩护人、诉讼代理人在第一审结束后才发现相关线索或者材料，申请人民法院排除非法证据的”两种情况，完善了非法证据排除规则的救济程序体系。

从法律文本上看，相关条文似乎已初步奠定我国二审法院非法证据排除规则的救济程序，但是法律制度的不完善极大地限制了司法实践中二审法院在非法证据排除规则救济程序中的实际作用。例如，笔者在江苏省调研期间了解到，2010年7月两院三部《非法证据排除规定》颁布至2013年12月底，泰州市和无锡市二审期间人民法院启动非法证据排除程序的案件数量都为4件，且在这8个案件中二审法院均维持一审法院对取证行为合法性的认定。该问题主要表现在以下几个方面：

首先，相关法规和司法解释对二审法院启动非法证据排除程序的三种情况进行了列举，但对于“当事人在第一审结束前收集到相关线索或者材料，但未及时提出非法证据排除申请，而在第二审时才提出的”和“检察机关在第一审期间未按照法律规定出示与证据收集合法性相关的证据材料”两种因控辩双方主观原因而导

---

① 杨宇冠、杨恪：《〈非法证据排除规定〉实施后续问题研究》，载《政治与法律》2011年第6期。

致一审中非法证据排除程序失灵的情形下，二审法院是否需要启动相关事项审查的问题，法律法规和司法解释都没有作出明确的规定。对此，实践中一方面，“人民法院不再启动非法证据排除程序，但是应当纳入二审综合审查中一并解决，对相关证据的采信应当特别慎重”[①]，而如何在“综合审查中一并解决”“特别慎重”标准具体是什么等问题仍悬而未决；另一方面，二审中检察机关往往会被允许补充出示证据合法性的证据，实际上违反了程序法定原则。例如，在被称为“非法证据排除第一案”的章某某受贿案中，一审期间法庭要求公诉人提供章某某同步审讯录像等证据，但公诉机关拒绝提供，法院据此认为公诉机关提供的现有材料不足以证明其获取章某某有罪供述的合法性，排除了相关供述。二审期间，检察机关通过提交同步讯问录像、侦查人员关于讯问过程合法性的证言，通知证人出庭作证等方式证明取证行为的合法性，二审法院认定“原审中涉及的相关问题已经解决，章某某审判前的有罪供述可以作为证据采用”。[②]

其次，法律和司法解释虽然规定了二审法院启动非法证据排除程序的若干情形，但是没有相应规定各种情形下二审法院应当作出的不同裁判，只笼统要求“根据刑事诉讼法和本解释的有关规定作出处理”。例如，“对于被告人及其辩护人提出的被告人审判前供述是非法取得的意见，第一审人民法院没有审查，并以被告人审判前供述作为定案根据的”这一情形，二审法院是应当直接依据《刑事诉讼法》第227条之规定裁定撤销原判，发回重审，还是从全面审查原则出发直接启动非法证据排除程序，在实践中存在较多争议。

---

① 张军、江必新：《新刑事诉讼法及司法解释适用解答》，人民法院出版社2013年版，第122页。

② 参见《浙江省宁波市中级人民法院（2011）浙甬刑二终字第288号刑事判决书》。转引自苏家成、俞露烟：《非法证据排除程序的适用》，载《人民司法》2012年第18期。

最后，由于我国不存在中间上诉制度，无论以上哪种情形，当事人和检察机关都不能就庭前会议或庭审中非法证据问题单独提出上诉或者抗诉，而只能在一审判决作出后与案件的事实认定或法律适用问题一并提出。在我国第二审人民法院全面审查的法定原则下，非法证据排除相关的程序性问题必须与实体问题一并审查，但是在目前“重实体，轻程序”的传统司法观念的影响下，程序问题在二审中往往成为对实体问题进行审查的附庸。

二、英美非法证据排除中间上诉程序考察

非法证据排除规则起源于美国，随后该规则的影响逐步扩展至世界主要国家并上升为国际刑事司法准则的一个重要部分。非法证据排除规则并不只是单一的证据规则，需要诸多诉讼制度予以保障。英美法系中针对证据排除裁决的中间上诉程序即是非法证据排除规则的诸多救济程序之一，对英美国家有益经验的考察和分析，可以为构建我国的非法证据排除中间上诉程序提供参考经验。

（一）美国的非法证据排除中间上诉程序

美国规定辩方上诉的法律条文一致地体现出如下观点，即零散的上诉审查（piecemeal appellate review）一般而言是不恰当的，因此通常情况下只允许对最终判决提起上诉①，也即“直接上诉”。例如，《美国法典》（*United States Code*）第 28 章第 1291 条规定：“上诉法院……应当对地方法院的所有最终决定（final decisions）拥有上诉管辖权……”② 与之对应州法律经常规定上诉应针对“最

① *See* Wayne R. LaFave & Jerold H. Israel, *Criminal Procedure*, West Publishing CO., 2009, p. 1295.

② “The courts of appeals (other than the United States Court of Appeals for the Federal Circuit) shall have jurisdiction of appeals from all final decisions of the district courts of the United States, the United States District Court for the District of the Canal Zone, the District Court of Guam, and the District Court of the Virgin Islands, except where a direct review may be had in the Supreme Court.” *See* 28 U. S. C. A § 1291.

终命令”（final orders），在那些对刑事案件辩方上诉单独作出法律规定的州普遍使用“最终有罪判决”（final judgment of conviction）一词。同时，只有当“判决结束了实质问题的诉讼并且法院除了执行判决无事可为时”①，一项判决才可被视为是最终的。虽然总的原则如此，但美国国会还是采纳了两个联邦成文法，授权在刑事诉讼中提出中间上诉：一个是《美国法典》第 18 章第 3731 条十分狭窄和谨慎限制地规定了控方的中间上诉，而其中就包含了对证据排除问题的上诉权②；另一个是《美国法典》第 18 章第 3145 条分别授予控辩双方就审前释放或羁押命令提出中间上诉的权利③。

因此，在美国刑事诉讼中，一方面，除特殊情况外④，辩方一般不能对不利的中间裁决提出中间上诉，如果他被判有罪，则相关问题就可以通过正式的上诉程序获得复查。当然，美国也有少数州的法院允许被告人在法官作出拒绝排除某一控方证据的裁定之后立即上诉。⑤ 另一方面，控方可以对一些中间裁决提出上诉，其中最主要的就是排除证据决定（the suppression order），联邦和大多数州都通过立法将获得对证据排除决定的复审作为控方的一项权利。

---

① “when it ends the litigation on the merits and leaves nothing for the court to do but execute the judgment.” *See Cunningham v. Hamilton County*, 527 U. S. 198, 119 S. Ct. 1915, 144 L. Ed. 2d 184 (1999).

② “An appeal by the United States shall lie to a court of appeals from a decision or order of a district court suppressing or excluding evidence or requiring the return of seized property in a criminal proceeding, not made after the defendant has been put in jeopardy and before the verdict or finding on an indictment or information, if the United States attorney certifies to the district court that the appeal is not taken for purpose of delay and that the evidence is a substantial proof of a fact material in the proceeding.” *See* 18 U. S. C. A §3731.

③ *See* 18 U. S. C. A §3143. Review and appeal of a release or detention order.

④ 法定的例外情形仅包括：第一，否决减少保释金的动议；第二，否决基于双重危险要求驳回起诉的动议；第三，否决因违反言词或辩论条款要求驳回起诉的动议。*See* Ronald Jay Allen & Joseph L. Hoffmann, *Comprehensive Criminal Procedure*, Aspen Publishers, 2005, p. 1560.

⑤ Stephen A. Saltzburg & Daniel J. Capra, *American Criminal Procedure: Cases and Commentary*, West Group, 2000, p. 465.

（二）英国非法证据排除中间上诉程序

英国同样规定了刑事诉讼中的中间上诉程序。《1996 年刑事程序和侦查法》（*Criminal Procedure and Investigations Act* 1996）第 28 条和第 38 条规定了针对长期和复杂案件的预备听证程序（preparatory hearing）。法官在预备听证中可以要求控方提供一份案件陈述，并要求辩方提供阐明辩护性质和辩论主要事项、对案件陈述的反对意见，以及贮备提出的任何证据可采性问题及依据，并对包括证据可采性问题在内的诸多问题作出裁决①。对于法官在预备听证程序中作出的裁决，控辩双方可以向上诉法院直至上议院提出上诉。② 此后，《2003 年刑事审判法》（*Criminal Justice Act* 2003）第 62 条第 1 款进一步规定控方可以对符合条件的证据性裁判提出上诉③，而且这里的"符合条件的证据性裁判"的范围非常广泛，包括刑事审判中法官在审前任何时间作出的证据性裁判④。

由以上论述不难看出，英国与美国在刑事诉讼中都针对审判前或庭审中证据排除的裁判设置了控方中间上诉程序，对两国制度之间差异与共性加以比较分析可以为构建我国庭前会议中非法证据排

① "（3）He may make a ruling as to—（a）any question as to the admissibility of evidence;（b）any other question of law relating to the case;（c）any question as to the severance or joinder of charges." *See* Article 31 of the Criminal Procedure and Investigations Act 1996.

② "（1）An appeal shall lie to the Court of Appeal from any ruling of a judge under section 31（3）, from the refusal by a judge of an application to which section 45 of the Criminal Justice Act 2003 applies or from an order of a judge under section 43 or 44 of that Act which is made on the determination of such an application, but only with the leave of the judge or of the Court of Appeal." *See* Article 35 of the Criminal Procedure and Investigations Act 1996.

③ "（1）The prosecution may, in accordancc with this section and section 63, appeal in respect of—（a）a single qualifying evidentiary ruling, or（b）two or more qualifying evidentiary rulings." *See* Article 62 of the Criminal Justice Act 2003.

④ "（2）A 'qualifying evidentiary ruling' is an evidentiary ruling of a judge in relation to a trial on indictment which is made at any time（whether before or after the commencement of the trial）before the opening of the case for the defence." *See* Article 62 of the Criminal Justice Act 2003.

除救济程序提供有益域外经验：

第一，就实体公正和程序公正的平衡关系而言，控方就证据排除裁决提出中间上诉制度本身即是英美法系正当程序规则向实体公正的妥协。非法证据排除规则之目的在于威慑警察的非法取证行为，从而在实质上保护了被追诉者在刑事诉讼中的宪法性权利。但这种权利保障的直接后果就是“它可能而且极有可能使犯有罪行的被告人逃避惩罚，它剥夺了社会对违法者进行惩治的权利，它保护了那些已经被发现有罪的人”①。一方面，美国关于非法证据排除规则的法律十分不确定，允许对因警察获取证据时的非法行为而作出的排除证据决定立即提起上诉，有利于上诉法院对初审法院有争议的裁决提前进行复查；另一方面，非法证据排除规则在审前程序中的广泛使用限制了控方在庭审中的举证能力。在很多案件中，证据排除决定的实际效果相当于驳回起诉，那么允许控方对证据排除决定提出中间上诉可以使审前很多可能导致无罪判决的决定得到上诉法院的复审。② 此外，同样基于对被追诉者诉讼权利的保障，一旦被告人最终被判无罪，依据禁止双重危险原则控方就不能再对该判决提出上诉以使相关裁决获得上诉审查。正是由于庭审前证据排除裁决所导致的控辩双方救济权利的失衡及因放纵犯罪而引起的社会舆论对非法证据排除规则的争论，使得中间上诉程序具有了现实中的必要性与理论上的正当性。

第二，英美两国对中间上诉程序中司法公正与诉讼效率之间关系的不同分析视角，直接影响中间上诉程序在两国的发展路径。在美国学者看来，限制中间上诉的目的主要是避免“在案件最终决定之前即时提起上诉所造成的费用、延误和法院工作量的增多”③。

---

① *Irvine v. California*, 347 U. S. 128, 136 (1954).

② *See* Wayne R. LaFave & Jerold H. Israel, *Criminal Procedure*, West Publishing Co., 2009, p. 1305.

③ *See* Ellen Hochstedler Steury & Nancy Frank, *Criminal Court Process*, West Publishing Co., 1996, p. 420.

因为允许中间上诉的制度成本可能会更加高昂：一方面，由中间上诉造成的延期审判会比只允许就最终判决上诉更加严重；另一方面，中间上诉造成司法资源浪费特别体现在大多数法庭裁决都是正确的，即使是不正确的也不一定会对判决本身造成影响。[①] 而在英国学者看来，复杂的证据规则和庭审的律师化使得当事人主义诉讼模式下的刑事审判程序极为繁复和耗时，所以“中间上诉体系条款是为了保证在陪审团开始审议之前解决证据可采性和法律问题，从此确保一个复杂而可能是漫长的审判不会最终失败”[②]。综上所述，英国立法基于审慎启动司法成本较大的正式庭审程序，美国立法则是立足于中间上诉与直接上诉两种制度的诉讼效率比较和权衡，这种视角差异的结果就是英国立法逐步放宽对中间上诉程序的限制，而美国则不同。

三、我国确立非法证据排除中间上诉程序的构想

笔者认为，我国完全有可能也有必要构建针对庭前会议中非法证据排除裁决的中间上诉程序，授予控辩双方对法官就证据收集合法性的裁决向上一级法院提出上诉审查的权利。现从构建我国非法证据排除中间上诉程序的可行性与必要性两方面分析如下：

首先，按照笔者先前的制度设想，我国司法实践中绝大部分非法证据排除问题应当在庭前会议中得到妥善处理，庭前会议中对非法证据排除所作的裁决应当具有法律强制力。[③] 庭审前对证据取得合法性问题进行的审查和调查程序具有相对于庭审的独立性，该程序之下法官作出的证据排除裁决也相对独立于法庭就事实问题审理

---

① *See* Wayne R. LaFave & Jerold H. Israel, *Criminal Procedure*, West Publishing Co., 2009, p. 1305.

② ［英］约翰·斯普莱克著：《英国刑事诉讼程序》，徐美君、杨立涛译，中国人民大学出版社 2006 年版，第 336 页。

③ 陈子楠：《庭前会议中非法证据排除处理方法研究》，载《南京大学法律评论》2014 年第 2 期。

后作出的判决。而这种独立性为控辩双方就非法证据排除问题提出中间上诉提供了制度上的可能性。

其次，我国刑事诉讼中针对判决和裁定的救济程序已经为构建中间上诉程序预留了足够的制度空间。根据《刑事诉讼法》第216条至第219条的规定，控辩双方对人民法院的裁定不服或认为确有错误的可以在5日内向上一级人民法院提出上诉或者抗诉。申言之，如果原审案件并未审结，而控辩任一方或双方就法院裁定提出上诉或者抗诉的，从理论上看就应当属于中间上诉的范畴。因此，将中间上诉作为非法证据排除程序的救济方式实际上并非属于确立一种全新的诉讼程序，只需将非法证据排除规则纳入我国裁定的适用范围。这种法律技术上的处理不会导致中间上诉程序与我国现有的诉讼程序相冲突，具有现实的可行性。

最后，根据“程序问题应当先于实体问题解决”的原理①，庭前会议中就证据收集合法性问题作出的裁决直接影响着法官在庭审中的事实认定和法律适用。试想，开庭时悬而未决的证据可采性问题必然会影响庭审判决的稳定性，如由于美国严格限制辩方就非法证据排除的庭前裁判提出中间上诉，实践中有些被告就会在保留对法院宪法第四修正案裁决上诉权的前提下与控方达成认罪协议，并在法院很快作出有罪判决后，以初审法官拒绝排除证据不当为由提出直接上诉。② 且根据《美国联邦刑事诉讼规则》（*The Federal Rules of Criminal Procedure*），被告人一旦在这种上诉中获胜，原来所作的有罪答辩还可以撤销。③ 这样的结果正如英国学者所论述的

① 杨宇冠、兰卫东：《论我国〈刑事诉讼法〉修改与人权保障的进步》，载《河南社会科学》2013年第3期。

② Stephen A. Saltzburg & Daniel J. Capra, *American Criminal Procedure: Cases and Commentary*, West Group, 2000, pp. 465.

③ "(2) Conditional Plea. With the consent of the court and the government, a defendant may enter a conditional plea of guilty or nolo contendere, reserving in writing the right to have an appellate court review an adverse determination of a specified pretrial motion. A defendant who prevails on appeal may then withdraw the plea." *See* Fed. R. Crim. P. 11 (a).

那样，整个法庭审判在消耗了控辩审三方大量时间与精力之后归于无效是对有限司法资源的极大浪费。由此可以预见，如果我国设置控辩双方就庭前会议中证据排除裁决提出上诉的制度，一方面可以减少二审由该问题发回重审的案件数量，提高诉讼效率，节约诉讼资源；另一方面“正义不仅仅限于效率的含义”①，中间上诉程序有利于一审判决实现法律真实与客观真实相统一，提高判决本身的可接受性与稳定性。

四、上诉审中对证据合法性审查的具体程序设计

这里的二审中非法证据排除程序的内涵，一是指法庭在庭前会议中就非法证据排除作出裁决后，控辩双方依据中间上诉程序提起的上级人民法院对非法证据排除处理结果的审查；二是对一审庭审中非法证据排除处理结果的上诉审查。上级人民法院对庭前会议中就证据收集合法性所作结论的调查程序可以参照一审程序进行，具体包括以下几个问题：

（一）上诉审中证据合法性审查应举行听证

《刑事诉讼法》中庭前会议程序被规定在公诉案件第一审程序之中，法律法规并没有对庭前会议是否适用于二审程序作出明确的规定。如果按照前文的制度设想，上级法院非法证据排除程序的范围仅限于对一审庭前会议中没有发现或者对一审庭前会议上诉的非法证据排除问题，那么一方面上诉审中的非法证据排除问题将更加隐蔽且在很大程度上将直接涉及实体判决的定案依据，法庭对相关问题进行调查的难度将会很大；另一方面经过一审庭前会议对相关案件争点和法律问题的梳理，证据合法性问题的争议也将相对集中。在这种情况下，允许上诉审法院召集控辩双方举行听证程序就该问题等了解情况、听取意见，势必有助于上诉审法院更好地厘清

① ［美］理查德·波斯纳著：《法律的经济分析》，蒋兆康译，法律出版社 2012 年版，第 36 页。

非法证据的相关问题。

但笔者认为，上诉法院对于排除非法证据的调查核实应当通过听证的方式进行，而不是再召开一次庭前会议来实现。因为，从上诉审的原理来讲，“不能简单地认为第二审程序就是对同一案件进行第二次审理的程序”①，它的任务是对下一级人民法院作出的判决或裁定所认定的事实是否清楚，证据是否确实、充分，适用法律是否正确，诉讼程序是否合法，进行全面审查和审理，并依法维持或纠正其判决和裁定。所以，中间上诉中非法证据排除程序的主要目的是对一审庭前会议中非法证据排除程序进行审查，结合控辩双方的相关证据线索对庭前会议中的相关处理结果进行复核。

综上，笔者认为，上诉审中可以召开庭前会议听取双方对一审庭前会议中非法证据排除程序的意见，被告人也可以要求排除一审庭前会议中未发现的非法证据，但上诉审法院决定对证据收集的合法性进行调查的，应当通过听审的方式开庭审理。

（二）上诉审中证据合法性审查的初步调查程序

启动非法证据排除程序的决定权在上诉审法院，对于辩方提出非法证据排除申请并提供有关侦查人员非法取证的线索或者材料的，主持庭前会议的法官应当对证据收集的合法性进行审查。法官通过审查相关线索或材料，对证据收集的合法性存在疑问时才应当启动正式调查程序；如果法官认为被告人提交的材料和线索不足以使其对证据收集合法性产生疑问的，则应当直接驳回其申请，不再启动上诉审中非法证据排除的正式调查程序。

通过设置初步审查程序，一方面，要求被告人提供必要的线索或者材料，履行使法官产生“疑问”的初步举证责任，在一定程度上限制实践中非法证据排除中间上诉程序滥用的情况，避免司法资源的浪费；另一方面，初步调查程序也可以使公诉机关在其后正式调查程序中的举证活动更加具有针对性，提高上诉审中非法证据

① 陈光中：《刑事诉讼法》，北京大学出版社 2012 年版，第 339 页。

排除程序的效率。

（三）上诉审中证据合法性审查的正式调查程序

正式调查程序是上诉审法院为解决非法证据排除问题所进行的程序性裁判的核心环节，其实质是一种程序性听证活动。“听证是诉讼的重要组成部分，通常指司法机关对诉讼中的程序问题开庭审理的方式，在国外使用比较普遍。证据采纳或排除的问题是程序问题，在英美法系国家是通过听证解决的。我国刑事诉讼法中没有听证制度的规定，刑事诉讼中的案件事实问题、程序问题混在一起称为‘法庭审判’。在非法证据排除规则操作中，将非法证据的听证与案件事实的审判分开，才能起到‘排除’的作用。”① 在这种程序听证过程中，上诉审的主持法官需要对控辩双方提交的证据材料进行审查，听取双方质证和辩论意见。

正式调查程序所要解决的核心问题是公诉方能否证明有争议的取证行为具有合法性。在司法实践中，检察机关一般可以通过出示被告人在侦查机关的讯问笔录、从看守所调取的被告人体检记录，以及当庭播放讯问录音录像的方式对非法证据排除问题进行说明。在必要时，检察机关也可以通过要求侦查人员出庭对证据收集的相关情况提供证言。

（四）上诉审中证据合法性审查的范围及处理方式

正如上文所述，现阶段我国法律规定和司法实践中二审非法证据排除程序启动的情形主要有以下五种：一是“对于被告人及其辩护人提出的被告人审判前供述是非法取得的意见，第一审人民法院没有审查，并以被告人审判前供述作为定案根据的”；二是“人民检察院或者被告人、自诉人及其法定代理人不服第一审人民法院作出的有关证据收集合法性的调查结论，提出抗诉、上诉的”；三

① 杨宇冠：《非法证据排除规则及其在中国确立问题研究》，载《比较法研究》2010 年第 3 期；杨宇冠、兰卫东：《论我国〈刑事诉讼法〉修改与人权保障的进步》，载《河南社会科学》2013 年第 3 期。

是“当事人及其辩护人、诉讼代理人在第一审结束后才发现相关线索或者材料，申请人民法院排除非法证据的”；四是“当事人在第一审结束前收集到相关线索或者材料，但未及时提出非法证据排除申请，而在第二审时才提出的”；五是“检察机关在第一审期间未按照法律规定出示与证据收集合法性相关的证据材料”。

参照以上法律规定，笔者认为，符合庭前会议中非法证据排除中间上诉程序的情况可能有两种：一是在上述第一种情况下，即第一审人民法院在庭前会议中没有对非法证据排除问题作出处理的；二是在上述第二种情况下，即有关当事人等不服一审庭前会议中作出的处理结果，提出上诉的。

据此，一方面，在上述第一种情形下，由于第一审法院在庭前会议中没有对非法证据排除问题依法作出审查，已经违反了诉讼程序的相关规定，剥夺或限制了被告人及其辩护律师的合法权利，上诉审法院应当要求第一审人民法院对相关非法证据排除申请重新进行审查并依法作出裁定。如果上诉审法院通过中间上诉程序直接启动非法证据排除的调查，则实际上是剥夺了被告人就程序性问题获得上诉审查的权利。另一方面，控辩双方不服第一审人民法院在庭前会议中作出的有关证据收集合法性的调查结论，提出中间上诉的，上诉审法院应当启动对有关非法证据排除裁决的复核程序。上诉审法院应当先进行审查，如果决定对证据收集的合法性进行调查的，应当召开听证并对证据合法性和可采性作出裁决；如果通过审查发现证据合法性不存在疑问的，可以直接作出相关裁决。

非法证据排除规则的制度体系涵盖了刑事诉讼的诸多方面，无疑中间上诉程序是其必不可少的一环。针对我国庭前会议制度和非法证据排除程序的现实情况，当前有必要也有可能在吸收和借鉴国外有益经验的基础上，以构建非法证据排除中间上诉程序为契机，完善我国庭前会议制度的救济程序，实现保障被追诉者权利的制度价值。

第六章　刑事诉讼庭前会议制度的具体设计

刑事诉讼活动中的各种程序制度从来不是相互独立或各自为营的，而是一种能够健康运作的体系。我国刑事庭前会议制度的发展不仅需要不断完善自身的程序建设，还需要协调处理好与非法证据排除、回避、证人名单和证据开示、法律援助等一系列关联的刑事诉讼程序之间的关系，形成一个制度的合力，共同推动以审判为中心的司法体制改革。

第一节　刑事诉讼庭前会议中非法证据排除程序[①]

审判阶段是非法证据排除的核心阶段。在该阶段，法院需要对控辩双方有争议的非法证据排除问题作出最终裁决并据此对被告人定罪量刑。因此审判阶段非法证据排除程序设置是否合理直接关系到实体与程序公正的实现以及当事人诉讼人权的保障。

2013 年 1 月施行的《刑事诉讼法》中增加了庭前会议的内容，并将非法证据排除规则纳入庭前会议程序。法官在庭审前对证据合法性问题“听取意见，了解情况”，有益于完善我国非法证据排除规则，在惩罚犯罪和保障人权的同时，最大限度地实现诉讼效率。与此同时，法学理论与司法实务界对审判阶段非法证据排除规则的

---

① 本节的相关内容来源于作者在博士期间完成并发表的论文，并在原文基础之上作了必要的修改。详见陈子楠：《庭前会议中非法证据排除处理方法研究》，载《南京大学法律评论》2014 年第 2 期。

适用程序问题也存在诸多争议，其中的核心问题是如何完善与协调庭前和庭审中非法证据排除程序的关系。

一、庭前会议中非法证据排除程序模式的选择

从理论上看，笔者认为我国现阶段可以兼顾控辩双方的合理诉求，在维护司法公正的前提下，以最大限度地提高诉讼效率为目标，原则上应当在庭前会议中排除非法证据，仅在个别例外情况下可以在庭审中启动非法证据排除程序，并最终逐步过渡到庭前排除模式，笔者将之称为“严格的庭前有限排除模式”，具体理由如下：

（一）庭前排除模式更符合非法证据排除规则发展趋势

一方面，从确立非法证据排除规则时只规定庭审过程中进行证据合法性的法庭调查到《刑事诉讼法》规定可以召集庭前会议就非法证据排除“了解情况，听取意见”，再到最高法《解释》中规定除例外情况，申请非法证据排除应当在庭审前，明文要求“应当依照刑事诉讼法第 182 条第 2 款的规定召开庭前会议”，我国非法证据排除规则在庭前会议中的轮廓愈加清晰与完备。同时，立法将非法证据排除问题在开庭前准备程序中加以解决，避免庭审程序拖延，提高诉讼效率的意图也十分明显。

另一方面，从国外经验来看，德国庭前非法证据排除的程序与中国司法的实际情况较为契合，但是我国庭前会议立法的发展进程已经明显体现出赋予庭前会议解决程序性问题，甚至是某些实体性问题的倾向，将非法证据排除问题放在庭前会议中解决已经能够得到很多法官和检察官的认可，在实践中也出现了不少有代表性的相关案例。此外，德国模式在司法实践过程中已经体现出一些问题，如德国法官试图在“真正”事实和判决之间达到某种协调，但是又不能在判决中提及已被排除的证据。同样，我国的法官既负责事实审，又负责法律审，因此在庭审中对非法证据排除的做法，需要法官刻意地忽视已经在脑海中留下深刻烙印的，但却是通过侵害被

追诉者合法权利的方式获得的证据。这些证据往往对于控方起诉的成功率和法官对定罪和量刑权衡都具有举足轻重的作用。因此在庭审中排除非法证据需要法官从大脑中删去特定的已知事实，将判决建立在一种经过裁剪的“假定事实”上。即使法官愿意遵守法律的要求，不考虑被排除的证据材料，但是在某些情况下让他作出与他知晓的案件真实情况没有联系的裁决在心理上也是困难的，很可能使非法证据排除规则的效果打了折扣。

此外，从司法实践中的情况来看，法院和检察院积极组织和参与庭前会议的一大动因就是庭前会议可以帮助在其庭审之前妥善处理非法证据问题，实践中也存在这样的成功案例和经验可循。例如，笔者在调研中了解到的一则案例中，2000 年至 2004 年，被告人沈某某利用担任东台市烟草专卖局局长、东台市烟草公司经理的职务便利，为请托人谋取利益先后收受余某某、朱某等人所送的现金合计人民币 107000 元。

本案中因辩护人申请非法证据排除，认为被告人在检察院所作的受贿 65000 元的供述存在诱供，故审判员决定召开庭前会议。2015 年 8 月 10 日，在东台市人民法院刑庭会议室，案件主审法官、公诉人、辩护人参加了庭前会议。通过观看讯问阶段的录像，辩护人认为沈某某确实供述自己收受 65000 元的事实，并有录像及其在讯问笔录上的签字为证，对此没有意见，同意对沈某某收受余某某贿赂的证据不予排除。公诉人认为，辩护人对该证据没有意见，在开庭时将该供述作为证据出示。主持人确认，因辩护人同意对沈某某收受余某某贿赂的证据不予排除，开庭时将沈某某在检察院供述收受余某某贿赂作为证据予以出示。后在庭审举证过程中，公诉人出示了该证据，辩护人进行了常规质证，提高了庭审效率。

故而，笔者认为从保障人权和提高诉讼效率的角度出发，非法证据排除不宜在对犯罪事实审理时加以解决，因为在负责审理事实的法官和陪审员接触和了解了非法证据的内容以后，该证据在审判人员心理上会形成对判断案件事实的影响，从而达不到排除的目的。此外，庭审实践中大量的非法证据排除也势必会造成庭审的拖延，使得本已突出的司法资源供需矛盾更加严重。因此，相较于德国模式而言，笔者更倾向于以美国等英美法系国家的非法证据排除程序作为发展的方向与目标。

（二）严格的庭前有限排除模式符合非法证据排除规则现实需要

庭前有限排除模式在具体程序方面主张对在庭前会议中控辩双方就非法证据排除达成共识的案件可以由人民法院直接作出排除的决定；对于证据的合法性控辩双方争议较大的，则应当留待公诉人宣读起诉书之后当庭调查。笔者认为，“严格的庭前有限排除”与庭前有限排除模式的区别在于两者对非法证据排除问题进入庭审阶段的标准不同：前者要求仅在“被告人于庭审期间才发现相关线索或者材料”的情况下才能在庭审中提出非法证据排除申请，是客观的标准；而后者是“控辩双方对证据的合法性争议较大的”，是主观的标准。庭前有限排除模式标准更为严格与客观，符合当前非法证据排除规则的现实需要，具体分析如下：

首先，从公正与效率的视角来看，在一定时期中，国家投入于司法活动中的资源毕竟是有限的，难以满足现实中司法实际的需要。在刑事诉讼中提高诉讼效率不仅是为了节约司法成本，更重要的是为了使犯罪分子及时得到惩罚，使无罪的人早日免受刑事追究，被害人也可及时得到精神和物质补偿，实现刑事政策的整体任务。“但是，如果过分地追求诉讼效率，就有可能损坏司法公正的实现。”① 因为公正是司法的本质品格，是社会首要的追求目标。“在公正与效率的关系上，应当坚持公正第一、效率第二。”② 易言之，应当在保证司法公正的前提下追求诉讼效率，不可过犹不及，以致损害程序公正和实体公正，甚至发生错案现象。

---

① 陈光中主编：《证据法学》，法律出版社2013年版，第106页。

② 陈光中主编：《证据法学》，法律出版社2013年版，第106页。

其次，从比较法的视角来看，总体上两大法系均将刑事案件调查的范围和供法庭裁决的证据材料限制在可控范围之内，但是相较于大陆法系松散的分段型程序模式，英美法系集中性程序模式更加重视对裁判者作出裁决时所依据证据总量的控制。① 在分段型程序模式中，取证活动并非仅限定在审判阶段，证据材料在案件进入一审开庭之前的一系列程序中被反复地审查，此后还可以通过上诉审再次审查。因此，分段型程序模式中对证据问题往往会采取相对宽松的态度。而建立在审判中心主义基础之上的英美法系诉讼制度的特征之一就是要为证据发现规则建立安全的基础：一是要在陪审团进行事实审判之前给予控辩双方提供质疑证据材料的机会，二是程序集中化的内在要求。

最后，从以审判为中心的司法体制改革来看，其首要的要求就是将证据的举证和质证纳入庭审的环节，增加法庭在证据调查中的对抗性，以更好地帮助审判者发现事实和认识事实，通过这种方式实现裁判的客观性和准确性。“尽管在所有的诉讼制度中，调查的范围和供法庭裁决的证据材料都必须被限制在可控的范围之内，但是在实践紧缩的诉讼程序中显然要比在分段式诉讼程序中更关注对裁判者所依据之证据总量的控制。”② 也就是说，越是以审判为中心的司法制度就越要求缩减庭审中证据材料的总量，将不必要的或者不合法的证据排除在庭审之外，以提高庭审的效能。所以英美法系国家的程序立法都十分注重对于庭前案件整理程序的规则制定，特别是严格限制非法证据进入法庭审判。

综上，笔者认为应当给予庭前会议程序发展一定的时间和空间，在目前法律法规尚不完善，司法实践处于起步阶段之际，不应过分追求效率而忽视司法的公正价值。另外，合理证据规则的形成

① ［美］米尔建·R. 达马斯卡：《漂移的证据法》，李学军等译，何家弘审校，中国政法大学出版社 2003 年版，第 82 页。

② ［美］米尔建·R. 达马斯卡：《漂移的证据法》，李学军等译，何家弘审校，中国政法大学出版社 2003 年版，第 85 页。

离不开制度的土壤。我国刑事诉讼法的改革在很大程度上吸收了英美法系对抗制的有益因素，但没有完善的证据规则的保障，控辩双方是难以真正实现对抗的。因此长远来看应当建立庭前的非法证据排除程序。但不容忽视的是我国刑事诉讼还明显带有大陆法系色彩，如《刑事诉讼法》规定“在侦查、审查起诉、审判时发现有应当排除的证据的，应当依法予以排除”，当前证据的合法性问题实际上在刑事诉讼主要阶段均有涉及，而庭前会议中非法证据排除仅为审判阶段证据合法性审查的一环。与英美法系集中性程序模式特征相比，现阶段我国还是应当给予庭前绝对排除模式适度的程序性制约，特别是那些并非由于被告人及其辩护人自身原因造成的未能及时提交排除申请的结果。

基于严格的庭前有限排除模式，当事人和辩护人、诉讼代理人应当在开庭审理前申请排除非法证据，但在庭审期间才发现相关线索或者材料的除外。对于没有正当理由在开庭审理前未提出申请的，人民法院在庭审阶段可以不启动非法证据排除；在庭前会议中控辩双方就非法证据排除达成共识的，或者人民法院已经作出裁决的证据，没有新的事实和理由，不得在庭审中再次申请。因此，我国非法证据排除程序的重构应当将重点集中在庭前会议程序，庭审中非法证据排除程序可以参照庭前相关程序进行。

按照现行的立法模式，我国法律和司法解释有关非法证据排除规则之主要程序性设置都集中在法庭开庭审判阶段，而对庭前会议中非法证据排除程序的规定却相对粗陋。笔者认为，在严格的庭审前有限排除模式下，对非法证据排除程序规定的重点应当相对集中在庭前会议程序，庭审中非法证据排除程序可以参照执行。庭前会议中非法证据排除的具体程序设置应当包括程序启动、法庭初步审查、法庭正式调查、作出裁决，以及庭前会议中非法证据排除结果对庭审的影响等方面。

二、庭前会议中非法证据排除的启动程序

庭前会议中非法证据排除的启动程序包括两个方面：一是启动非法证据排除程序的申请权；二是启动非法证据排除程序的决定权。最高法《解释》第183条规定："案件具有下列情形之一的，审判人员可以召开庭前会议：（一）当事人及其辩护人、诉讼代理人申请排除非法证据的"。依据该条，可以明确的是当事人及其辩护人、诉讼代理人有权在庭前会议中申请启动非法证据排除程序，对于此项申请法庭拥有自由裁量权，可以决定启动或者不启动非法证据排除程序。但随之而来的两个问题是：法庭是否可以依职权召开庭前会议？公诉机关是否可以申请召开庭前会议？这两个问题从属于庭前会议的启动程序，但又包含非法证据排除程序的特殊性。

对于法院是否可以依职权启动庭前会议中非法证据排除程序，法律法规和司法解释都没有作出明确的规定。但是依据《刑事诉讼法》第56条第1款①规定中的"应当"即指法庭在可能存在非法证据的情况下可以依据职权启动非法证据调查程序，更是对法庭在可能存在非法证据情况下对是否启动非法证据排除程序自由裁量权的一种限制，即在此情况下必须启动调查程序。同时，在司法实践中很多案情重大复杂、社会影响重大的案件，法院通常也会主动召集控辩双方就证据问题了解情况、听取意见。因此笔者认为，应当通过司法解释的方式明确法院即使没有收到程序启动申请，也可以依职权启动庭前非法证据排除程序，这种权力不能只限于庭审阶段。

对于公诉机关是否可以申请召开庭前会议中非法证据排除程序，法律法规和司法解释同样没有作出明确规定，高检《规则》

---

① 《刑事诉讼法》第56条第1款规定："法庭审理过程中，审判人员认为可能存在本法第五十四条规定的以非法方法收集证据情形的，应当对证据收集的合法性进行法庭调查。"

第 430 条只规定了人民检察院依据人民法院通知参加庭前会议的情形。在司法实践中，有些被告人及其辩护人在审前阶段就已经提出非法证据排除申请，但检察机关经过调查认为相关证据取得程序合法，没有作出排除决定。在这种情况下，被告人及其辩护人往往会在庭审时再次提出非法证据排除申请。检察机关为了提高庭审的效率，会在审前要求法院召开庭前会议对审查起诉阶段非法证据排除问题处理决定进行确认。由此可见，检察机关申请启动庭前会议中非法证据排除程序的主要目的是提高诉讼效率，防止被告人及其辩护人滥用非法证据排除程序的申请权。而这种做法的根源正是法律对当事人等在审判阶段相关程序的申请权没有加以合理的限制。因此，解决检察机关庭前会议中非法证据排除程序申请权法律与实践矛盾的最直接和有效的方式应当是限制辩方在庭审中的申请权，而不是赋予检察机关申请权。

综上所述，在庭前会议中，人民法院可以依据职权或当事人及其辩护人、诉讼代理人的申请启动非法证据排除程序，并通知检察机关派员参与。人民法院向被告人及其辩护人送达起诉书副本时应当进行程序启动申请权的告知，同时被告人及其辩护人应当在开庭审理前提出非法证据排除申请，在庭审期间申请启动非法证据排除程序的法定情形只能是相关线索或者材料是在庭审期间才被发现的。

三、庭前会议中非法证据排除的初步调查程序

启动非法证据排除程序的决定权在法院，对于当事人及其辩护人、诉讼代理人提出非法证据排除申请并提供有关侦查人员非法取证的线索或者材料的，主持庭前会议的法官应当对证据收集的合法性进行审查。法官通过审查相关线索或材料，对证据收集的合法性存在疑问时才应当启动正式调查程序；如果法官认为被告人提交的材料和线索不足以使其对证据收集合法性产生疑问的，则应当直接驳回其申请，不再启动非法证据排除的正式调查程序。

通过设置初步审查程序，一方面是要求被告人提供必要的线索或者材料，履行使法官产生“疑问”的初步举证责任，在一定程度上限制实践中非法证据排除申请滥用的情况，避免司法资源的浪费；另一方面，初步调查程序也可以使公诉机关在其后正式调查程序中的举证活动更加具有针对性，提高非法证据排除程序的效率。[①]

四、庭前会议中非法证据排除的正式调查程序

正式调查程序是法院为解决非法证据排除问题所进行的程序性裁判的核心环节，其实质是一种程序性听证活动。“如果一项程序性裁判涉及某一事实的认定，而控辩双方对该事实又存在较大的争议，则听证就应该贯彻直接和言词审理的原则，按照证据调查的要求组织较为复杂、正式的听证程序。”[②] 听证是诉讼的重要组成部分，通常指司法机关对诉讼中的程序问题开庭审理的方式，在国外使用比较普遍。证据采纳或排除的问题是程序问题，在英美法系国家是通过听证解决的。我国刑事诉讼法中没有听证制度的规定，刑事诉讼中的案件事实问题、程序问题混在一起称为“法庭审判”。在非法证据排除规则操作中，将非法证据的听证与案件事实的审判分开，才能起到“排除”的作用。[③] 在这种程序听证过程中，庭前会议的主持法官需要对控辩双方提交的证据材料进行审查，听取双方质证和辩论意见。

正式调查程序所要解决的核心问题是公诉方能否证明有争议的取证行为具有合法性。检察机关可以通过出示讯问笔录、体检记录等证据材料，有针对性地播放讯问过程中的录音录像，提请法庭通知侦查人员或者其他证人说明情况等方式证明侦查机关取证行为的

① 参见陈瑞华：《刑事证据法学》，北京大学出版社 2014 年版，第 349-351 页。

② 陈瑞华：《程序性制裁理论》，中国法制出版社 2010 年版，第 284 页。

③ 杨宇冠：《非法证据排除规则及其在中国确立问题研究》，载《比较法研究》2010 年第 3 期。

合法性。①

五、庭前会议中非法证据排除的裁决

经过正式调查程序，若法官以及控辩双方对证据收集的合法性问题形成了充分认识，就可以对相关证据的取舍作出裁决。笔者认为对非法证据排除问题的处理可以通过两种方式实现：

第一，如果经过控辩双方就非法证据排除问题的举证与质证，人民检察院与被告人及其辩护人就非法证据排除问题达成一致的，应当载入庭前会议笔录，没有新的事实和理由，当事人及辩护人不得在庭审中就同一证据材料再次提出申请。这种一致的合意主要包括两种情况：一是被告人及其辩护人可以决定撤回排除非法证据的申请。二是检察机关认为证据取得合法性不足或者难以有效证明，决定不将有关证据作为指控犯罪的根据的。第二种情况在实践中主要可能发生在检察机关认为即使排除相关证据，同样可以对被告人定罪的情况下。

第二，由法院就非法证据排除问题作出裁决。一方面，如果公诉机关提供的证据能够确实、充分地证明有关证据收集的合法性，那么法院应当裁定不排除相关证据并说明情况和理由。被告人及其辩护人没有新的线索或者材料以相同理由再次提出非法证据排除申请的，法院可以不再审查。另一方面，如果经过正式调查程序，确认存在或者不能排除以非法方法收集证据情形的，法院应当作出排除相关证据的裁定。

笔者认为，庭前会议中非法言词证据和实物证据的排除与否直接关系到司法公正与被告人权利保护，庭前会议中非法证据排除程序的过程、控辩双方就非法证据排除达成的一致意见或人民法院的裁决都应当详细地记载于庭前会议记录。庭前会议记录应当由参与庭前会议的审判人员、检察人员、被告人及其辩护人共同签署生

① 参见陈瑞华：《刑事证据法学》，北京大学出版社 2014 年版，第 352-356 页。

效。控辩双方在随后的庭审中应当受到该记录的约束。

六、庭前会议中非法证据排除的效力

在庭审中，法庭收到启动非法证据排除程序申请的，首先需要对该证据收集合法性问题是否属于“在庭审阶段才发现的”这一法定情形进行初步审查。如果确属庭审期间才发现的非法证据，则法庭可以参照庭前会议中非法证据排除程序加以处理；反之，则应当驳回当事人及其辩护人、诉讼代理人的申请。

一般情况下，法庭应在公诉人宣读起诉书之后即启动非法证据排除程序，在法庭作出是否排除有关证据的决定前，不得对有关证据进行宣读、质证。如果启动非法证据排除程序的申请是在法庭辩论阶段提出的，审判长可以宣布暂停辩论，恢复法庭调查，在非法证据排除程序结束后，继续法庭辩论。

法院在庭前会议和庭审中对取证手段合法性的审查和调查程序与结论应在裁判文书中写明并说明相关证据排除与否的理由。被排除的非法证据不得作为判决的依据。非法证据排除之后，法院应当结合全案证据，坚持疑罪从无的原则，对被告人的刑事责任作出认定：如果排除非法证据之后符合定罪标准的，应当依法作出有罪判决；反之，则应当作出证据不足、指控的犯罪不能成立的无罪判决。

第二节　刑事诉讼庭前会议中回避申请程序

在中国诉讼法律中，“回避”指与案件有某种利害关系或者其他特殊关系的审判人员、检察人员和侦查人员等不得参与该案诉讼活动。回避是为了确保司法公正而确立的制度。公正是司法的灵魂，刑事诉讼、民事诉讼和行政诉讼制度都应当以实现公正为目标而设置。在中国的诉讼活动中，回避涉及的人员通常有审判人员、检察人员、侦查人员，而在美国的诉讼中则主要指审判人员，包括

陪审团成员。在中国的司法语境中，回避是在司法过程中使特定的诉讼主体保持中立的制度，既有当事人自己主动回避，也有被要求人员的回避。

在我国庭前会议的司法实践中，有些被告人或其辩护律师会在庭前会议中提出回避申请，要求审判人员或是公诉人回避。但现实中的这种回避往往与案件管辖权异议紧密结合，有时甚至是混淆在一起。因此，有必要在比较法研究的基础上对我国回避制度及庭前会议中回避的申请程序作出明确的定义和规范。

在中国的刑事诉讼中，回避被当作被告人的最重要的权利之一，每一个刑事案件，无论大小，司法人员在审判开始时都会对被告人说："根据法律，你有回避的权利。你是否申请回避?"被告人通常不申请回避。在司法实践中，被告人申请回避的情况很少，可能是他们对回避的含义并不了解。有调查显示，2001 年至 2003 年，某地两级法院共审理案件 26473 件，其中涉及回避的仅 25 件，占总案件数的 0.094%。[①] 2005 年至 2009 年，福建省三级法院共涉及回避的案件也只有 50 件，2008 年和 2009 年间没有刑事案件当事人申请回避。[②] 既然回避是刑事案件当事人，特别是被告人的重要诉讼权利，中国司法理论和实务界就需要重视对回避制度的研究并精确理解其内涵。

中国法律中的回避制度来自西方法治国家，英美法系国家回避制度的理论依据是西方传统理论中的"自然公正原则"。依据《牛津法律大辞典》的解释，"自然正义"这一理念源自于自然法的概念，它体现了以下两个特定要求："第一，任何人都不得在与自己有关的案件中担任法官（*nemo judex in parte sua*）；第二，应听取双

① 参见谌辉、刘宁：《回避制度实证研究关于法院回避制度实施情况的调查分析》，载陈光中主编：《诉讼法理论与实践（2003 上卷）》，中国政法大学出版社 2004 年版。

② 参见张友好：《论我国申请法官回避的现状及改革》，载《清华法学》2012 年第 4 期。

方之词，任何一方之词未被听取不得对其裁判（*audi alteram partem*）。"[①] 按照第一项要求，如果担任案件审判的法官是一方当事人近亲属或与判决结果有任何法律或经济的利害关系，具有导致偏见的现实可能性，那么该法官就应当回避。

为正确理解庭前会议中的回避申请程序，切实保障被告人的诉讼权利，有必要将中国的回避制度及相关概念与国外进行比较研究。本节将从刑事诉讼中审判人员回避制度的角度出发，分析两国回避制度之间的差异，进而提出完善我国刑事庭前会议中审判人员回避制度的建议。

一、中美刑事诉讼中审判人员的范围

回避的适用对象是指刑事诉讼中回避制度适用的人员范围，即刑事诉讼中哪些人员可能需要适用回避。中美两国刑事司法中的审判人员范围有较大的差别，在中国的刑事诉讼中，审判人员主要指人民法院的法官和人民陪审员；在美国的刑事诉讼中，审判人员既包括作出事实裁判的陪审团，也包括进行法律裁判的法官。

（一）中国刑事诉讼中审判人员的范围

《刑事诉讼法》对于"审判人员"的内涵与外延没有作出明确的规定，而最高法《解释》中关于审判人员回避范围的规定存在一定的冲突和矛盾。如根据最高法《解释》第 32 条[②]的规定审判人员包括该法院的所有从事审判工作的人员，但第 25 条的规定中又将适用回避的审判人员仅限定为参与本案审判工作的合议庭组成人员或独任审判员。在法学理论界，主要的学者基本均认为应从广

---

① ［英］沃克：《牛津法律大辞典》，李双元等译，法律出版社 2003 年版，第 787 页。

② 最高法《解释》第 32 条规定："本章所称的审判人员，包括人民法院院长、副院长、审判委员会委员、庭长、副庭长、审判员、助理审判员和人民陪审员。"第 25 条第 2 款规定："在一个审判程序中参与过本案审判工作的合议庭组成人员或者独任审判员，不得再参与本案其他程序的审判。"

义上将《刑事诉讼法》中的“审判人员”解释为既包括承办本案的审判员（含助理审判员）和人民陪审员，也包括“参与本案讨论和作出处理决定的法院院长、副院长、庭长、副庭长和审判委员会委员”[①]，以在实质上最大化刑事诉讼中应当回避的审判人员的范围。

对于回避的事由，我国《刑事诉讼法》第28条规定，“审判人员、检察人员、侦查人员有下列情形之一的，应当自行回避，当事人及其法定代理人也有权要求他们回避：（一）是本案的当事人或者是当事人的近亲属的；（二）本人或者他的近亲属和本案有利害关系的；（三）担任过本案的证人、鉴定人、辩护人、诉讼代理人的；（四）与本案当事人有其他关系，可能影响公正处理案件的。”此外，根据第30条规定，“审判人员、检察人员、侦查人员不得接受当事人及其委托的人的请客送礼，不得违反规定会见当事人及其委托的人。审判人员、检察人员、侦查人员违反前款规定的，应当依法追究法律责任。当事人及其法定代理人有权要求他们回避。”

（二）美国刑事诉讼中审判人员的范围

在美国的刑事诉讼中，适用回避的审判人员主要包括法官和陪审团，回避的种类也与中国存在一定的差异。

1. 法官

法官的回避是基于被告人有权获得公正和无偏倚的审判，如果法官与被告人之间存在某种利益关系或冲突，法官就应当回避。在美国的刑事诉讼中，法官回避分为主动回避和被动回避。主动回避虽也是法官主动要求退出诉讼活动，但是除某些将其纳入法律的法域外，大多是基于司法道德义务。法官有可能被要求回避，英美法中要求法官回避包括有因回避（challenge for cause）和无因回避

① 参见陈光中主编：《刑事诉讼法》，北京大学出版社2012年版，第125页；樊崇义主编：《刑事诉讼法学》，中国政法大学出版社2010年版，第167页。

（peremptory challenge）两种情形。有因回避是指申请法官回避时必须说明理由，诉讼双方均可提出，是否回避由另外一名法官裁决。申请回避的理由通常在制定法或法院规则中列明，这些规定有时包括如法官和被告人、律师，或犯罪被害人之间存在家庭关系等具体情况，但实践中更普遍的是涉及歧视的情形。此外，美国大约三分之一的州规定，允许一方申请一位指定的法官回避，并且不需要提出或者证明导致其相信自己不能得到公正审判的精确事实①，这被称为无因回避。

联邦最高法院在图梅诉俄亥俄州（Tumey v. Ohio）案中认为，“如果法官在作出一个对被告人不利的判决时，带有一种直接、个人、实质性的金钱利益，那就当然地违反了宪法第十四修正案的规定，而且剥夺了被告人在刑事案件中将其自由与财产交由法庭审判的正当程序权利”。② 在沃德诉门罗维勒（Ward v. Monroeville）案中，联邦最高法院进一步认定，为了图梅判例能够得以适用，这种金钱利益不必是个人性的。联邦最高法院在该案中还认为，“一个被告人在一审时有权由一个中立而无利益的法官进行审判”，因此在另一法院进行重审时，被告人的这种权利也不应有变化。③

但是在威斯罗诉拉金（Withrow v. Larkin）案中，联邦最高法院却认为法官参与签发逮捕令和主持预审听审程序不会给该法官主持该案件的刑事审判造成任何宪法上的障碍。即使在没有陪审团的情况下，由法官单独就有罪或无罪事项作出的裁判亦不存在障碍。④

① Wayne R. LaFave, Jerold H. Israel, Nancy J. King, Orin S. Kerr, *Criminal Procedure*, *Fifth Edition*, Minnesota: West, p. 1096.

② 273 U. S 510, 47 S. Ct. 437, 71 L. Ed. 749 (1927).

③ 409 U. S. 57, 93 S. Ct. 80, 34 L. Ed. 2d 267 (1972).

④ 421 U. S. 35, 95 S. Ct. 1456, 43 L. Ed. 2d 712 (1975).

2. 陪审团

陪审团制度，是指由特定人数的有选举权的公民参与决定嫌犯是否起诉、是否有罪的制度。美国法律规定，每个成年美国公民都有担任陪审员的义务。但是不满21岁、不在本土居住、不通晓英语及听力有缺陷的人、有前科者，没有资格充当陪审员。①

现代陪审团的前身至少可以追溯到13世纪早期，“到我们的宪法起草时，刑事案件中的陪审团审判已经在英格兰存在几个世纪了”。美国宪法第六修正案规定：“在所有的刑事诉讼中，被告人享有公正陪审团审判的权利”。自从最高法院在丹肯诉路易斯安那案（Duncan v. Louisiana）中作出判决，认定第十四修正案正当程序条款合并该条之后，陪审团审判权就开始适用于各州和联邦的诉讼。②

此后，美国对陪审团制度进行了一系列的改革：首先，在陪审团组成人员上，逐渐对妇女和黑人开放，对性别和种族的排斥度降低；其次，历史上陪审团的人数是12人③，而在威廉姆斯诉佛罗里达州（*Williams v. Florida*）一案中，最高法院判决认为，采用由6名陪审员组成的陪审团进行审判也没有违反宪法第六修正案的规定④，改革之后陪审团的组成人数可以根据各州的情况在6至12人；最后，在陪审团裁决原则上，传统的陪审团裁决需要全体一致通过，现在少数的州也允许在重罪案件中采用非一致同意的判决。⑤ 通过一系列的改革措施，陪审团制度在美国得到了迅速的发展，在法律和制度的成熟度上甚至超过陪审团制度的起源地英国。

---

① 28 U. S. Code § 1861.

② ［美］约书亚·德雷斯勒、艾伦·C. 迈克尔斯：《美国刑事诉讼法精解（第四版）（第二卷·刑事审判）》，魏晓娜译，北京大学出版社2009年版，第195页。

③ 周静、郜大明：《美国陪审团制度》，载 http：//cdfy. chinacourt. org/article/detail/2010/01/id/572160. shtml，2016年3月21日访问。

④ 399 U. S. 528，91 S. Ct 1893，26 L. Ed. 2d 446（1970）.

⑤ Wayne R. LaFave，Jerold H. Israel，Nancy J. King，Orin S. Kerr，*Criminal Procedure*，*Fifth Edition*，Minnesota：West，p. 1075.

美国刑事诉讼中有对陪审团进行预先审查（*voir dire*）程序，在法庭中进行，辩方和控方都可以对陪审员候选人提出回避申请。分为两种，即陪审员的有因回避（challenge for causes），它要求一方的回避申请必须提供诸如偏见或歧视等的特定理由，以取消该陪审员候选人的资格；[①] 另一种是陪审员的无因回避（peremptory challenge），这种回避可以在不提供任何理由的情况下使用一定的次数。[②]

二、中美刑事诉讼中审判人员回避程序的特点

在符合回避条件的审判人员主动回避或者被要求回避后，都需要按照诉讼法律或规则的有关规定，由相关的组织或个人对回避的事由进行审查并作出决定。在中美两国的刑事诉讼中，回避的程序存在较大区别。

（一）中国刑事诉讼中审判人员回避的程序

中国《刑事诉讼法》第185条[③]规定，开庭的时候，审判长应告知当事人有申请相关人员回避的法定权利。属于回避范围内的审判人员自行回避的，可以口头或者书面提出，并说明理由。口头提出申请的，应当记录在案。当事人及其法定代理人、诉讼代理人和辩护人的回避要求，应当书面或者口头提出，并说明理由；根据《刑事诉讼法》第28条的规定提出回避申请的，应当提供有关证明材料。[④]

回避范围内的审判人员自行提出回避，或者当事人、诉讼代理

---

① Bryan A. Garner (ed.), *Black's Law Dictionary*, *Fourth Pocket Edition*, Minnesota: West.

② Wayne R. LaFave, Jerold H. Israel, Nancy J. King, Orin S. Kerr, *Criminal Procedure*, *Fifth Edition*, Minnesota: West, p. 1091.

③ 《刑事诉讼法》第185条规定："告知当事人有权对合议庭组成人员、书记员、公诉人、鉴定人和翻译人员申请回避"。

④ 参见陈光中主编：《刑事诉讼法》，北京大学出版社2012年版，第129页。

人和辩护人申请审判人员回避，需要由法定的组织和人员根据法定的回避理由进行审查并作出是否准许的决定。辩护人、诉讼代理人可以依照《刑事诉讼法》的规定要求审判人员回避，审判人员的回避（包括各级人民法院副院长、审判委员会委员、庭长、副庭长、审判员、助理审判员）由本法院的院长决定。人民陪审员的回避问题，参照审判人员回避的有关内容执行。法院院长的回避，由该院审判委员会决定。对驳回申请回避的决定，当事人及其法定代理人可以申请以上决定人员复议一次。①

有回避决定权的个人或组织对当事人等的回避申请或有关审判人员自行回避的请求进行全面审查后，发现确有《刑事诉讼法》规定的回避情形之一的，应当依法作出决定，令其回避；认为不具有应当回避的情形的，有权作出不准许回避的决定。无论是否同意回避申请，作出决定的个人或组织都应当向申请回避的当事人或法定代理人、辩护人、诉讼代理人宣布，不同意回避申请的，还应告知其有权申请复议。当事人、诉讼代理人和辩护人有权向作出这一决定的个人或者组织申请复议一次，有关司法解释就审判阶段提出复议作出了具体规定，被决定回避的审判人员对决定有异议的，可以在恢复庭审前申请复议一次；被驳回回避申请的当事人等对决定有异议的，可以当庭申请复议一次。②

回避决定一经作出，即发生法律效力，应当回避的人员须立即退出诉讼活动。回避人员范围内的人员有法定回避情形之一却没有回避的，构成程序违法。在审判阶段，第二审人民法院发现或者根据当事人及其法定代理人、诉讼代理人、辩护人的举报，认为第一审人民法院的审理违反有关回避规定的，经核查属实，应当裁定撤销原判，发回原审人民法院重新审判。③

① 参见陈光中主编：《刑事诉讼法》，北京大学出版社 2012 年版，第 129 页。

② 参见陈光中主编：《刑事诉讼法》，北京大学出版社 2012 年版，第 130 页。

③ 参见陈光中主编：《刑事诉讼法》，北京大学出版社 2012 年版，第 128 页。

（二）美国刑事诉讼中审判人员回避的程序

美国刑事诉讼规则并没有对回避的程序作出统一的规定，法官和陪审团的回避在程序上既有相同点，又存在一定的差异。

1. 法官的回避程序

（1）自行回避。如果当事人一方成功地主张或证明审判中的法官存在偏见，则该法官必须退出案件的审判活动。作为一种司法道德的事项，法官有责任在某些情况下自行回避，如法官认为自己的公正性可能会受到合理的质疑。因为这里存在一个表面不公正的问题（the Appearance of Impropriety）①，在这种表面不公正的要求下，法官的道德责任很明显已经超越了现实不公正的范围。如果这种自行回避的责任进一步成为该司法辖区的法律，且不仅是一种法官的自我强制责任，而且是一种可以由当事人一方在诉讼中主张的事项，那么就将增强法官自行回避的依据，由无形成为有形的约束。

（2）有因回避。像陪审员一样，法官也要受制于有因回避。这种回避的理由通常规定在某一成文法或法院规则之中。这些条文有时会包含一些具体的情况，如法官和被告人、律师或被害人之间存在亲属关系，且这种规定更多地都会指向可以使法官产生偏见的情形。根据这些法律的规定，如果提出回避的当事人一方作出书面宣誓并充分陈述其认为存在偏见或歧视的事实及理由，该法官就应当回避。在另一些司法辖区，还必须由受到回避申请的法官之外的另一名法官召开听证会，对被提出的偏见事实及事项作出司法裁决。

（3）无因回避。目前，美国有多个州的法律允许某一方当事人在对指定的法官提出回避时，不必同时提出准确的、能够使该法

① “An appearance of impropriety occurs when reasonable minds, with knowledge of all the relevant circumstances disclosed by a reasonable inquiry, would conclude that the judge’s honesty, integrity, impartiality, temperament, or fitness to serve as a judge is impaired.” *See* Guide to Judiciary Policy, Vol. 2A, Ch. 2.

官相信自己不能进行公证审判的事实。在一些州，仅通过填写一张通知或申请，要求将特定事项交由另一名法官审理，就可以完成对法官的强制回避。在另一些州，还需要进行有关法官存在偏见的书面宣誓，说明如果由该法官主持庭审，公正的审判就不可能存在。这份申请必须基于良好的信用作出且不能延迟，但是不需要主张具体的事实，因此这种法律规定的性质就是对具体情况下的强制回避进行认可，控辩双方一般都同时拥有行使这种回避的权利。[①]

2. 陪审员的回避程序

在联邦法院中，对陪审员的挑选要遵守 1968 年的《联邦陪审员挑选及服务法》（*The Federal Jury Selection and Service Act of* 1968）。该法制定的目的是确保“在本区或法院所在地区社会公众中的公正的典型代表中随机地挑选陪审员”，“任何美利坚合众国的公民都不能因为种族、肤色、信仰、性别、民族或经济状况而被排除于在本地区的法院作为大陪审团陪审员和小陪审团陪审员服务之外”。[②] 根据该法，每一个地区法院都必须制定并执行陪审团挑选方案，区法院会不时地对陪审员的挑选进行指导。书记官或某个区法院法官将公开地在陪审员候选名单中按照所需要的人数进行随机地挑选。地区法官将就某人是否符合担任陪审员的资格、是否被免除陪审员服务的义务、是否被排除在陪审员之外等问题作出决定。从符合陪审员资格的人选中挑选出来的备选人员名单将被放置于合格的陪审团机构中，对这些人员的召集通知届时也将被签发。

近年来，美国各州挑选陪审员的程序发生了一些改变，大多数州现在所采取的程序都与上述联邦的程序有些类似，即从一些标准的名单中随机地挑选陪审员。

（1）对陪审团人选提出的回避。对陪审团人选提出的回避有

---

① *See* Wayne R. LaFave, Jerold H. Israel, Nancy J. King, Orin S. Kerr, *Criminal Procedure*, *Fifth Edition*, Minnesota: West, pp. 1096-1097.

② 28 U. S. C. A. § 1861-1869.

时是指一种要求废止陪审团召集令或陪审团组成的动议。它是一种用来针对整个陪审团提出反对意见的程序性工具。这种反对意见的提出可能是在宪法范围之内，也可能仅以与挑选陪审团的态度有关的法律为基础。对于后一种情况来说，较为合理的观点是，只有当现实的程序与陪审团挑选的立法存在“实质性的背离”或“重大的误差”时，一个被告人才有权寻求救济①并对陪审团提出回避。

（2）预先审核程序。如果被告人没有放弃陪审团审判的权利，那么就必须从那些备选人员名单中选出一些人组成陪审团履行法定的职责，对这些备选人员进行的审查就是预先审核。预先审核是一个古老的用语，从语义上来说就是“讲真话”（to speak the truth）。被告人和公诉人都可以通过这一程序筛选掉一些备选人员。这一程序是审判程序中非常重要的一个部分。在预期审核期间，备选人员可能会通过两条途径被要求回避。一是有因回避，这种回避要求提出回避的当事人说服法官并使之相信有充分的理由证明，该备选人员可能会产生某种偏见；二是强制回避，就这种回避而言，提起该回避的特定人员不必提出任何理由，也不受制于法庭。后一种回避被用于筛选掉那些由于背景及经历的缘故，被怀疑或确信带有偏见，在态度上更倾向于对方当事人的备选人员。②

三、庭前会议中回避程序的完善建议

2012 年《刑事诉讼法》关于回避制度的修改幅度很小，仅在第 31 条中增加了“辩护人、诉讼代理人可以依照本章的规定要求回避、申请复议”的条款。在对我国和美国审判人员回避制度进行比较后可见，我国审判人员回避制度还存在较多的问题与不足，需要从信息公开、启动时间、证明标准、程序救济等角度加以完

---

① ［美］拉费弗著：《刑事诉讼法》，卞建林等译，中国政法大学出版社 2003 年版，第 1134 页。

② See Wayne R. LaFave, Jerold H. Israel, Nancy J. King, Orin S. Kerr, *Criminal Procedure*, *Fifth Edition*, Minnesota: West, pp. 1087-1094.

善，特别是可以将回避申请程序纳入庭前会议制度的范围之内加以解决。

（一）庭前会议中进行信息公开

在中国，人民法院的院长、副院长、庭长和副庭长作为独任审判员、合议庭成员或者审判委员会委员直接参与某一具体案件的审判时，自然应当适用回避制度。但是，按照最高法《解释》第26条的规定，“人民法院应当依法告知当事人及其法定代理人有权申请回避，并告知其合议庭组成人员、独任审判员、书记员等人员的名单”。这就与法院院长、副院长、庭长和副庭长这些行政负责人虽没有在某一具体案件中担任独任审判员、合议庭成员或者审判委员会委员，但同样应当适用回避制度的规定发生矛盾。笔者认为，作为回避制度适用对象的“审判人员”应当包括中国刑事诉讼中广义上的审判人员，而不仅仅是承办本案的审判员和人民陪审员，这是由中国目前的刑事司法体制所决定的。因为，按照《宪法》《人民法院组织法》《刑事诉讼法》等法律法规的规定，中国实行的是人民法院独立行使审判权，而不是法官独立审判。虽然按照《刑事诉讼法》第195条的规定，对于一般案件，合议庭有权独立地作出裁判，但《刑事诉讼法》第180条同时规定，“对于疑难、复杂、重大的案件，合议庭认为难以作出决定的，由合议庭提请院长决定提交审判委员会讨论决定，审判委员会的决定，合议庭应当执行”。由此，在人民法院内部，院长、副院长、庭长、副庭长经常会通过听取承办法官的汇报、签发法律文书等形式对案件审判进行逐级“把关”。[①] 他们的观点对于具体案件的判决往往具有举足轻重的影响，法律应当将这些人员纳入回避告知的名单，以更好地保障审判主体的中立性，确保刑事诉讼活动公正进行。

此外，按照《刑事诉讼法》第28条的规定，审判人员及其近亲属是案件的当事人或与案件存在利害关系时都应当回避，但是最

① 樊崇义主编：《刑事诉讼法学》，中国政法大学出版社2013年版，第167页。

高法《解释》第26条却规定人民法院告知的范围仅包括“合议庭组成人员、独任审判员、书记员等人员的名单”，并不包含其近亲属的相关信息。这就可能使得当事人难以充分行使法律赋予其的诉讼权利，造成法律条文的虚置。

因此，笔者认为，人民法院可以在庭前会议中告知当事人及其法定代理人享有申请回避权利的同时，向诉讼当事人提供审判人员及其他工作人员的家庭成员及主要社会关系的书面资料，尤其是本案合议庭组成人员、独任审判员的详细信息，包括夫妻、父母、子女、同胞兄弟姐妹的相关资料，而不是仅仅提供合议庭成员名单，以更有效地保障当事人申请回避的权利，增强审判的公正性和权威性。

（二）庭前会议中提出回避申请

2012年的《刑事诉讼法》第182条增加了关于庭前会议的条款，规定在开庭以前，审判人员可以召集公诉人、当事人和辩护人、诉讼代理人，就回避的问题进行了解情况，听取意见。正如美国刑事诉讼中存在对陪审员的预先审核程序一样，案件的程序性问题应当先于实体问题解决，这样才能更好地保证庭审活动的连续顺利进行，提高诉讼活动的效率。由此，在庭前会议中，主持的法官可以告知案件当事人申请回避的权利，并提供参与庭审的审判人员和检察人员的相关信息，以便于案件当事人及其法定代理人、律师等及时地了解合议庭或独任法官的情况，为行使申请回避的权利做好相应的准备。同时，主持庭前会议的法官也可以听取控辩双方就回避问题提出的意见，及时发现可能存在的回避事由并加以核实，确保庭审的顺利进行。

对于明显不属于法定回避情形的申请，主持庭前会议的法官可以当庭作出驳回申请的决定；对于法定情形之内的回避情形，法官可以要求申请人提供相应的证据材料或者线索，由法庭在庭前会议之后对相关情况进行调查核实，并按照法定程序作出决定。

（三）庭前会议中回避的证明标准

中国《刑事诉讼法》对于申请审判人员回避的举证责任和证明标准都没有作出明确的规定，但最高法《解释》第28条要求当事人及其法定代理人申请回避的，应当提供证明材料。由此，在中国的刑事诉讼中，案件的当事人需要承担申请回避时提供证明材料的责任。这样的制度设计虽然有利于遏制当事人及其法定代理人作为申请回避的提出主体滥用诉讼权利，符合权利与责任相对应的原则，却忽略了案件当事人及其法定代理人对诸如“请客送礼，违规会见”等粗略的法定回避情形举证困难的实际情况，这也是造成司法实践中回避申请十分罕见的原因之一。反观美国刑事诉讼中关于审判人员回避的规定，在无因回避中，只要控辩双方对法官或陪审员的中立性和公正性存在怀疑，就可以在不提出任何理由的情况下要求事实或法律的审判者回避；在有因回避中，法律规定了具体的回避事由，只要当事人能够说服法官存在上述事由，被申请的人员就应当回避。

无因回避制度虽然能够更好地保障当时人获得公正审判的权利，但是在司法实践中难免会有滥用之虞，造成司法资源的浪费和诉讼效率的降低。笔者认为，可以通过司法解释明确和细化法定的回避情形，降低案件当事人在庭前会议中申请回避时的证明标准，即采用优势证明标准，如果申请回避的当事人提供的证明材料已经能够证明审判人员及其近亲属与案件的利害关系的存在较之其不存在更有可能的，那么法院就应当对有关审判人员作出回避的决定。采用相对较低的证明标准，有利于兼顾司法公正和诉讼效率的两方面利益，维护犯罪嫌疑人、被告人的诉讼权利。

（四）庭前会议中回避处理结果的程序性救济

最高法《解释》第30条规定，“当事人及其法定代理人申请回避被驳回的，可以在接到决定时申请复议一次。不属于刑事诉讼法第二十八条、第二十九条规定情形的回避申请，由法庭当庭驳回，并不得申请复议。”但是，按照《刑事诉讼法》第227条的规定，在第二审人民法院发现第一审人民法院的审理有违反回避制度的情形时，应当裁定撤销原判，发回原审人民法院重新审判。如果在刑事审判中存在应当回避的法定事由，而审判人员没有依法回避的，将导致一审程序存在严重的程序错误，损害了公正审判的基本原则，以至于可能损害一审判决结果的可靠性和公正性，必须由第二审法院撤销原审判决并发回重审。

然而，“程序问题应当先于实体问题解决，这样才能保证案件审理的顺利进行。”① 如果将对回避的程序性救济延滞到实体判决作出之后，就显然会导致先前诉讼行为归于无效，造成大量诉讼资源的浪费，徒增诉累，危害司法的公信力。由此，笔者认为应当赋予被告人及其法定代理人、辩护人在庭前会议之后针对审判人员的回避申请被驳回时立即提起程序性上诉的权利，二审法院经审查认为一审法院审判人员存在需要回避的法定情形而没有回避的，应当撤销原审法院对回避申请的决定。如果被申请回避的审判人员是合议庭组成人员或独任审判员，则原审法院应重新组成合议庭或指定独任审判员对案件进行审理；在其他情况下则应直接要求被申请回避的审判人员回避。将刑事诉讼中的案件程序问题和事实问题进行有效的划分，有利于在维护司法公正和保障人权的同时，提高刑事诉讼的效率，完善我国的刑事司法体制。

第三节　刑事诉讼庭前会议中证据开示和证人名单

据笔者调研了解到，在我国的司法实践中控辩双方经常会在庭前会议中进行一定程度的证据开示，公诉机关也希望能够通过庭前会议了解到辩护律师的意见。但是法律仅对庭前会议中确定出庭证人名单作出了明确的规定。因此，庭前会议中相关制度的完善需要

① 杨宇冠、兰卫东：《论我国〈刑事诉讼法〉修改与人权保障的进步》，载《河南社会科学》2013年第3期。

从理论和实践的角度进行深入探讨。

一、完善庭前会议中辩方证据开示制度

《刑事诉讼法》对公诉机关移交案件卷宗和辩护律师获得控方证据的权利和方式进行了修改，使得辩护律师可以在开庭之前充分了解公诉机关用以支持指控的相关证据材料。但是法律对于辩护方开示证据的规定仅限于被告人无罪等情况，实际上造成了控辩双方在开庭前获得对方信息权利的不平等，导致庭审中辩方证据突袭现象较为多见。因此，当前有必要完善庭前会议中控辩双方互相开示证据的制度，以帮助控辩双方在开庭前能够更好地明确证据和法律争议焦点，推动庭审实质化和提高庭审效率。

（一）我国法律和司法解释的规定

2012 年《刑事诉讼法》第 172 条增加规定人民检察院在起诉时将案卷材料、证据移送人民法院，对 1996 年《刑事诉讼法》中的移送部分证据材料制度进行了修改，以纠正因不进行全卷移送造成辩护人无法在审判前查阅全部案卷材料和证据，特别是对被告人有利的证据，不利于被告人辩护权行使的弊端。根据立法机关的解释，公诉机关移送的案卷材料和证据“应是全案的证据材料，既包括指控犯罪事实以及表明罪行严重等对犯罪嫌疑人不利的证据，也包括有从轻、减轻处罚情节等对犯罪嫌疑人有利的证据。”① 此外，最高检《规则》第 398 条②仅规定了公诉方向辩护方展示证据的内容，没有要求辩护方向公诉方承担展示义务，导致实践中辩护人可以获得公诉机关的全部证据材料，而公诉机关却无法了解辩护人的辩护意见，庭审中辩护人证据突袭的现象比较多见，影响了庭

---

① 郎胜主编：《中华人民共和国刑事诉讼法释义》，法律出版社 2012 年版，第 373 页。

② 最高检《规则》第 398 条规定：“在审查起诉期间，人民检察院可以根据辩护人的申请，向公安机关调取在侦查期间收集的证明犯罪嫌疑人、被告人无罪或者罪轻的证据材料。”

审质证的质量和效率。

（二）英美法系国家的有益经验

英美法系国家证据开示的制度较为完备。以英国为例，为了保证公平的审判和控辩双方的“平等武装”，检察官承担向辩方披露证据的普通法义务。该义务具体包括两个方面：一是要向辩护方提供控方将要在法庭上作为指控依据的全部证据，称为“先期提供信息的义务”；二是要向辩护方展示不准备在庭审中使用的任何与案件相关的材料，称为“披露的责任”。[①] 根据英国《1996 年刑事程序和侦查法》（*Criminal Procedure and Investigations Act* 1996）第 5 条和第 6 条的规定，如果控方初步披露完成而且案件被提交刑事法院，辩护方必须向法院和检察官提交一份辩护陈述，以书面的形式阐述辩护的性质和辩护方对起诉的反对即理由。[②] 一旦辩护方提交了陈述，根据该法第 7 条的规定，检察官必须向被控者披露任何此前尚未披露的控方材料，这些材料“根据辩护陈述表明，可能对被指控者的辩护有帮助”。[③] 但是，如果辩护方没有履行展示义务，不仅控诉方无须进行第二次证据展示，而且法官和陪审团可以从中作出对被告人不利的推论。英美刑事诉讼中的证据开示使双方处于更平等的地位，另外证据开示也可能增加有罪答辩的可能性。“完整地披露使检察官不能虚张声势，不管证据有没有记录在案；证据

① ［英］约翰·斯普莱克：《英国刑事诉讼程序》，徐美君、杨立涛译，中国人民大学出版社 2006 年版，172 页。

② *See* Article 5 and Article 6 of the Criminal Procedure and Investigations Act 1996，http：//www. legislation. gov. uk/ukpga/1996/25/contents.

③ Article 7A：（2）The prosecutor must keep under review the question whether at any given time（and，in particular，following the giving of a defence statement）there is prosecution material which—（a）might reasonably be considered capable of undermining the case for the prosecution against the accused or of assisting the case for the accused，and（b）has not been disclosed to the accused. *See* Criminal Procedure and Investigations Act 1996，*http*：*//www. legislation. gov. uk/ukpga*/1996/25/*contents*.

的揭示使被告方能更好地判断与审判有关的冒险性。”①

（三）完善我国庭前会议证据开示制度的设想

庭前会议可以通过证据开示、确定出庭证人名单和非法证据排除等方面的工作为庭审质证做好充分的准备工作。首先，应当确定哪些案件需要进行庭审质证程序。为此，可以在庭前会议中设置被告人答辩程序，在被告人及其辩护人对起诉书指控的犯罪事实和证据不存在异议的情况下，该案件就不需要进行庭审质证。其次，应当确定哪些证据需要质证。对于被告人不认罪或对证据有异议的案件，可以在庭前会议中决定哪些证据应当质证，完成此工作需要进行证据开示。② 目前，我国的庭前会议实践中存在控辩双方证据交换的案例，但是这种证据交换缺乏法律制度的保障，也缺乏具体的操作程序，多属于控辩双方在个案中的自发行为。③ 在有些案例中，辩护律师由于多种原因不愿与公诉人在庭前会议中进行证据交换，一是控方发现证据链存在问题，可能会在庭前会议之后补充相关证据，以完善证据体系；二是当个别证据存在瑕疵时，可能会进行补充侦查或通过其他方式加以解释和说明。辩护律师的这种顾虑使得庭前会议明确庭审争点，提高诉讼效率的作用难以发挥。例如，笔者在调研中了解到，一般情况下，犯罪嫌疑人、被告人聘请辩护律师需要支付高昂的律师费。因此，辩护人特别是律师辩护人，迫切需要在法庭审理的过程中提出被告人无罪、罪轻或者减轻、免除刑事责任的材料和意见，在被告人及其亲属面前展现其维护被告人诉讼权利和其他合法权益的效果，以期获得被告人及其亲属对其辩护工作的认可。因此，以审判为中心就必须建立和完善我国庭前会议中的证据开示制度，突出帮助检察官了解辩护人对指控

---

① ［美］爱伦·豪切斯泰勒·斯黛丽、南希·弗兰克：《美国刑事法院诉讼程序》，陈卫东、徐美君译，何家弘校，中国人民大学出版社2002年版，第369页。

② 参见杨宇冠、刘曹祯：《以审判为中心的诉讼制度改革与质证制度之完善》，载《法律适用》2016年第1期。

③ 参见前文实证调研相关内容。

犯罪事实和证据的意见，更有针对性地做好庭审质证准备，这对促进庭审的实质化和提高庭审效率都有十分重要的意义。[①]

二、增强庭前会议中确定出庭证人名单作用

“以审判为中心意味着庭审中控辩对抗的加强和证据规则的完善，庭审成为定罪量刑的主要和决定性阶段。”[②] 2012年《刑事诉讼法》增加了关于证人、鉴定人出庭作证的规定，明确了证人应当出庭作证的范围，确立了强制作证制度，完善了证人作证的补偿制度等，对于改善我国长期以来证人出庭率过低的现象，提高庭审中质证的质量和效果具有很重要的意义。

（一）域外国家的有益经验

从英美法系对证人出庭的规定来看，根据美国联邦宪法中的对质条款，要求当庭作证必须满足可以接受交叉询问、在伪证罪威胁下提供、提供的方式使陪审团能够观察证人的情态举止、证人与被告人“面对面地”提供等要求。[③] 这种“面对面权利”，包括：(1) 被告得于审判中在场目视证人的权利（the right of “seeing the witness face to face”）[④]；(2) 被告有使证人目视自己的权利。[⑤] 被告人与证人面对面的权利为美国宪法所保障的基本人权，要求当庭作证，不允许单方面的书面证言的目的在于：首先，通过为交叉询问留出空间，对质权有助于保障对抗式刑事诉讼，“这个为发现真相而发明的迄今最大的法律引擎”。[⑥] 其次，通过确保证人宣誓后、

① 参见杨宇冠、陈子楠：《检察官在完善质证制度中的地位和作用》，载《人民检察》2015年第19期。

② 王守安：《以审判为中心的诉讼制度改革对检察工作的影响》，载《人民检察》2014年第22期。

③ *See Maryland v. Craig*, 497 U. S. 836, 846 (1990).

④ *Mattox v. U. S.*, 156 U. S. 237 (1895); Dowdell v. U. S., 221 U. S. 325 (1911).

⑤ *Coy v. Iowa*, 487 U. S. 1012 (1988).

⑥ *Green*, 399 U. S. at 158 (1970) [quoting 5 John Henry Wigmore, Evidence § 1367 (3d ed. 1940)].

在公开的法庭上、在被告人面前提供证言并接受交叉询问，对质权提高了证人的可靠性。[①] 最后，当庭的检验，相对于单方面的书面证言，使得陪审团得意观察证人的情态举止，“因此有助于陪审团评价证人的可信性。”[②] 同时，根据《宪法》中的对质条款，要求当庭作证必须满足可以接受交叉询问、在伪证罪威胁下提供、提供的方式使陪审团能够观察证人的情态举止、证人与被告人“面对面地”提供等要求。[③] 为了保障当事人对质权和证言的准确性，美国《联邦证据法》（*Federal Rules of Evidence*）第802条规定了传闻证据规则[④]，要求传闻陈述不得作为证据。

证人、鉴定人等出庭作证也是大陆法系国家直接言词原则的应有之义。例如，德国《刑事诉讼法》第250条规定：“对事实的证明如果是建立在一个人的感觉之上的时候，要在审判中对他询问。询问不允许以宣读以前的询问笔录或者书面证言而代替。”[⑤] 法国在刑事法庭尤其重视严格地执行法庭辩论的言词性原则。法国《刑事诉讼法》第452条明确规定，证人应当口头作证，审判中不得责成证人宣读书面证词。同时，在法庭听取证人的证词和鉴定人的说明之前，审判长不得向陪审官与陪审员传阅照片资料与鉴定报告。在法国的刑事诉讼中，审判长讯问被告人，各当事人及其辩护律师的陈述，审判长与律师询问证人以及各方相互提出的问题，都应当采用言词的方式。所以，法庭庭审过程中的大部分时间都是双方当事人的律师进行口头辩论以及检察院发表意见。[⑥]

---

① *See Maryland v. Craig*, 497 U. S. 836, 846 (1990).

② *Green*, 399 U. S. at 158. *See also*, *Mattox*, 156 U. S. at 242-43.

③ *See Maryland v. Craig*, 497 U. S. 836, 846 (1990).

④ *See* FRE 802. The Rule Against Hearsay. Hearsay is not admissible unless any of the following provides otherwise: a federal statute; these rules; or other rules prescribed by the Supreme Court.

⑤ 李昌珂译：《德国刑事诉讼法典》，中国政法大学出版社1995年版，第103页。

⑥ [法] 贝尔纳·布洛克著：《法国刑事诉讼法》，罗结珍译，中国政法大学出版社2009年版，第487页。

（二）完善庭前会议中出庭证人名单制度的对策

党的十八届四中全会《决定》中提出“完善证人、鉴定人出庭制度，保证庭审在查明事实、认定证据、保护诉权、公正裁判中发挥决定性作用”。[①]庭审是审判的关键环节，推动以审判为中心的诉讼制度改革，首先应当发挥庭审在举证、质证和认证中的重要作用。“证人出庭作证既是司法程序公正的需要，又是证明犯罪的需要，同时也是法律赋予被告人的一项权利。”[②]

独木难成林，完善证人、鉴定人出庭制度需要一系列的配套程序，其中庭前会议制度就是非常重要的一环。根据我国《刑事诉讼法》的规定，庭前会议的重要内容之一就是在法院正式开庭之前确定控辩双方需要出庭的证人名单，以便法庭能够按照名单核对证人的身份信息，向出庭的证人寄送传票，安排证人出庭顺序，为证人必要的食宿保障等。因此，控辩双方首先应当将双方证人的全部名单和拟出庭作证名单在庭前会议中进行公布和交换，然后控辩双方经主审法官同意，都可以要求将对方没有安排出庭的证人列入出庭证人名单之中，在庭审中接受质证。这样一方面可以保证双方有争议的证据都在法庭上经过公诉人、被害人和被告人、辩护人双方质证并且查证属实之后，才作为定案的根据；另一方面也可以保障被告人及其辩护律师在和公诉机关同等条件下传唤和获得证人出庭并予询问的权利。[③]

---

① 《中共中央关于全面推进依法治国若干重大问题的决定》，载《中国共产党第十八届中央委员会第四次全体会议文件汇编》，人民出版社2014年版，第45页。

② 杨宇冠著：《国际人权法对我国刑事司法改革的影响》，中国法制出版社2008年版，第209页。

③ 根据联合国《公民权利和政治权利国际公约》第14条第3款（戊）项规定：受刑事指控者有权“讯问或业已讯问对他不利的证人，并使对他有利的证人在与对他不利的证人相同的条件下出庭和受讯问”。

第四节　刑事诉讼庭前会议中案件分流程序[①]

党的十八届四中全会提出："推进以审判为中心的诉讼制度改革"[②]，以审判为中心，强调发挥庭审在审查判断事实和证据方面的核心作用。但与此同时也要区分案件的具体情况，若要求对所有案件的庭审都要求实质化，既不现实也无必要。"现在正在试点的刑事速裁制度，就是程序简化的一个探索。还有如何探索建立包括重大刑事案件在内的被告人认罪与不认罪案件相区别公诉模式和审理方式，也值得我们进一步研究。"[③] 再结合2018年最高法开展的刑事案件速裁程序、认罪认罚从宽制度和人民陪审员制度等试点工作，笔者当时即提出可以进一步完善与扩大庭前会议功能，在一定程度上赋予庭前会议程序分流和处理实体问题权力。

根据《刑事诉讼法》第182条和最高法解释第184条的规定，目前庭前会议中，审判人员向控辩双方"了解情况，听取意见"的内容具体包括管辖权异议、申请回避、出庭证人名单、调取和提供新证据、申请排除非法证据、申请不公开审理等七种。从实践中的情况来看，可以将申请变更强制措施、确认自首、立功情形、了解辩护意见、附带民事诉讼中当事人达成和解协议、申请人民法院审查双方当事人达成的和解协议书或主持双方当事人协商以达成和解等情况也纳入庭前会议讨论的事项范围，听取控辩双方的意见。

---

① 本节中的部分数据和分析来源于作者与卞建林教授合作并发表的调研报告，在原文基础上有较大删改。参见卞建林，陈子楠：《庭前会议制度在司法实践中的问题及对策》，载《法律适用》2015年第10期。（中国人民大学复印报刊资料《诉讼法学、司法制度》2016年第1期全文转载）。

② 《中共中央关于全面推进依法治国若干重大问题的决定》，载《中国共产党第十八届中央委员会第四次全体会议文件汇编》，人民出版社2014年版，第45页。

③ 陈光中、樊崇义、卞建林、陈国庆等：《以审判为中心与检察工作》，载《国家检察官学院学报》2016年第1期。

一、实现简易程序和刑事案件速裁程序分流

将庭前会议与简易程序和刑事案件速裁程序相结合，对于实现刑事案件办理的繁简分流、难易分流，节约司法资源，提高司法效率，推进以审判为中心的诉讼制度改革具有十分重要的现实意义。从调研的情况来看，在庭前会议中增加征求被告人适用简易程序意见的功能获得绝大多数受访者（约占总数的86%）的认同。（参见图23）

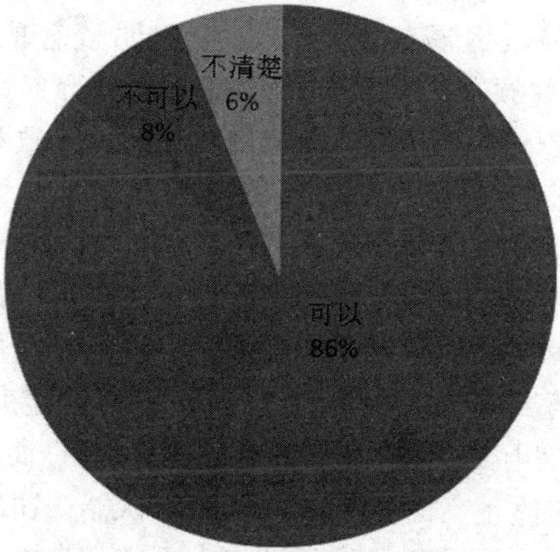

图23　庭前会议中征求被告人适用简易程序的意见

据此，笔者认为可以尝试在庭前会议中设置被告人答辩程序。在被告人及其辩护人对起诉书指控的犯罪事实和证据不存在异议的情况下，主审法官可以在庭前会议中核实被告人认罪的真实性、自愿性，以及充分知悉认罪的法律后果。此后，对于符合简易程序适用条件的案件，被告人对适用简易程序没有异议的，人民法院在庭前会议中可以决定适用简易程序；对于符合刑事案件速裁程序适用情形的，人民法院可以在庭前会议中作出适用刑事案件速裁程序的决定。

二、探索吸纳认罪认罚审查制度

认罪认罚从宽制度是当前刑事诉讼制度改革重要组成部分，对犯罪嫌疑人、被告人自愿认罪、自愿接受处罚、积极退赃退赔的，可以探索通过简易程序或刑事案件速裁程序结案，以提高司法效率，节约司法成本。①

2018年《刑事诉讼法》修改以前，在实践中落实认罪认罚从宽制度还面临着实体法与程序法的一些问题：首先，就刑事实体法而言，虽然我国《刑法》第67条明确规定了，“对于自首的犯罪分子，可以从轻或者减轻处罚。其中犯罪较轻的，可以免除处罚。”但是最高院颁布的《量刑指导意见（试行）》在客观上严格限制了法官在具体案件中的量刑裁量权。这就导致犯罪嫌疑人、被告人即使认罪认罚也很难获得相应的刑期利益，大大降低了其自愿认罪认罚的积极性。其次，从刑事程序法的角度来看，“在庭前审查方面，美国法院在确立案件是否可以进入辩诉交易程序之前，设立了专门的认罪答辩听证程序。我国刑事诉讼法虽然有庭前会议的规定，但是在两高两部的《办法》中并没有规定庭前关于自愿性认罪的听证。”② 由此，难以审查被告人认罪的真实性和自愿性。从程序法保障实体正义的角度而言，对于认罪认罚的被告人，法官必须审查这样的认罪是否是基于被告人真实和自由的意思表示，同时，还要确认被告人清楚地认识到自己认罪的行为可能导致的不利后果。

2018年年初，我国刑事诉讼中能够反映认罪认罚从宽制度实质内涵的，主要包括了刑事和解特别程序、简易程序以及刑事速裁程序。然而，从这三种程序的适用条件来看，我国并非单纯以被告

① 周斌：《坚定信心决心　深入推进改革试点　为完善具有中国特色符合司法规律的司法体制创造经验》，载《法制日报》2015年7月25日第1版。

② 李本森：《我国刑事案件速裁程序研究——与美、德刑事案件快速审理程序之比较》，载《环球法律评论》2015年第2期。

人认罪与否来划分刑事程序。换言之，被告人认罪与否并不是构建程序的唯一标准。比如，刑事和解特别程序除了需要满足犯罪嫌疑人、被告人真诚悔罪的要件，还需要满足罪行、刑期等多方面的要求；而适用刑事速裁程序亦需要满足案件类型和宣告刑等其他条件。由此可能产生的后果在于，一是程序之间存在一定的模糊与交叉，不利于案件的顺畅分流；二是分流效果有限，如重罪案件，即使被告人认罪也无法适用从宽制度。从其他法治发达国家和地区的普遍做法来看，一般只要被告人认罪几乎都能得到相应的从轻或减轻处罚，其他的案件类型或刑期的要求，仅是进一步划分具体适用程序的标准。由此可以反映出我国认罪认罚从宽制度仍然有待从理论和实践两方面做进一步的完善。

2018 年刑诉法修改决定第一项即规定，“犯罪嫌疑人、被告人自愿如实供述自己的罪行，承认指控的犯罪事实，愿意接受处罚的，可以依法从宽处理”。把认罪认罚从宽程序放在刑事诉讼法总则里，说明认罪认罚从宽是作为一项制度写入刑事诉讼法，无疑是这次刑诉法修改的一大亮点。除了总则之外，刑诉法修改决定还对认罪认罚从宽的具体程序作了相关规定，符合司法实践的期待。

当前，仍有待解决的问题是设置或者选择适当的诉讼程序，以更好地衔接和协调刑事和解特别程序、简易程序以及刑事速裁程序三种不同程序，保障被告人的合法权利，实现效率和公正的价值平衡，避免无辜者被迫认罪和权权交易、权钱交易等现象的发生。从目前我国刑事诉讼程序的构架来看，探索在庭前会议中增加认罪认罚从宽制度，利用庭前会议审查被告人认罪的真实性和自愿性，根据案件的具体情况适用不同的诉讼程序，实现案件的繁简分流和难易分流，不失为一种简单易行的方式。笔者也曾就庭前会议中增加被告人认罪认罚程序的问题，在部分地区法官和检察官中开展实证调研。

在调研中，约 70% 的受访者认为可以在庭前会议中增加认罪认罚程序，持相反意见的仅占总数的 19%。（参见图 24）不仅如此，北京、无锡、盐城三地受访者对增加认罪认罚程序的认识结构较为相似，持赞成态度的受访对象在各地区中均远超半数，其中无锡检察院和盐城检察院的认同比例更是达到77%和76%。（参见图表25）

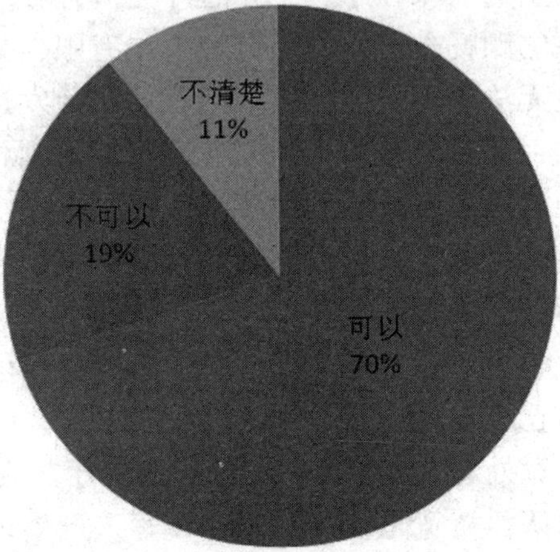

图24 对庭前会议中增加被告人认罪认罚程序认识的比例

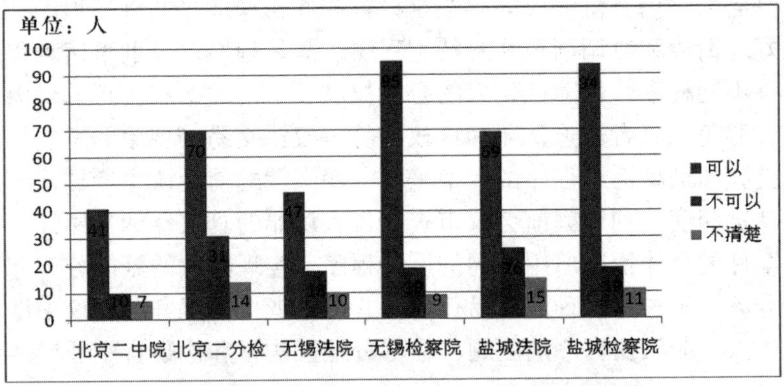

图25 对庭前会议中增加被告人认罪认罚程序的认识

被告人认罪认罚从宽程序是司法改革的一项重要内容，该程序在庭前会议中的适用需要符合哪些要求？从调研的数据来看，北京、无锡、盐城三地受访检察官和法官认为排在前三位的分别是“明确知道认罪的法律意义与后果”“主观上出于个人自愿”和“经过审慎地考虑”，除此之外，也有超过半数的受访者选择了“获得辩护律师的帮助”这一选项。绝大部分的受访者认为被告人在庭前会议中的认罪认罚必须符合明知、自愿和明智三个要素，并且需要充分保障被告人获得辩护律师帮助的权利，以实现诉讼效率和保障人权的平衡。而“公诉机关同意”和“会前与公诉机关就可能判处的刑罚达成一致意见”两项选择较少，均约占总数的三分之一。（参见图26）可见，公诉机关需要在庭前会议中被告人认罪认罚程序内扮演积极的角色，但是大多数受访者认为这种影响并不应当具有决定性的作用，辩护方的意见和态度应当受到更多的重视。

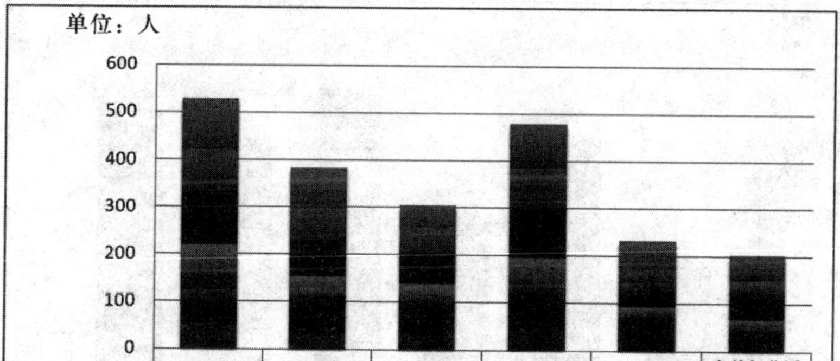

	明确知道认罪的法律意义与后果	经过审慎地考虑	获得辩护律师的帮助	主观上出于个人自愿	公诉机关同意	会前与公诉机关就可能判处的刑罚达成一致意见
■盐城检察院	106	85	49	93	61	53
■盐城法院	97	70	51	87	30	36
■无锡检察院	107	73	66	103	49	46
■无锡法院	63	42	38	57	23	23
■北京二分检	101	78	67	92	51	27
■北京二中院	55	34	35	46	20	18

图26　庭前会议中认罪认罚程序应符合的要求

对于被告人在庭前会议中认罪认罚的，合议庭是否可以直接作出判决的问题，受访的六个司法实务部门在该问题上的认识较为一致，即在被告人于庭前会议中认罪认罚的情况下，仅有 19%的受访者认为合议庭可以直接作出裁判，而持否定意见的则达到 74%。但从部门差异的角度我们也可以发现，部分地区检察机关对合议庭直接裁判的认同度要明显高于同一地区的法院，例如盐城地区检察机关持认同态度的为 27. 87%，而盐城法院仅为 17. 21%；无锡检察院选择“可以”选项的为 28. 46%，而无锡法院仅有 10. 81%。(参见图 27）这种部门之间认识的细微差别可以归结为检察机关和审判机关在刑事诉讼中价值追求的差别，前者更加注重有效率地追诉犯罪，因此更容易倾向于通过较为简便的诉讼程序对已认罪认罚的案件作出处理；后者则更加注重对于被告人程序权利的保障，因而要求通过法律的正当程序来实现实体正义。

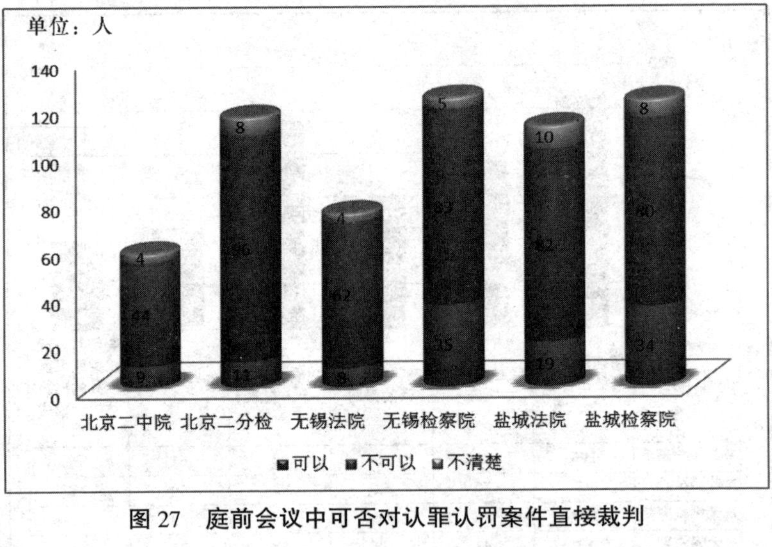

图 27　庭前会议中可否对认罪认罚案件直接裁判

综上所述，笔者认为将来针对一些符合法定条件的刑事案件，在庭前会议中被告人自愿认罪、自愿接受处罚、积极退赃退赔的，人民法院可以要求公诉机关在庭前会议中提出量刑建议，被告人及其辩护人可以对量刑建议发表意见。之后，人民法院可以通过刑事案件速裁程序，根据已经查明的事实、证据和有关的法律规定，结合控辩双方的量刑建议和意见，直接作出判决。

第五节　刑事诉讼庭前会议与法律援助制度①

从国内外的司法实践来看，辩护律师在保障被告人在庭前会议中合法权利方面起着十分重要，甚至是不可或缺的作用。但是，我们也应当看到，由于我国法律援助制度存在一定的问题与不足，导致有些被告人在审判前并不能获得辩护律师的有效帮助，这一方面可能会损害被告人在庭前会议中的权利，另一方面也可能会剥夺被告人通过庭前会议制度保障自身权利的机会。因此，构建完善和健全的法律援助制度，特别是适应庭前会议制度发展的法律援助制度，对于完善我国刑事诉讼庭前会议制度具有十分重要的现实意义。

党的十八届四中全会通过了《中共中央关于全面推进依法治国若干重大问题的决定》，提出“完善法律援助制度，扩大援助范围，健全司法救助体系，保证人民群众在遇到法律问题或者权利受到侵害时获得及时有效法律帮助”。法律援助是依法治国的重要措施，是在政府主导下保障贫困当事人的诉讼权利保障，尤其是刑事被告人获得有效辩护权利的基本权利，是人权司法保障的重要组成部分，是保障法律面前人人平等的途径，是司法公正、高效、权威的重要措施。

我国的法律援助工作自1994年开始试点，1996年开始在全国范围内推广实施。截止到目前，我国已建立各级政府法律援助机

① 本节部分内容来源于作者与杨宇冠教授合作完成并发表的学术论文，参见杨宇冠、陈子楠：《完善我国法律援助制度若干问题研究》，载《理论学刊》2015年第1期。

构，法律援助事业从无到有不断发展壮大。随着中国司法改革的深入和人权保障的改善，政府对法律援助的投入也有大幅度增长。与此同时，法律援助的需求也越来越大，法律援助经费不足、人员短缺、方式单一等问题仍然存在，这也导致了实践中很少有被告人可以在庭前会议中获得法律援助律师的帮助。进一步促进我国法律援助制度有利于构建完备的法律服务体系，是完善庭前会议制度，增强全民法治观念，推进法治社会建设的重要措施之一。

一、重视庭前会议中法律援助的问题

中国的法律援助制度面临着不少困难和问题。随着法律援助制度的实施和宣传不断深入，社会对法律援助的需求不断扩大。已有许多地方反映法律援助指派的刑事辩护案件越来越多，民事法律援助的申请也不断增加。但是，由于人力、财力不足，加之一些地方律师义务办理案件的体制尚未理顺，现有的法律援助资源不能充分满足法律援助的需求，这也限制了庭前会议中法律援助工作的开展。

（一）法律援助的参与人员

依据《法律援助条例》第 21 条[①]的规定，提供法律援助的主体不仅限于执业律师，也包括法律援助机构和其他社会组织的工作人员和所属人员。但是，由于刑事诉讼的特殊性，最高人民法院、最高人民检察院、公安部、司法部于 2013 年 2 月 4 日印发的《关于刑事诉讼法律援助工作的规定》第 9 条明确要求，对符合相关法定情形的犯罪嫌疑人、被告人，公安机关、人民检察院、人民法院应当通知“法律援助机构指派律师为其提供辩护”。因此，依法能够提供刑事法律援助的人员只能是律师，这里的律师包括法律援

① 《法律援助条例》第 21 条规定：“法律援助机构可以指派律师事务所安排律师或者安排本机构的工作人员办理法律援助案件；也可以根据其他社会组织的要求，安排其所属人员办理法律援助案件。”

助机构的律师和社会律师两类。

随着我国法治建设的不断推进和人权司法保障事业的发展，以及《刑事诉讼法》的贯彻实施，可以预见法律援助案件的数量将会有较大的增长，对法律援助人员的需求势必相应增加。特别是在边远和贫困地区，刑事法律援助的案件数量与律师资源之间的矛盾将更加突出，急需拓展法律援助参与人员的来源。虽然《法律援助条例》第3条规定，“法律援助是政府的责任”，但是在现阶段法律援助资源相对有限的情况下，仅仅依靠政府设立的法律援助机构还远远不能满足司法实践的需要，如从北京市法律援助中心的相关数据来看，2011年和2012年社会律师与法律援助机构律师承担法律援助案件的数量比例是99∶1，2013年社会律师承担的法律援助案件数量比例更是达到了99.6%。[①] 因此，必须广泛动员全社会的力量，鼓励社会团体、法律院校师生参与到法律援助活动中来。

（二）法律援助的承办方式

根据司法部2012年4月颁布的《办理法律援助案件程序规定》第20条之规定，民事、行政法律援助案件由法律援助机构指派律师事务所、基层法律服务所、其他社会组织安排其所属人员承办，或者安排本机构的工作人员承办；刑事法律援助案件，法律援助机构应当指派律师事务所安排律师承办，或者安排本机构的法律援助律师承办。可见我国法律援助的承办方式相对单一，无论是酌定援助还是法定援助，最终都必须经由法律援助机构指派相关人员办理，且法律援助申请的受理和审查程序复杂。

其实社会上存在许多法律援助的潜在资源和巨大的法律援助需求，尤其是在我国的部分边远地区和贫困地区，但是由于协调机制和中间平台的缺失，导致法律援助资源得不到有效利用、需求得不到有效满足。法律援助的实现应当存在多种途径，各级法律援助机

① 相关数据来源于2014年9月26日笔者参与的由中国政法大学诉讼法学研究院举办的“刑事法律援助实施情况总结研讨会”。

构应当积极为法律援助的资源和需求提供中介的服务。这就需要确立和规范实现各种形式的法律援助的承办方式，不能只局限于某一种或两种，而应当根据不同的法律援助需求确定不同的承办方式，如对进行法律咨询或值班律师的援助申请程序应当是相对简易的，申请条件也应适当放宽；而对占用法律援助资源数量大、时间长的重特大案件，则受理和审查程序可以相对严格。

（三）法律援助的介入阶段

正如前文所述，我国《刑事诉讼法》在刑事法律援助的介入阶段方面作出了重要的修改，将之前只有在审判阶段被告人才能够获得法律援助提前至侦查阶段，这就为庭前会议中被告人获得法律援助提供了法律上的可能性。此外，目前需要召开庭前会议的案件一般是存在案情重大复杂或者证据材料较多，抑或涉及非法证据排除等侵害被追诉者合法权利的情况，辩护律师提前参与案件的辩护工作对于保护被告人的合法权利也具有十分重要的意义。但是从司法实践中反映的情况来看，大部分地区侦查阶段和审查起诉阶段法律援助案件的数量占法律援助案件总数的比例还很低，有的地区侦查阶段甚至没有法律援助案件。绝大多数案件中法律援助工作的介入时间为法院正式审判时间。

出现这种现象的原因主要是：一方面，各地对于《刑事诉讼法》相关规定的认知和执行需要一个不断深化的过程，由于宣传和培训不到位等因素，有些地区的侦查人员甚至不清楚《刑事诉讼法》及法律法规和司法解释针对法律援助条款的修改；另一方面，《刑事诉讼法》的相关规定本身还存在一定问题，如没有规定侦查机关不履行相关规定必须承担的不利后果，且要求公安机关在侦查阶段就能够充分判断犯罪嫌疑人是否可能判处无期徒刑、死刑确实存在实际的困难。最后，如果被告人在开庭前没有辩护律师，自身提出非法证据排除或者其他相关法律问题存在知识和能力上的困难，法院在这种情况下可能就不会召开庭前会议。

(四) 法律援助的经费保障

我国法律援助制度自 1994 年建立以来发展相对缓慢，究其原因，主要是法律援助的经费得不到充分的保障。目前我国法律援助经费的绝大部分依靠中央和地方财政资金拨付，如 2011 年我国法律援助的经费总额为 127728.03 万元，其中财政拨款额为 126196.57 万元，占经费总额的 98.8%，社会捐助为 903.67 万元，行业奉献为 134.08 万元，另有其他经费 493.71 万元。[①] 2012 年《刑事诉讼法》颁布以后，刑事法律援助的范围得到较大扩展，法律援助经费理应获得相应的增长。但是，据相关调研数据显示，在被调查的 26 个地区中，2011—2013 年的法律援助经费总额呈现逐年增长的趋势，但各地增长不均衡，有的地区甚至出现了负增长。从刑事诉讼审判阶段法律援助律师的补贴标准来看，2011 年 26 个地区补贴平均额是 397.22 元，2012 年是 680.56 元，2013 年是 750 元，虽有所提高，但是增长幅度并不大，补贴数额偏低。[②] 过低的法律援助补贴往往连律师办案的成本都无法满足，尤其在异地取证的情况下更是如此，这不仅会影响律师承办法律援助案件的积极性，还可能会降低法律援助案件的办案质量。

二、加强庭前会议中刑事法律援助的工作

根据 2003 年 7 月 21 日国务院颁布的《法律援助条例》第二章关于“法律援助范围”之规定，中国的法律援助包括刑事法律援助、民事法律援助等诉讼活动。在我国的司法实践中，民事法律援助占据着很大比例，如从图 28 中可以看出，2011 年全国共批准法律援助案件 844624 件，其中刑事案件、民事案件、行政案件分别

---

① 司法部法律援助中心编：《中国法律援助年鉴》，中国民主法制出版社 2011 年版，第 227 页。

② 相关数据来源于 2014 年 9 月 26 日笔者参与的由中国政法大学诉讼法学研究院举办的“刑事法律援助实施情况总结研讨会”。

占案件总数的 13.5%、86.1%和 0.5%[1]；再以江苏省为例，2011 年该省法律援助累计批准案件数 75422 件，其中民事案件 71010 件，占案件总量的 94.15%，刑事案件 4144 件，仅占案件总量 5.49%[2]。而在国外，法律援助主要侧重于刑事诉讼，如英国司法部法律援助中心的统计数据显示，2013—2014 年财年，英格兰和威尔士共花费 17 亿英镑用于提供刑事和民事法律援助，其中 9 亿用于刑事法律援助；从案件数量上来看，同一财年中两地刑事法律援助案件共 1324000 件，占法律援助案件总数的 72.70%，民事法律援助仅有 497000 件。[3]

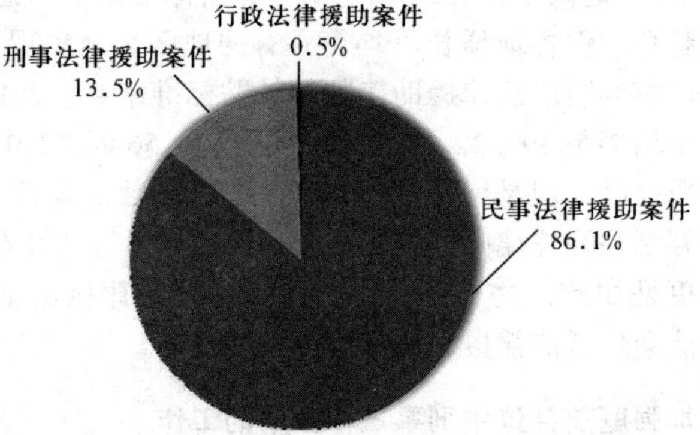

图 28　2011 年全国三类法律援助案件数量比例图

2012 年修改的《刑事诉讼法》对法律援助条款进行了较大修改，为我国刑事法律援助的发展提供了良好的契机。根据该法第

① 司法部法律援助中心编：《中国法律援助年鉴》，中国民主法制出版社 2011 年版，第 229 页。

② 江苏法律援助网：《2011 年 1-12 月全省法律援助数据》，载 http://www.jsflyz.gov.cn/sjbg/tjsj/201208/t20120810_48561.htm.2014 年 10 月 12 日访问。

③ *See* Ministry of Justice：*Criminal legal aid statistics*：*October* 2012 *to September* 2013，https：//www.gov.uk/government/statistics/criminal-legal-aid-statistics-october-2012-september-2013.

34 条之规定，我国刑事法律援助可以分为酌定援助和法定援助两类：酌定援助是指犯罪嫌疑人、被告人因经济困难或者其他原因没有委托辩护人的，本人及其近亲属可以向法律援助机构提出申请。对符合法律援助条件的，法律援助机构应当指派律师为其提供辩护；法定援助则是指犯罪嫌疑人、被告人没有委托辩护人的，如果存在下列三种情况，人民法院、人民检察院和公安机关应当通知法律援助机构指派律师为其提供辩护：（1）犯罪嫌疑人、被告人是盲、聋、哑人；（2）犯罪嫌疑人、被告人是尚未完全丧失辨认或者控制自己行为能力的精神病人；（3）犯罪嫌疑人、被告人可能被判处无期徒刑、死刑的。以上法律援助范围只是刑事犯罪嫌疑人和被告人（以下统称被指控人）中的一小部分，而大部分人因经济困难付不起律师费用或者只能负担部分费用的刑事案件被指控人被排除在法律援助范围之外。

从法律援助的产生、发展来看，法律援助被赋予保障人权的性质，接受法律援助的主体主要是刑事被指控人。联合国《公民权利和政治权利国际公约》第 14 条第 3 款丁项规定：“［被刑事指控的人有权］出席受审并亲自替自己辩护或经由他自己所选择的法律援助进行辩护；如果他没有法律援助，要通知他享有这种权利；在司法利益有此需要的案件中，为他指定法律援助，而他没有足够能力偿付法律援助的案件中，不要他自己付费。”① 在当代刑事诉讼中，辩护律师起到不可或缺的作用。特别是随着我国法律知识和职业专业化的发展，在庭前会议等刑事诉讼程序中，辩护需要专业

① Entered into force on 23 March 1976; see General Assembly resolution 2200 A (XXI), of 16 December 1966, annex, art. 7; Official Records of the General Assembly, Twenty-first Session, Supplement No. 16 (A/6316), p. 52, and United Nations, Treaty Series, Vol. 999, p. 171. “(d) To be tried in his presence, and to defend himself in person or through legal assistance of his own choosing; to be informed, if he does not have legal assistance, of this right; and to have legal assistance assigned to him, in any case where the interests of justice so require, and without payment by him in any such case if he does not have sufficient means to pay for it;”

的法律知识、丰富的诉讼经验和复杂的辩护技巧，辩护工作是当事人本人和其他非专业人士所难以胜任的。在英美等法治发达国家的庭前会议中，由于涉及辩诉交易、证据可采性和合法性等法律问题和证据问题，犯罪嫌疑人、被告人一般都会由辩护律师为其进行辩护，甚至达到没有律师审前程序就无法进行的地步。我国加强刑事庭前会议中法律援助工作应当充分认识我国目前法律援助的实际情况，采用多种方式解决。

三、完善庭前会议中法律援助的建议

《刑事诉讼法》对刑事法律援助制度相关规定的修改为我国庭前会议中法律援助制度的发展提供了新的契机和思路，针对我国法律援助制度的现状和存在的问题，笔者试从法律援助制度多样性的参与主体、多形式的援助方式、多层次的援助体系、多渠道的经费来源，以及增加经费支出灵活性等角度，结合相关国际司法准则和国外经验，提出完善我国庭前会议中刑事法律援助制度的建议。

（一）拓展多样性的法律援助参与主体

当前，我国法律援助的参与主体主要包括法律援助机构工作人员、社会律师、基层法律工作者、法律援助志愿者和社会组织人员，从图 29 中可以看出，2011 年江苏省各类法律援助人员中基层法律工作者承办案件数量居于首位，占总数的 35%，社会律师次之，占 32%，而法律志愿者和社会组织人员承办案件数量较少，分别占 12%和 6%。①

① 江苏法律援助网：《2011 年 1-12 月全省法律援助数据》，载 http://www.jsflyz.gov.cn/sjbg/tjsj/201208/t20120810_48561.htm.2014 年 10 月 12 日访问。

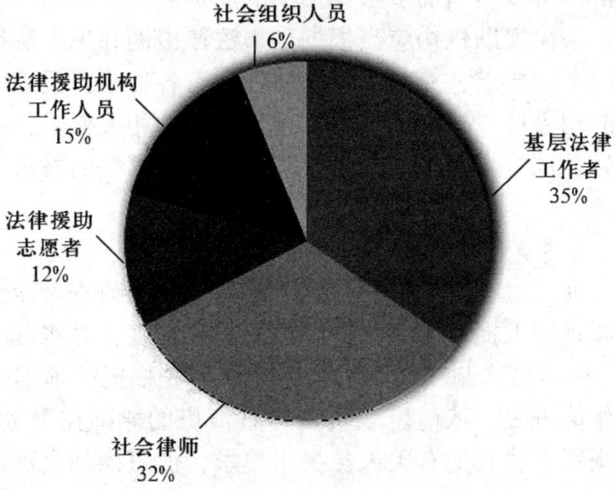

图 29 2011 年江苏省各类法律援助人员承办案件数比例图

笔者认为，一方面，法律援助机构应当依法确定律师事务所或其他社会组织应承担的法律援助义务，指派相关人员提供法律援助，提高律师参与法律援助的比例。更重要的一方面，法律援助机构在现有资源基础上可以依据法律规定拓展法律援助人员的来源，特别是在法律援助机构规模有限的情况下，应当着力发挥法律援助志愿者的作用，如可以通过法学院校组织法学教师和学生，通过社会公益组织召集退休法官和检察官等长期提供法律援助志愿服务，也可以号召律师个人在法律援助义务以外承担更多的志愿服务，作为对社会的回馈或慈善活动，提高法律援助志愿者办案数所占比重，缓解法律援助资源不足的问题。正如有的学者在试点研究中发现，“年轻法科生（以及高年级在校生）、未取得律师执业证书的法律专业人员同样能够胜任刑事辩护工作。诸如基层法律服务人员、退休法官检察官等。从数量看，这些群体的数量远远超过律师，这些群体可以担当刑事法律援助的职责”。[①]

此外，法律援助机构应当根据刑事法律援助和民事法律援助对援助人员的不同要求，充分利用和协调现有各种法律援助资源，发挥各方面的积极性。一旦接到公安司法机关的相关要求，可以在短时间内为处在刑事诉讼各阶段，特别是庭前会议中的被告人提供法律援助服务。

（二）构建多形式的法律援助方式

法律援助可以有多种形式，如日本建立了为侦查阶段无力聘请律师的犯罪嫌疑人提供律师帮助的值班律师制度，并将其业务分为“等候制”和“名簿制”两种。前者是指事先根据律师本人的志愿和日期制作值班表，依值班表负责当日值班的律师在事务所等待，一旦犯罪嫌疑人或其他有关人员提出要求，值班律师会迅速与犯罪嫌疑人会面；后者是指事先把自愿做值班律师的名单编制成册，由律师会按名册顺序向要求帮助的犯罪嫌疑人推荐值班律师。[②] 目前我国法律援助机构向犯罪嫌疑人、被告人提供法律援助的方式比较单一，笔者认为可以借鉴国外的有益经验，从以下几种方式着手构建我国多样性的庭前会议中法律援助的体系：

1. 在司法行政机关下设立公设辩护人机构，由一定数量的律师组成，为刑事案件的当事人提供法律援助辩护，“他们由国家提供工资、福利等相关待遇，具有生活保障，免除后顾之忧，专职从事统一指派的刑事法律援助辩护工作”[③]。“公设辩护人制度的价值体现在两个方面：就公民个人而言，它有助于实现贫困者律师辩护

---

① 左为民：《中国应当构建什么样的刑事法律援助制度》，载《中国法学》2013年第1期。

② 宋英辉、刘兰秋：《日本1999年至2005年刑事诉讼改革之评介》，载《中国刑事司法杂志》2007年第1期。

③ 顾永忠、陈效：《中国刑事法律援助制度发展研究报告（下）》，载《中国司法》2013年第2期。

权；就国家而言，它是国家承担刑事法律援助义务的重要方式。”[①]我国可以在法院中设立由公设辩护人组成的法律咨询办公室，为所有没有律师辩护的当事人当场提供某些法律援助，特别是在庭前会议召开前为被告人提供法律咨询。

2. 由法律援助机构设立指派律师的名录，指派律师主要由实习律师构成，以个案为基础为案件审前阶段的当事人提供法律援助服务，并按相关规定收取统一的费用。

3. 由法律援助机构与律师事务所、基层法律服务所、律师协会签订法律援助合同，由后者指派本机构律师受理本地区一段时期内的所有法律援助案件，并按照合同规定收取固定的总费用，如澳大利亚、英国和美国的多个地方政府都在尝试与相关机构订立非竞争性或竞争性的法律援助合同[②]。

4. 根据公安部的要求，我国具备条件的大中城市都将在看守所内设立法律援助中心工作站，为被监管人员及其家属提供收转法律援助申请、法律咨询等服务；在看守所内设置“法律援助中心驻看守所工作站”，由看守所提供办公场所，司法行政部门指派专业法律援助工作人员，免费为看守所被监管人员及其家属提供收转法律援助申请、开展法律咨询等服务，这在全世界来说都是比较先进与有效的，应当成为常设的制度。

（三）形成多层次的法律援助体系

我国法律援助体系在层次上应当涵盖刑事诉讼的各个阶段，从我国司法实践中反映的情况来看，“侦查环节上侦查机关怠于履行告知义务或者转送程序不顺畅导致侦查环节上法律援助数量最

---

① 谢佑平、吴羽：《刑事法律援助与公设辩护人制度的建构——以新〈刑事诉讼法〉第三十四条、第267条为中心》，载《清华法学》2012年第3期。

② 杨宇冠：《人权法——〈公民权利和政治权利国际公约〉研究》，中国人民公安大学出版社2003年版，第273页。

少"①。如果律师可以在侦查阶段就介入案件的辩护工作，那么在庭前会议阶段就能够更好地为被告人提供有效的法律意见，维护被告人的合法权利。因此，目前应当根据《刑事诉讼法》的有关规定，着力完善侦查阶段法律援助体系的构建，对此笔者建议将律师在场作为侦查阶段讯问犯罪嫌疑人时的强制性规定。

我国现阶段确立侦查讯问律师在场制度，一方面可以维护犯罪嫌疑人的合法权利，提供法律咨询；另一方面也可以对侦查人员取证的合法性进行监督。通过律师提前监督和帮助，在一定程度上可以减少律师在庭前会议或者审判阶段针对侦查讯问中取得的证据提出的非法证据排除申请，降低庭前会议中控辩双方的分歧。但是该制度在执行时也可能存在一些困难，如在侦查阶段犯罪嫌疑人可能请不起律师或者来不及请律师。因此，可以结合上文中提到的公设辩护人制度，即在侦查讯问时犯罪嫌疑人尚未聘请律师，而公安司法机关认为存在律师在场必要的，可以要求法律援助机构指派公设辩护人到场。如果犯罪嫌疑人符合法律援助条件，则讯问后公设辩护人可以继续为其提供法律援助；反之，犯罪嫌疑人可以另行聘请律师，此时公设辩护人可以起到预防非法取证和证明取证合法性的作用。

（四）多渠道筹措、灵活使用法律援助经费

法律援助的经费可以通过多渠道筹措，目前我国法律援助经费主要是依靠国家财政拨付。联合国的有关文件中没有规定法律援助经费必须由国家提供，而只是规定国家有义务保证被告人得到法律援助的权利。除《公民权利和政治权利国际公约》，从其他联合国文件也可以看出法律援助经费来源允许存在多种渠道，如联合国《囚犯待遇最低限度标准规则》（*Standard Minimum Rules for the*

---

① 陈卫东、程雷：《看守所实施新刑事诉讼法实证研究报告》，载《政法论丛》2014年第4期。

Treatment of Prisoners)[①] 第 93 条规定："未经审讯的囚犯为了准备辩护、而社会上又有义务法律援助，应准申请此项援助，并准会见律师，以便商讨辩护，写出机密指示，交给律师。"这里并没有说国家必须承担所有法律援助的义务，而是说囚犯可以申请"可以利用的法律援助"[②]，这就为法律援助资金来源的多样性提供了可能。

笔者认为，可以考虑通过向社会募集等方式扩大法律援助资金来源，如财政部、司法部颁布的《中央专项彩票公益金法律援助项目实施与管理办法》就是使用中央专项彩票公益金支付针对农民工、残疾人、老年人、妇女家庭权益保障和未成年人法律援助项目的经费，在司法实践中取得了良好的效果。此外，法律援助机构还可以通过吸收社会公益捐款、划拨刑事案件罚没资金等不同形式筹集资金，并依法设立"法律援助基金"等资本项目对相关资金进行管理与运作，为我国的法律援助事业提供更充足的经费保障。

从法律援助经费的支出来看，目前法律援助办案补贴一般按照各办案阶段分别确定，如《北京市法律援助补贴办法》规定，侦查阶段每件补贴 1200 元，审查起诉阶段每件补贴 1200 元。笔者认为法律援助经费的使用也可以根据每个案件的不同情况而加以区别，目前法律援助补贴的支付方式过于僵化。并不是所有的

---

① Adopted by the First United Nations Congress on the Prevention of Crime and the Treatment of Offenders, held at Geneva in 1955, and approved by the Economic and Social Council by its resolutions 663 C (XXIV) of 31 July 1957 and 2076 (LXII) of 13 May 1977.

② 此规则原文为英文："For the purpose of his defense, an untried prisoner shall be allowed to apply for free legal aid where such aid is available, and to receive visits for his legal adviser with a view to his defense and to prepare and had to him confidential instructions."因为此文件制定于 1955 年 8 月，当时中国在联合国的席位还没有恢复，中文本的语言不太符合现代汉语的习惯。其中"而社会上又有义务法律援助"之分句翻译得不准确，根据英文原意，应当为"在存在法律援助情况下，应当允许未经审讯之囚犯申请免费法律援助，以便其辩护。"杨宇冠：《人权法——〈公民权利和政治权利国际公约〉研究》，中国人民公安大学出版社 2003 年版，第 272 页。

民事或刑事案件都会经过诉讼的全过程，或者诉讼中某个阶段的全过程，因此法律援助以诉讼阶段为单位进行补贴缺乏实践合理性，这种粗放式的经费管理很容易导致资源的浪费。因此，可以根据案件的实际情况，由法律援助人员在诉讼的某个阶段提供所需要的具体援助项目并支付相应费用，如提供法律咨询、代写书状文书、出庭辩护等都是援助的具体形式。通过这种以援助项目为单位的方式进行补贴，可以实现对法律援助经费的精细化管理，一些简单刑事案件的援助花费可能就会很少，以促进资源利用的灵活性和有效性。

结　论

从美英等法治发达国家的立法和司法经验来看，庭前会议制度对于完善刑事诉讼程序，确立以审判为中心的刑事诉讼制度都具有十分重要的实践和理论意义。

我国的刑事诉讼庭前会议制度方兴未艾，在实践和理论中遇到了很多亟待解决的问题，如庭前会议的制度定位、法律效力与非法证据排除等程序的衔接机制等。但是，我们应当看到，庭前会议制度在司法实践中还处于磨合期，出现这样或者那样的问题应当是正常的现象。即使从日本和我国台湾地区的经验我们也可以认识到，庭前会议制度带有明显的当事人主义色彩，与我国惯行的职权主义诉讼模式在理念和操作中存在一定的差异。我们并不能从这些问题中推导出庭前会议制度本身存在现实性与合理性的疑问，认为其与当前推行的以审判为中心的诉讼制度改革存在较大矛盾，甚至认为其对庭审实质化而言是现实威胁。恰恰相反，仅从国外的实践我们也能看出，庭前会议制度与庭审的实质化是相辅相成的，其核心都是增强控辩双方在法庭上就事实和法律问题的交锋。而庭前会议要做的，就是将这种交锋更加集中，让这种交锋更加高效，调动各方当事人的诉讼资源和积极性，最大限度释放法庭审判功能，真正实现“事实证据调查在法庭，定罪量刑辩论在法庭，裁判结果形成在法庭”的目标。

综上所诉，当务之急是要发现和找准我国刑事诉讼法律制度与司法实践的矛盾节点，从比较法的角度来认识和分析矛盾和问题，提出完善我国庭前会议制度的合理建议和设想，为促进我国刑事诉讼程序的发展添砖加瓦。

参考文献

一、中文著作：

1.《中国共产党第十八届中央委员会第四次全体会议文件汇编》，人民出版社 2014 年版。

2. 司法部法律援助中心编：《中国法律援助年鉴》，中国民主法制出版社 2011 年版。

3. 宋雷主编：《英汉法律用语大辞典》，法律出版社 2005 年版。

4. 夏登峻主编：《英汉法律词典》，法律出版社 2012 年版。

5. 陈光中主编：《刑事诉讼法》，北京大学出版社 2012 年版。

6. 陈光中主编：《证据法学》，法律出版社 2013 年版。

7. 陈光中主编：《诉讼法理论与实践（2003 上卷）》，中国政法大学出版社 2004 年版。

8. 樊崇义主编：《刑事诉讼法学》，中国政法大学出版社 2010 年版。

9. 杨宇冠、杨晓春编：《联合国刑事司法准则》，中国人民公安大学出版社 2003 年版。

10. 杨宇冠：《人权法——〈公民权利和政治权利国际公约〉研究》，中国人民公安大学出版社 2003 年版。

11. 杨宇冠主编：《联合国人权公约机构与经典要义》，中国人民公安大学出版社 2005 年版。

12. 杨宇冠：《国际人权法对我国刑事司法改革的影响》，中国法制出版社 2008 年版。

13. 杨宇冠等著：《非法证据排除规则在中国的实施问题研究》，中国检察出版社 2015 年版。

14. 陈卫东主编：《2012 年刑事诉讼法修改条文理解与适用》，中国法制出版社 2012 年版。

15. 陈卫东主编：《〈人民检察院刑事诉讼规则（试行）〉析评》，中国民主法制出版社 2013 年版。

16. 陈瑞华：《程序性制裁理论》，中国法制出版社 2010 年版。

17. 陈瑞华：《比较刑事诉讼法》，中国人民大学出版社 2009 年版。

18. 陈瑞华：《刑事证据法学》，北京大学出版社 2014 年版。

19. 张军、江必新主编：《新刑事诉讼法及司法解释适用解答》，人民法院出版社 2013 年版。

20. 张军主编、胡云腾副主编：《〈中华人民共和国刑事诉讼法〉适用解答》，人民法院出版社 2012 年版。

21. 江必新主编：《最高人民法院关于适用〈中华人民共和国刑事诉讼法的解释〉理解与适用》，中国法制出版社 2013 年版。

22. 江必新主编：《最高人民法院刑事诉讼法司法解释理解与适用》，人民法院出版社 2015 年版。

23. 郎胜主编：《中华人民共和国刑事诉讼法释义》，法律出版社 2012 年版。

24. 朗胜主编：《〈中华人民共和国刑事诉讼法〉修改与适用》，新华出版社 2012 年版。

25. 阎学通、杨原著：《国际关系分析》，北京大学出版社 2013 年版。

26. 薛波主编、潘汉典总审订：《元照英美法词典》，法律出版社 2003 年版。

27. 宋英辉译：《日本刑事诉讼法》，中国政法大学出版社 2000 年版。

28. 李昌珂译：《德国刑事诉讼法典》，中国政法大学出版社

1995 年版。

29. 林钰雄：《刑事诉讼法（下册　各编论）》，中国人民大学出版社 2005 年版。

30. 林钰雄：《刑事诉讼法（下册，各编论）》，元照出版有限公司 2013 年版。

31. 史奎谦：《刑事诉讼法（II）》，高点文化事业有限公司 2006 年版。

32. ［美］彼得·G. 伦斯特洛姆：《美国法律辞典》，贺卫方等译，中国政法大学出版社 1998 年版。

33. ［日］松尾浩也：《日本刑事诉讼法》上卷，丁相顺译，金光旭校，中国人民大学出版社 2005 年版。

34. ［日］田口守一：《刑事诉讼法》，张凌、于秀峰译，中国政法大学出版社 2010 年版。

35. ［日］田口守一：《刑事诉讼的目的》，张凌、于秀峰译，中国政法大学出版社 2011 年版。

36. ［美］米尔建·R. 达马斯卡：《漂移的证据法》，李学军等译，何家弘审校，中国政法大学出版社 2003 年版。

37. ［美］拉费弗著：《刑事诉讼法》，卞建林等译，中国政法大学出版社 2003 年版。

38. ［美］理查德·波斯纳著，蒋兆康译：《法律的经济分析》，法律出版社 2012 年版。

39. ［英］约翰·斯普莱克：《英国刑事诉讼程序》，徐美君、杨立涛译，中国人民大学出版社 2006 年版。

40. ［英］沃克：《牛津法律大辞典》，李双元等译，法律出版社 2003 年版。

41. ［法］贝尔纳·布洛克著：《法国刑事诉讼法》，罗结珍译，中国政法大学出版社 2009 年版。

42. ［美］约书亚·德雷斯勒、艾伦·C. 迈克尔斯：《美国刑事诉讼法精解（第四版）（第二卷·刑事审判）》，魏晓娜译，北京大学出版社 2009 年版。

43. ［美］爱伦·豪切斯泰勒·斯黛丽、南希·弗兰克：《美国刑事法院诉讼程序》，陈卫东、徐美君译，何家弘校，中国人民大学出版社 2002 年版。

44. ［美］罗纳尔多·V. 戴尔卡门：《美国刑事诉讼：法律和实践（第 6 版）》，张鸿巍等译，莫洪宪审校，武汉大学出版社 2006 年版。

二、中文期刊：

1. 陈光中、于增尊：《严防冤案若干问题思考》，载《法学家》2014 年第 1 期。

2. 陈光中、郭志媛：《非法证据排除规则实施若干问题研究——以实证调查为视角》，载《法学杂志》2014 年第 9 期。

3. 陈光中、樊崇义、卞建林、陈国庆等：《以审判为中心与检察工作》，载《国家检察官学院学报》2016 年第 1 期。

4. 樊崇义等：《河北检察机关新刑诉法实施调研报告》，载《国家检察官学院学报》2014 年第 3 期。

5. 樊崇义：《我国刑事诉讼制度的进步与发展——2012 年〈刑事诉讼法修正案（草案）〉评介》，载《法学杂志》2012 年第 1 期。

6. 卞建林等：《浙江检察机关新刑诉法实施调研报告》，载《国家检察官学院学报》2014 年第 3 期。

7. 卞建林、褚宁：《刑事诉讼法修改背景下一审程序的完善》，载《法律适用》2012 年第 9 期

8. 杨宇冠：《非法证据排除规则及其在中国确立问题研究》，载《比较法研究》2010 年第 3 期。

9. 杨宇冠、杨恪：《〈非法证据排除规定〉实施后续问题研究》，载《政治与法律》2011 年第 6 期。

10. 杨宇冠、兰卫东：《论我国〈刑事诉讼法〉修改与人权保

障的进步》，载《河南社会科学》2013 年第 3 期。

11. 杨宇冠等：《非法证据排除与庭前会议实践调研》，载《国家检察官学院学报》2014 年第 3 期。

12. 杨宇冠、陈子楠：《检察官在完善质证制度中的地位和作用》，载《人民检察》2015 年第 19 期。

13. 杨宇冠、刘曹祯：《以审判为中心的诉讼制度改革与质证制度之完善》，载《法律适用》2016 年第 1 期。

14. 顾永忠：《我国司法体制下非法证据排除规则的本土化研究》，载《政治与法律》2013 年第 2 期。

15. 顾永忠、陈效：《中国刑事法律援助制度发展研究报告（下）》，载《中国司法》2013 年第 2 期。

16. 汪海燕：《论刑事庭审实质化》，载《中国社会科学》2015 年第 2 期。

17. 汪海燕：《论刑事程序倒流》，载《法学研究》2008 年第 5 期。

18. 李本森：《我国刑事案件速裁程序研究——与美、德刑事案件快速审理程序之比较》，载《环球法律评论》2015 年第 2 期。

19. 李本森：《被告人认罪简易审案二审的定量分析与相关问题研究》，载《政治与法律》2014 年第 10 期。

20. 卫跃宁：《论庭审实质化》，载《国家检察官学院学报》2015 年第 6 期。

21. 栗峥：《非法证据排除规则之正本清源》，载《政治与法律》2013 年第 9 期。

22. 宋英辉、刘兰秋：《日本 1999 年至 2005 年刑事诉讼改革之评介》，载《中国刑事司法杂志》2007 年第 1 期。

23. 陈卫东、杜磊：《庭前会议制度的规范建构与制度适用——兼评〈刑事诉讼法〉第一百八十二条第二款之规定》，载《浙江社会科学》2012 年第 11 期。

24. 陈卫东、程雷：《看守所实施新刑事诉讼法实证研究报告》，载《政法论丛》2014 年第 4 期。

25. 谢佑平、吴羽：《刑事法律援助与公设辩护人制度的建构——以新〈刑事诉讼法〉第三十四条、第二百六十七条为中心》，载《清华法学》2012 年第 3 期。

26. 汪建成：《刑事审判程序的重大变革及其展开》，载《法学家》2012 年第 3 期。

27. 陈永生：《刑事法律援助的中国问题与域外经验》，载《比较法研究》2014 年第 1 期。

28. 左为民：《中国应当构建什么样的刑事法律援助制度》，载《中国法学》2013 年第 1 期。

29. 左卫民：《未完成的变革——刑事庭前会议实证研究》，载《中外法学》2015 年第 2 期。

30. 闵春雷等：《东北三省检察机关新刑诉法实施调研报告》，载《国家检察官学院学报》2014 年第 3 期。

31. 陈瑞华：《刑事诉讼法修改对检察工作的影响》，载《国家检察官学院学报》2012 年第 4 期。

32. 叶青：《得与失：刑事诉讼法再修改若干议题述评》，载《社会科学家》2012 年第 8 期。

33. 王敏远：《司法改革背景下的三机关相互关系问题探讨》，载《法制与社会发展》2016 年第 2 期。

34. 王敏远：《以审判为中心的诉讼制度改革问题初步研究》，载《法律适用》2015 年第 6 期。

35. 熊秋红：《美国非法证据排除规则的实践及对我国的启示》，载《政法论坛》2015 年第 3 期。

36. 张建伟：《审判中心主义的实质内涵与实现途径》，载《中外法学》2015 年第 4 期。

37. 张建伟：《审判的实质化：以辩方的视角观察》，载《法律适用》2015 年第 6 期。

38. 易延友：《证人出庭与刑事被告人对质权的保障》，载《中国社会科学》2010 年第 2 期。

39. 易延友：《刑事诉讼人权保障的基本立场》，载《政法论坛》2015 年第 4 期。

40. 李玉华：《我国侦查讯问录音录像实施中的十大问题》，载《中国人民公安大学学报（社会科学版）》2014 年第 3 期。

41. 黄太云：《刑事诉讼法修改释义》，载《人民检察》2012 年第 8 期。

42. 朱孝清：《侦查监督、公诉工作如何实施修改后刑诉法》，载《人民检察》2012 年第 13 期。

43. 王守安：《以审判为中心的诉讼制度改革对检察工作的影响》，载《人民检察》2014 年第 22 期。

44. 陈子楠、杨宇冠：《非法证据在庭前会议中的排除方式研究》，载《南京社会科学》2015 年第 3 期。

45. 陈子楠：《庭前会议中非法证据排除处理方法研究》，载《南京大学法律评论》2014 年第 2 期。

46. 张友好：《论我国申请法官回避的现状及改革》，载《清华法学》2012 年第 4 期。

47. 苏家成、俞露烟：《非法证据排除程序的适用》，载《人民司法》2012 年第 18 期。

48. 高洁：《程序性争议的庭前听证程序》，载《国家检察官学院学报》2012 年第 5 期。

49. 《司法人员职责和权限》，载《人民司法》2015 年第 19 期。

50. 周斌：《坚定信心决心　深入推进改革试点　为完善具有中国特色符合司法规律的司法体制创造经验》，载《法制日报》2015 年 7 月 25 日第 1 版。

51. 《最高人民法院关于依法切实保障律师诉讼权利的规定》，载《人民法院报》2016 年 1 月 13 日第 3 版。

三、英文文献：

1. Albert W. Alschuler, “The Trial Judge’ s Role in Plea Bargaining (pt. 1) ”, 76*Colum. L. Rev.* 1059 (1976) .

2. Allen F.Anderson,“Judicial Participation in the Plea Negotiation Process: Some Frequencies and Disposing Factors”,10*Hamline J.pub.L. & Pol’y* 39 (1989).

3. Bryan A. Garner (ed.), *Black’ s Law Dictionary*, Fourth Pocket Edition, Minnesota: West.

4. Ellen Hochstedler Steury & Nancy Frank, *Criminal Court Process*, West Publishing CO. , 1996, pp. 420.

5. George Fisher, “Plea Bargaining’ s Triumph”, 109*Yale L. J.* 857 (2000) .

6. John P. Ryan & James J. Alfini, “Trial Judges’ Participation in Plea Bargaining: An Empirical Perspective”, 13*Law & Soc’ y Rev.* 479, 487 (1979) .

7. Lisa L. Martin, “Interest, Power, and Multilateralism”, *International Organization*, Vol. 46, No. 4, 1992, pp. 765-792.

8. Stephen A. Saltzburg & Daniel J. Capra, *American Criminal Procedure: Cases and Commentary*, West Group, 2000, pp. 465.

9. Wayne R. LaFave, Jerold H. Israel, Nancy J. King, Orin S. Kerr, *Criminal Procedure*, Fifth Edition, Minnesota: West.

10. Oliver Wendell Holmes, Jr. , *the Common Law*, Dover Publications, 1991.

四、网络资源：

1. 参见《周强作最高人民法院工作报告（全文实录）》，来源：http://www. court. gov. cn/zixun-xiangqing-17712. html。

2. 正义网：《刘志军案开审，检察机关指控其受贿滥用职权》，

来源：http://news.jcrb.com/jxsw/201306/t20130610_1132900.html。

3. 北京市人大常委会门户网站：《北京市高级人民法院关于报送对贯彻实施〈中华人民共和国刑事诉讼法〉工作情况报告审议意见研究处理情况的报告（书面）》，来源：http://www.bjrd.gov.cn/zdgz/zyfb/bg/201505/t20150512_149152.html。

4. 李振云：《法官回避制度的实证分析及优化设计》，来源：http://fjfy.chinacourt.org/article/detail/2010/11/id/1184588.shtml。

5. 江苏法律援助网：《2011 年 1-12 月全省法律援助数据》，来源：http://www.jsflyz.gov.cn/sjbg/tjsj/201208/t20120810_48561.htm。

6. Ministry of Justice：Criminal legal aid statistics：October 2012 to September 2013，https：//www. gov. uk/government/statistics/criminal-legal-aid-statistics-october-2012-september-2013.

7. Ministry of Justice：PTPH - INTRODUCTION AND GUIDANCE. PLEA AND TRIAL PREPARATION HEARINGS., www. justice. gov. uk/courts/procedure - rules/criminal/docs/2015/ptph - introduction - guidance.doc.

8. LAW REPORT：New rules on Crown Court pre-trial hearings, http：//www. independent. co. uk/news/people/law-report-new-rules-on-crown-court-pre-trial-hearings-1601692. html.

附　录

庭前会议规则（试行）

第一条　为了规范刑事诉讼庭前会议制度，保障参与各方的权利，促进司法公正、提高司法效率，根据《中华人民共和国刑事诉讼法》和有关司法解释的规定，×××（具体试点单位）经与中国政法大学诉讼法学研究院共同研究，制定本规则。

第一部分　庭前会议的启动

第二条　案件具有下列情形之一的，审判人员可以召集庭前会议：

（一）当事人及其辩护人、诉讼代理人申请排除非法证据的；

（二）社会影响重大的；

（三）证据材料较多的；

（四）被告人人数众多的；

（五）当事人及其辩护人、诉讼代理人申请证人、鉴定人出庭的；

（六）被告人存在特殊情形可能妨碍庭审顺利进行的；

（七）附带民事诉讼当事人众多的；

（八）需要审查双方当事人达成的和解协议或申请人民法院主持刑事和解的；

（九）需要召集庭前会议的其他情形。

第三条 符合上述庭前会议适用情形之一的，审判人员未决定召集庭前会议的，公诉人、当事人及其辩护人、诉讼代理人可以要求召集庭前会议，审判人员认为有必要的，可以召集庭前会议。

第四条 庭前会议由案件主审法官或法官助理主持。

人民法院通知人民检察院派员参加庭前会议的，由出席法庭的公诉人参加，必要时配备书记员担任记录。

当事人及其辩护人、诉讼代理人可以参加庭前会议。被告人没有辩护人的，法院应当通知法律援助机构为其指定辩护律师。

具有下列情形之一的，人民法院可以不通知有关当事人参加庭前会议：

（一）当事人明确表示不参加庭前会议的；

（二）当事人身患严重疾病或者行动不便的；

（三）当事人书面授权辩护人、诉讼代理人代为参加庭前会议并处分相关权利的；

（四）被告人羁押地远离庭前会议地点且交通不便的；

（五）被害人与庭前会议讨论事项关系不大的；

（六）有其他客观原因，确实无法参加的。

具有前款规定情形的，如果条件许可，法院也可以同意当事人通过电话或视频等方式参与庭前会议。

人民法院在必要时可以通知案件侦查人员、鉴定人、证人等参加庭前会议。

第五条 经人民法院通知，公诉人、当事人及其辩护人、诉讼代理人，以及其他诉讼参与人，除有正当理由外，应当参加庭前会议。

第六条 庭前会议通常应在法庭召开。在只有公诉人和辩护人、诉讼代理人的参加的情况下，也可以在人民法院办公室、会议室或人民法院认为合适的地点召开。

人民法院认为被告人有必要参加庭前会议，但被告人被羁押且押解到庭存在困难的，也可以在看守所召开庭前会议。

第七条　人民法院根据案件具体情况，可以在开庭前召集一次庭前会议，但必要时可以再次召集庭前会议。

第二部分　庭前会议的程序

第八条　庭前会议开始时，主持庭前会议的法官或法官助理查明公诉人、当事人及其辩护人、诉讼代理人是否到会。被告人参加庭前会议的，人民法院应当告知其享有的相关诉讼权利。

第九条　人民法院依职权召集的庭前会议，主持庭前会议的法官或法官助理应当宣布召集庭前会议的事由，并征询公诉人和当事人及其辩护人、诉讼代理人的意见。人民法院依公诉人和当事人及其辩护人、诉讼代理人申请召集的庭前会议，主持庭前会议的法官或法官助理应当先听取申请人的意见，再由另一方发表意见。

第十条　庭前会议中需要听取意见，了解情况的事项较多的，人民法院应当依次分别进行。

第十一条　公诉人、当事人及其辩护人、诉讼代理人对某一事项的意见存在分歧的，经主持庭前会议的法官或法官助理的要求或者许可，可以提出证据加以证明。

第十二条　庭前会议中可以就下列事项了解情况、听取意见：

（一）被告人对起诉书所指控的犯罪事实和证据是否存在异议；

（二）是否对案件管辖有异议；

（三）是否申请有关人员回避；

（四）是否申请调取在侦查、审查起诉期间公安机关、人民检察院收集但未随案移送的证明被告人无罪或者罪轻的证据材料；

（五）是否提供新的证据；

（六）是否对出庭证人、鉴定人、有专门知识的人的名单有异议；

（七）是否申请排除非法证据；

（八）是否申请不公开审理；

（九）是否申请变更强制措施；

（十）是否存在存在自首、立功等情形；

（十一）是否存在因被告人身体等妨碍庭审顺利进行的情形，需要延期审理；

（十二）了解辩护意见；

（十三）是否申请人民法院审查双方当事人达成的和解协议书或主持双方当事人协商以达成和解；

（十四）附带民事诉讼中当事人是否达成和解协议；

（十五）与审判有关的其他问题。

第十三条 被告人及其辩护人对起诉书指控的犯罪事实和证据不存在异议的，主持庭前会议的法官或法官助理应当在庭前会议中核实被告人认罪的真实性、自愿性，并充分知悉认罪的法律后果。

第十四条 在基层人民法院审理案件的庭前会议中被告人认罪，经审查认为案件事实清楚、证据充分的，法院可以告知其适用简易程序的法律规定。被告人对适用简易程序没有异议的，人民法院可以决定适用简易程序，人民检察院也可以建议适用简易程序。

第十五条 庭前会议中被告人认罪，人民法院经审查认为案件事实清楚、证据充分，符合刑事案件速裁程序适用情形的，可以决定适用刑事案件速裁程序。

第十六条 被告人在庭前会议前或会议中对起诉指控的犯罪认罪认罚的，人民法院可以要求公诉机关在庭前会议中提出量刑建议，被告人及其辩护人可以对量刑建议发表意见。人民法院可以根据已经查明的事实、证据和有关的法律规定，结合控辩双方的量刑建议和意见，择日作出判决。

第十七条 对符合刑事诉讼法第二百七十七条规定的公诉案件，事实清楚、证据充分的，人民法院在庭前会议中应当告知当事人可以自行和解；当事人提出申请的，人民法院可以在庭前会议中主持双方当事人协商以达成和解。

第十八条　对公安机关、人民检察院主持制作的和解协议书，当事人提出异议的，人民法院可以在庭前会议中进行审查。经审查，和解自愿、合法的，予以确认，无须重新制作和解协议书；和解不具有自愿性、合法性的，应当认定无效。和解协议被认定无效后，双方当事人重新达成和解的，人民法院应当主持制作新的和解协议书。

第十九条　附带民事诉讼当事人及其诉讼代理人可以就民事责任及赔偿等问题进行协商，人民法院可以进行调解，达成和解协议的，由人民法院审查和解协议的真实性和合法性，作为认定其悔罪表现的依据，并在量刑时予以考虑。

第二十条　被告人及其辩护人对起诉书指控的犯罪事实和证据存在异议的，庭前会议结束之后，人民法院择日开庭审理。

第三部分　庭前会议的效力

第二十一条　庭前会议的全部活动，应当由书记员写成庭前会议记录，交给公诉人、当事人及其辩护人、诉讼代理人阅读。公诉人、当事人及其辩护人、诉讼代理人认为记载有遗漏或者差错的，可以请求补充或者改正；核对无误的，应当签名或者盖章。

第二十二条　庭前会议中，公诉人、当事人及其辩护人、诉讼代理人就回避、出庭证人名单、非法证据排除等与审判相关的问题达成一致意见的，或者人民法院已经对相关问题作出处理的，没有新的事实和理由，控辩双方不得在庭审中再次提出异议。

第二十三条　人民法院在开庭审理时应当宣读并再次确认庭前会议中公诉人、当事人及其辩护人、诉讼代理人达成的一致意见。

第二十二条　庭前会议中就指控的犯罪事实和证据达成一致意见的，在法庭审理时可以简化。

第二十三条　本规则从××年××月××日起，在×××（具体试点单位）试行。试行中法律、司法解释和上级院的规范性文件作出的规定与本规则不同的，适用法律、司法解释和规范性文件的规定。

第二十四条 本规则由×××（试点单位）负责解释。

后 记

2013年秋，我进入中国政法大学诉讼法学研究院攻读刑事诉讼法学博士学位，师从杨宇冠教授。《刑事庭前会议制度研究》一书是在我博士学位论文基础上形成的最终成果，从定稿到完稿耗时两年，共计约24万字。

初识杨老师是在2012年冬天。老师从办公室书架上拿下一本英文版《国际刑事法院罗马规约》，要我朗读其中一段原文并阐释含义。当时那种忐忑，甚至稍带恐惧的心理状态，我至今记忆犹新。读博三年，几乎每天都要到办公室和老师一起写文章、改文章。每年年底跟随老师出京调研总是最令人期待的，虽然其间要记录座谈详情，回校还要撰写调研报告。如今回首，恰是这种润物细无声的言传身教和学术苦行，最能让人在潜移默化中端正学术品行、领会学术方法和提升学术素养。在读博期间养成的那种研究钻劲、韧性和耐性让我受益至今。

读博期间适逢2012年《刑事诉讼法》颁布，这可是刑诉圈内的大事和喜事。同时，司法实践中出现的新问题、新困难也为理论研究提供了不竭素材。庭前会议对我国刑事诉讼而言就是新生事物。囿于法条规定较为概括等因素，各地司法机关在具体程序操作上存在较大差异。本书研究的重点也正是围绕庭前会议制度立法应然和司法实然之间出现的某种偏离和错位现象，努力探寻矛盾原因，试图提出解决方案。这其中最为核心和基础的工作就是要对庭前会议在司法实践中的实际情况进行细致把脉，而这也正是此题研究的难点之所在。幸得老师帮助，带领我数次前往各地司法机关调研，让我能够在本书写作前期完成很多基础性的案例收集和资料整理工作，对该问题形成一定的初步认识和积累。此后，我又借助参与中国政法大学诉讼法学研究院实证研究项目的便利条件，将很多理论研究和程序设想在司法实践中加以验证和完善，并最后完成此书写作。

由此可见，撰写本书是一个实践与理论相碰撞、相磨合的过程，离不开导师杨宇冠教授的悉心指导，离不开母校中国政法大学肥沃的学术土壤，也离不开试点单位法官检察官们的辛勤工作和帮助。

站在新时代，中国的法治进程快步向前。如果三年前还能够自信地介绍本书研究成果具有一定的理论新颖性和开创性，那么今天再讲这样的话恐怕就要有些心虚了。我曾多次尝试进一步修改此书，追上我国刑事司法实践和理论发展的步伐。但终究认识到，一代人有一代人的长征。与其苦苦追寻，不如将本书完稿时间定格在2016年夏天，这样或许更能原汁原味地折射出我们那一代法大博士们对法治天下的执着信念和孜孜以求的探索精神，也更有利于相关理论研究成果接受嗣后实践的检验，这恐怕需要更大的勇气。

在本书付梓之时，我还要感谢中国政法大学诉讼法学研究院将此书列入法大诉讼法学博士文库资助出版，衷心感谢卞建林教授在庭前会议实证研究项目中给予的支持和指导，感恩父母的无私付出。

陈子楠

2019年夏于万寿寺